KB212628

JLPT N5-N4 대비

# 일본어 문법과 문장 완전 정복

## -기초편-

하치노 토모카 지음

제이엔씨
Publishing Company

# 머리말

일본어 학습을 시작하는 여러분, 환영합니다! 새로운 언어를 배우는 것은 설레면서도 도전적인 여정입니다. 『JLPT N5-N4 대비: 일본어 문법과 문장 완전 정복 −기초편−』은 기초부터 차근차근 일본어 실력을 쌓아가고 싶은 학습자들을 위해 탄생한 책입니다. 오랫동안 한국에서 일본어를 가르쳐 온 일본인 교수가 직접 집필하며, 그동안 쌓아온 노하우를 집결하여 한국인 학습자가 기초부터 더욱 효과적으로 배울 수 있도록 구성하였습니다. 이 책을 끝까지 학습하고 『JLPT N5-N4 대비: 일본어 문법과 문장 완전 정복 −마스터편−』까지 공부한다면, JLPT N5-N4의 모든 문법과 문형을 완벽하게 마스터할 수 있습니다.

### ◆ 한국어와는 다른 일본어

일본어는 한국어와 같은 교착어이기 때문에 초급 단계에서는 한국인이 배우기 쉬운 언어로 여겨지기도 합니다. 그러나 일본어가 한국어와 1:1로 완벽하게 대응하지는 않습니다. 이는 초급 단계에서도 쉽게 확인할 수 있습니다. 예를 들어, 일본어의 조사 「に」는 일반적으로 한국어의 "에"에 해당하지만, 「電車に乗る。 전차를 타다」와 같은 표현에서는 "을/를"로 번역됩니다. 이러한 차이 때문에 학습자 중에는 일본어를 어렵게 느끼거나 포기하는 경우도 있습니다. 왜 이러한 차이가 발생할까요? 일본어는 한국어와 유사한 점이 많지만, 결국 완전히 다른 언어이기 때문입니다. 그렇다면 효과적으로 학습하기 위해서는 어떻게 해야 할까요?

### ◆ 한국어 번역에 의존하지 않기

일본어 문형을 배울 때 한국어 번역에 지나치게 의존하지 말고, 문형의 용법과 사용 상황에 집중하세요. 언제, 어떤 상황에서 해당 표현이 사용되는지, 그리고 어떻게 활용할 수 있는지를 익히는 것이 중요합니다. 일본어와 한국어를 1:1로 대응한다고 생각하면 학습에 한계가 생길 수 있습니다. 오히려 한국인 학습자들은 이러한 접근 방식 때문에 일본어다운 표현을 놓치는 경우가 많습니다.

◆ 한국인 일본어 학습자를 위한 맞춤형 학습서

이 책은 일본어 문장을 구성하는 기본적인 문법을 체계적으로 배울 수 있도록 구성되었습니다. 특히, 한국어와 차이가 있는 일본어 표현을 각 과에서 정리하여 쉽게 이해할 수 있도록 하였습니다. 「質問!」코너에서는 오랜 세월 한국인 학습자들이 자주 질문했던 내용을 정리하여 명확한 해설을 제공하였습니다. 「ひと言」코너에서는 학습자들이 실수하기 쉬운 문법이나 표현을 정리하여 올바르게 익힐 수 있도록 도와줍니다. 각 챕터 마지막의 「読んでみよう 읽어봅시다」코너에서 배운 문형이 실제 문장에서 어떻게 쓰이는지 직접 확인해 보세요. 「N5 한자연습」 코너와 「オノマトペ 의성어 의태어」 학습 코너를 통해 더욱 자연스러운 일본어를 구사할 수 있습니다.

◆ JLPT N5, N4 문형 완전 정복

이 책은 일본어 문장의 기본 골격이 되는 명사, 형용사, 동사의 활용 방법을 단계적으로 학습하면서 동시에 JLPT N5, N4에 출제되는 주요 문형을 자연스럽게 익힐 수 있도록 구성하였습니다.

N5에 나오는 문형은 앞에 (5) 로 표시. 예) (5) ~がほしいです ~를 갖고 싶습니다.

N4에 나오는 문형은 앞에 (4) 로 표시. 예) (4) ~たことがあります ~한 적이 있습니다.

학습자들은 먼저 형용사와 동사의 활용표에 있는 단어들을 확실히 외우고, 활용 연습을 진행하는 것이 중요합니다.

각 문형마다 일상생활에서 자주 사용되는 풍부한 예문을 제시하여 실전 감각을 익힐 수 있도록 하였습니다. 문형을 익힌 후에는 「作文してみよう!」 코너에서 직접 문장을 만들어 연습할 수 있습니다. 그리고 「문장연습 쓰기노트」를 활용하여 반복 복습하면서 학습 효과를 극대화하세요. 일본어를 읽고, 쓰고, 말하며, 오감을 활용하여 익숙해지는 과정이 중요합니다. 이 책과 함께 차근차근 일본어 실력을 쌓아 나가길 바랍니다. がんばってください!

2025년 2월
저자 八野 友香

# 목차 및 문형

*기호 : ⑸ - JLPT N5 , ⑷ - JLPT N4

(4) い형용사いく+なくてはなりません/なければなりません　～야(만) 합니다.

(4) な형용사+で+なくてはなりません/なければなりません　～야(만) 합니다.

(4) 명사+で+なくてはなりません/なければなりません　～이어야(만) 합니다.

(4) 동사　ない형+なくてもいいです/なくてもかまいません　～하지 않아도 됩니다.(괜찮습니다.)

(4) い형용사い+くなくてもいいです/なくてもかまいません　～지 않아도 됩니다.(괜찮습니다.)

(4) な형용사+で+なくてもいいです/なくてもかまいません　～지 않아도 됩니다.(괜찮습니다.)

(4) 명사+で+なくてもいいです/なくてもかまいません　～이 아니어도 됩니다.

(5) (명사)を　ください/くれませんか・もらえませんか/くださいませんか・いただけませんか　～를 주세요./주시겠어요?/주실 수 있을까요?・받을 수 있을까요?

「まで」와「までに」
とりたて助詞:「も」「だけ」「しか〜ない」「ばかり」
병렬조사(並列助詞):「と」「や」「か」
종조사(終助詞):「ね」「よね」「よ」

제11과 〔て형〕 **甘くておいしいです。** 달고 맛있습니다. 249

(동사/형용사/명사)て형 만드는 법
'계기'의 て
'원인, 이유'의 て
'부대상황'의 て
'병렬'의 て
⑷ い형용사い+く+なくて ～지 않아서(않고)
⑷ な형용사+で+なくて ～지 않아서(않고)
⑷ 명사+で+なくて ～가 아니라서
⑷ 동사 ない형+なくて (원인·이유) ～지 않아서
⑷ 동사 ない형+ないで (부대상황, 병렬, 수단) ～지 않은 채, ～지 않아서

제12과 〔て형 활용〕 **パスポートを見せてください。** 여권을 보여 주십시오. ············· 273

부탁 표현:
⑸ 동사て형+てください/てくれませんか・てもらえませんか/てくださいません
か・ていただけませんか ～해 주십시오/～해 주시겠습니까?
⑸ 동사 ない형+ないでください / ないでくれませんか・ないでもらえませんか/
ないでくださいませんか・ないでいただけませんか ～하지 말아 주십시오./～하지
말아 주시겠습니까?

순서 표현:
⑷ 동사 て형+てから ～하고 나서

허가 표현:
⑷ 동사의 て형+てもいいです ～해도 됩니다.
⑷ い형용사い+くてもいいです ～해도 됩니다.
⑷ な형용사+でもいいです ～해도 됩니다.
⑷ 명사+でもいいです ～라도 됩니다.
⑷ 동사 て형+てもかまいません ～해도 상관없습니다.
⑷ い형용사い+くてもかまいません ～해도 상관없습니다.
⑷ な형용사な+でもかまいません ～해도 상관없습니다.
⑷ 명사+でもかまいません ～라도 상관없습니다.

금지 표현:
⑷ 동사 て형＋てはいけません ～하면 안 됩니다.
⑷ い형용사い＋くてはいけません ～하면 안 됩니다.
⑷ な형용사＋ではいけません ～하면 안 됩니다.
⑷ 명사＋ではいけません ～이면 안 됩니다.

시도 표현:
⑷ 동사 て형＋てみます ～해 보겠습니다.

완료・유감 표현:
⑷ 동사 て형＋てしまいます ～해 버립니다.

# 明日は、ひな祭りです。

あした　まつ

내일은 히나마츠리입니다.

## はじめに 시작하기

### 학습 내용

• 날짜와 요일, こそあど(지시어), 명사와 명사를 연결하는 「の」의 사용법 학습
• 명사의 활용: ~です, ~でした, ~ではありません, ~ではありませんでした의 표현 익히기

### 학습 목표

• 시간 명사와 こそあど(지시어)의 정확한 사용법을 이해하고 활용할 수 있다.
• 명사를 다양한 문장에서 올바르게 활용하여, 긍정/부정, 비과거/과거 문장을 구성할 수 있다.

### 퀴즈

다음 문장을 일본어로 써 보세요.　　　　　( *정답은 마지막 페이지에서 확인하세요.)

1. 생일은 언제입니까?

　✎ _____

2. 생일은 4월 9일입니다.

 ✎ _____

3. 내일은 휴일입니다.

 ✎ _____

4. 이 우산은 누구 것입니까?

 ✎ _____

5. 다나카 씨의 것입니다.

 ✎ _____

### 단어

- ひな祭り 일본의 전통 행사(여자 아이들의 날)
- 図書館 도서관
- 事 일
- 学生 학생
- 休み 쉬는 날, 휴일
- 小学生 초등학생
- 次 다음
- 朝 아침
- 上 위
- いす 의자
- 車 차

- 誕生日 생일
- たとえば 예를 들어
- 会長 회장님
- 韓国人 한국인
- 大学生 대학생
- 男の子 남자 아이
- 日 날
- 机 책상
- かばん 가방
- 学校 학교

# 학습하기

## ① 날짜와 요일

A: 今日は何月何日ですか。 오늘은 몇 월 며칠입니까?

B: 今日は○月○日です。 오늘은 ○월 ○일입니다.

| 1月<br>いちがつ | 2月<br>にがつ | 3月<br>さんがつ | 4月<br>しがつ |
|---|---|---|---|
| 5月<br>ごがつ | 6月<br>ろくがつ | 7月<br>しちがつ | 7月<br>はちがつ |
| 9月<br>くがつ | 10月<br>じゅうがつ | 11月<br>じゅういちがつ | 12月<br>じゅうにがつ |

A: 今日は何曜日ですか。 오늘은 무슨 요일입니까?

B: 今日は月曜日です。 오늘은 월요일입니다.

### カレンダー  달력

| 日曜日 | 月曜日 | 火曜日 | 水曜日 | 木曜日 | 金曜日 | 土曜日 |
|---|---|---|---|---|---|---|
| | | | | 1<br>ついたち | 2<br>ふつか | 3<br>みっか |
| 4<br>よっか | 5<br>いつか | 6<br>むいか | 7<br>なのか | 8<br>ようか | 9<br>ここのか | 10<br>とおか |
| 11<br>じゅういち<br>にち | 12<br>じゅうに<br>にち | 13<br>じゅうさん<br>にち | 14<br>じゅうよっか | 15<br>じゅうご<br>にち | 16<br>じゅうろく<br>にち | 17<br>じゅうしち<br>にち |
| 18<br>じゅうはち<br>にち | 19<br>じゅうく<br>にち | 20<br>はつか | 21<br>にじゅういち<br>にち | 22<br>にじゅうに<br>にち | 23<br>にじゅうさん<br>にち | 24<br>にじゅうよ<br>っか |
| 25<br>にじゅうご<br>にち | 26<br>にじゅうろく<br>にち | 27<br>にじゅうし<br>ちにち | 28<br>にじゅうはち<br>にち | 29<br>にじゅうく<br>にち | 30<br>さんじゅう<br>にち | 31<br>さんじゅう<br>いちにち |

다음 날짜를 일본어로 읽어 보세요.

① 3월 3일

✎ _____

② 4월 2일

✎ _____

③ 5월 5일

✎ _____

④ 6월 4일

✎ _____

⑤ 9월 1일

✎ _____

**문장연습 쓰기노트**

다음 문장을 일본어로 써 보세요.

① 생일은 언제입니까?                    단어  誕生日 생일

✎ _____

② 생일은 9월20일입니다.

✎ _____

## ②. 시간 명사

| 그저께 | 어제 | 오늘 | 내일 | 모레 |
|---|---|---|---|---|
| 一昨日<br>おととい | 昨日<br>きのう | 今日<br>きょう | 明日<br>あした | 明後日<br>あさって |

| 지난 주 | 이번 주 | 다음 주 |
|---|---|---|
| 先週<br>せんしゅう | 今週<br>こんしゅう | 来週<br>らいしゅう |
| **지난 달** | **이번 달** | **다음 달** |
| 先月<br>せんげつ | 今月<br>こんげつ | 来月<br>らいげつ |
| **작년** | **올해** | **내년** |
| 去年<br>きょねん | 今年<br>ことし | 来年<br>らいねん |

① 今日は月曜日です。 오늘은 월요일입니다.

② おとといは休日でした。 그저께는 휴일이었습니다.

③ 今年はオリンピックの年です。 올해는 올림픽의 해입니다.

---

**문장연습 쓰기노트** ────────────────────○

다음 문장을 일본어로 써 보세요.

① 시험은 언제입니까?　　　　　　　　　　　**단어** テスト、試験 시험

✎ _____


② 시험은 모레입니다.

✎ _____

## ③. こそあど(지시어)

| 사 물 | これ 이것 | それ 그것 | あれ 저것 | どれ 어느 것 |
|---|---|---|---|---|
| 장 소 | ここ 여기 | そこ 거기 | あそこ 저기 | どこ 어디 |
| 방 향 | こちら 이쪽 | そちら 그쪽 | あちら 저쪽 | どちら 어느 |
| 사람, 사물 | この 이 | その 그 | あの 저 | どの 어느 쪽 |
| 수식형 | こんな 이런 | そんな 그런 | あんな 저런 | どんな 어떤 |
| 부사형 | こう 이렇게 | そう 그렇게 | ああ 저렇게 | どう 어떻게 |

① **あれ**は私の車です。 저것은 저의 차입니다.

② **ここ**は静かな場所です。 여기는 조용한 곳입니다.

③ **あちら**が会場です。 저쪽이 회장입니다.

④ **どの**服が一番好きですか。 어느 옷을 가장 좋아하나요?

⑤ **そんな**話は信じられません。 그런 이야기는 믿을 수 없습니다.

⑥ **そう**してください。 그렇게 해 주세요.

\* 사람을 가리키는 정중한 표현

| この方 | その方 | あの方 | どの方 |
|---|---|---|---|
| 이 분 | 그 분 | 저 분 | 어느 분 |

① **その方**は有名な作家です。 그 분은 유명한 작가입니다.

② **どの方**が田中さんですか。 어느 분이 다나카 씨입니까?

**문장연습 쓰기노트** ─────────────────────○

다음 문장을 일본어로 써 보세요.

① 도서관은 어디입니까?

✎ _____

② 예를 들어, 어떤 일입니까?

✎ _____

③ 저 사람이 다나카씨입니다.

✎ _____

④ 저 분이 회장입니다.

✎ _____


**④. 何(なに/なん)**

「何」는 「なに」와 「なん」 두 가지의 읽는 법이 있다.

연습 ─────────────────────────────○

다음 「何」를 읽어 보세요.

① 何(　なに / なん　)さいですか。몇 살입니까?

② 何(　なに / なん　)時ですか。몇 시입니까?

③ 何(　なに / なん　)年生ですか。몇 학년입니까?

④ 何(　なに / なん　)学部ですか。무슨 학부입니까?

**1) 何+명사**

　* 「なに」: 「어떤」 또는 「무슨」의 뜻으로 쓰일 때는 「なに」라고 읽는다.

　　예) なにりょうり(何料理) 무슨 요리

　　　　なにいろ(何色) 무슨 색

　* 「なん」: 「몇」의 뜻으로 쓰일 때는 「なん」라고 읽는다.

　　예) なんこ(何個) 몇 개

　　　　なんじ(何時) 몇 시

**2) 何+조사**

「何」뒤에 오는 조사(助詞)에 따라 다음과 같이 읽는다.

**なに+が/を/から/も/か/に/で**

예) 何(<u>なに</u>)が好きですか。무엇을 좋아합니까?

何(<u>なに</u>)もありません。아무것도 없습니다.

何(<u>なに</u>)か質問はありますか。무슨 질문이 있습니까?

**なん+と/でも/だ/です**

예) これは何(<u>なん</u>)と言いますか。이것은 뭐라고 합니까?

何(<u>なん</u>)でもいいです。뭐든 괜찮습니다.

これは、何(<u>なん</u>)ですか。이것은 무엇입니까?

---

**문장연습 쓰기노트** ──────────────────────────────○

**다음 문장을 일본어로 써 보세요.**

① 몇 월 며칠입니까?

✎ _____

② 무슨 요일입니까?　　　　　　　　　　　　　단어 曜日(ようび) 요일

✎ _____

---

**핵심문법 2** 「の」

**1. 명사와 명사를 이어주는 「の」**

① 来月(らいげつ)の旅行(りょこう)の予定(よてい) 다음 달 여행 예정
② 姉(あね)の友人(ゆうじん)の結婚式(けっこんしき) 언니 친구의 결혼식
③ 彼女(かのじょ)の作品(さくひん)の特徴(とくちょう) 그녀의 작품의 특징

〈「の」의 기능〉

1) 소유

木村さんの本 기무라 씨의 책

木村さんのお母さん 기무라 씨의 어머니

学校の建物 학교 건물


2) 내용설명

日本語の勉強 일본어 공부

仕事の打ち合わせ 업무 협의

夏休みの宿題 여름 방학 숙제


3) 위치 기준

学校の隣 학교 옆

電車の中 전철 안

部屋の中 방 안


~の上(うえ)/下(した) ~의 위/아래

~の前(まえ)/後(うしろ) ~의 앞/뒤

~の左(ひだり)/右(みぎ) ~의 오른쪽/왼쪽

~の東(ひがし)/西(にし)/南(みなみ)/北(きた) ~의 동쪽/서쪽/남쪽/북쪽


4) (그림, 작품 등 생산물의 )작성자

すずき先生の論文 스즈키 선생님의 논문

田中さんの作品 다나카 씨의 작품


5) 같은 위치(同格)

社長の田中 사장인 다나카

首都の東京 수도인 도쿄

*같은 위치(同格)를 나타내는"の"는 "である(~인)"과 바꿀 수 있다.


## 6) 때

食事の前 식사 전

日曜日の午後 일요일 오후

다음 문장을 일본어로 써 보세요.

① 초등학생 남자 아이    단어 小学生 초등학생, 男の子 남자 아이

✎ _____


② 다음날 아침    단어 次 다음    日 날    朝 아침

✎ _____


③ 책상 위    단어 机 책상    上 위

✎ _____



## 2. 명사를 대신하는 「の」

앞서 나온 명사('물건'만)를 반복하지 않고 「の」를 대신 쓴다.

① この本は図書館の本です。 이 책은 도서관의 책입니다.

　この本は図書館のです。 이 책은 도서관의 것입니다.

② このかさは、田中さんのかさです。 이 우산은 다나카 씨의 우산입니다.

　このかさは、田中さんのです。 이 우산은 다나카 씨의 것입니다.

다음 문장을 일본어로 써 보세요.

① 이 가방은 야마다씨의 것입니다.　　　**단어** かばん 가방　　山田<sub>やまだ</sub>さん 야마다 씨

✎ _____

② 이 의자는 학교 것입니다.　　　**단어** いす 의자　　学校<sub>がっこう</sub> 학교

✎ _____

③ 이 차는 아버지 것입니다.　　　**단어** 車<sub>くるま</sub> 자동차　　父<sub>ちち</sub> 아버지

✎ _____


③. 毎(まい)

이번 주 토요일: 今週<sub>こんしゅう</sub>の土曜日<sub>どようび</sub>

매주 토요일: ○ 毎週<sub>まいしゅう</sub>土曜日<sub>どようび</sub>　×毎週<sub>まいしゅう</sub>の土曜日<sub>どようび</sub>

Q: 毎週<sub>まいしゅう</sub>土曜日<sub>どようび</sub>(매주 토요일)은 왜 毎週와 土曜日 사이에 「の」가 들어가지 않나요?

A: 「毎<sub>まい</sub>」가 앞에 붙는 단어는 반복을 나타내며 부사(副詞)역할을 한다.

「の」는 명사와 명사 사이에 들어가게 됨으로, 「毎<sub>まい</sub> + 명사」 의 형식에서는 기본적으로 「の」가 들어가지 않는다.

\* 「毎」가 앞에 붙는 단어

| 매일 | 매 주 | 매 월 | 매 년 |
|------|-------|-------|-------|
| 毎日<br>まいにち | 毎週<br>まいしゅう | 毎月<br>まいつき | 毎年<br>まいとし |
| 매일 아침 | 매일 밤 | 매번 | 매 시간 |
| 毎朝<br>まいあさ | 毎晩<br>まいばん | 毎回<br>まいかい | 毎時間<br>まいじかん |

예) ○ 来月の二日 다음 달 2일

　　○ 毎月二日 매달 2일

　　× 毎月の二日

① 毎月五日は休みです。 매월 5일은 쉬는 날입니다.

② 毎年4月に祭りがあります。 매년 4월에 축제가 있습니다.

**문장연습 쓰기노트** ────────────────────○

다음 문장을 일본어로 써 보세요.

① 매일 아침 6시　　　　　　　　　　**단어** 毎朝 매일 아침

✎ _____

② 매월 20일　　　　　　　　　　　　**단어** 毎月 매월

✎ _____

**핵심문법 3** 명사 활용

① 学生だ。 학생이다.

② 学生です。 학생입니다.

③ 学生ではない。 학생이 아니다.

④ 学生ではありません。 학생이 아닙니다.

**비과거**형 (미래, 현재, 습관, 진리)

| | 긍정 | 부정 |
|---|---|---|
| 보통형 | Nだ<br>N다 | Nではない<br>N가 아니다 |
| 정중형 | Nです<br>N입니다 | Nではありません<br>N가 아닙니다. |

* 회화에서는 では를 じゃ라고 한다.

① 学生だった。 학생이었다.

② 学生でした。 학생이었습니다.

③ 学生ではなかった。 학생이 아니었다.

④ 学生ではありませんでした。 학생이 아니었습니다.

**과거**형

| | 긍정 | 부정 |
|---|---|---|
| 보통형 | Nだった<br>N였다 | Nではなかった<br>N가 아니었다 |
| 정중형 | Nでした<br>N였습니다. | Nではありませんでした<br>N가 아니었습니다. |

## 1. ～は～です。 ～은～입니다.

「～は」는 한국어의 '은/는'에 해당한다.

① 私は、韓国人です。 나는 한국인입니다.

② 今日は、水曜日です。 오늘은 수요일입니다.

**②.** ～は～ですか。～은～입니까?

마지막에 「か」를 붙이면 의문문이 된다.

> ① 明日は、休みですか。 내일은 휴일입니까?
> ② 田中さんは、大学生ですか。 다나카 씨는 대학생입니까?

**문장연습 쓰기노트** ────────────────────────────○

다음 문장을 일본어로 써 보세요.

① 저는 회사원입니다.             **단어** 会社員 회사원

✎ _____

② 오늘은 비입니까? (비가 내립니까?)        **단어** 雨 비

✎ _____

③ 어제는 쉬는 날이었습니다.

✎ _____

④ 지난주 회의는 화요일이 아니었습니다.

✎ _____

**作文してみよう！** ────────────────────────────○

「～は～です。～는～입니다.」을 이용하여 작문해 보세요.

✎ _____

_____

「〜は〜ではありません。〜는〜가 아닙니다.」을 이용하여 작문해 보세요.

✎ _____

_____

「〜は〜でした。〜는〜었습니다.」을 이용하여 작문해 보세요.

✎ _____

_____

「〜は〜ではありませんでした。〜는〜가 아니었습니다.」을 이용하여 작문해 보세요.

✎ _____

_____

## まとめ 정리하기

### 読んでみよう 읽어봅시다 ─────────────────────────○

[단어]

■ ひな祭り　히나 마츠리, 일본의 전통 행사 (여자 아이들의 날)

■ 行事 행사

■ 3月3日 3월 3일

■ 女の子 여자 아이

■ ひな人形 히나 인형, 히나 마츠리 때 사용하는 인형

■ 家族 가족

■ パーティ 파티

■ 楽しみ 기대, 즐거움

■ 明日 내일

[문장]

ひな祭りは日本の行事です。

ひな祭りは3月3日です。

ひな祭りは女の子の日です。

ひな人形は、ひな祭りの人形です。

ひな祭りは、家族の行事です。

明日は、ひな祭りのパーティです。

とても楽しみです。

ひな祭りは 일본의 행사입니다.

ひな祭りは 3월 3일입니다.

ひな祭りは 여자 아이들의 날입니다.

ひな인형은 ひな祭りの 인형입니다.

ひな祭りは 가족의 행사입니다.

내일은 ひな祭り 파티입니다. 매우 기대됩니다.

---

### ひな祭り

3월 3일의 ひな祭り 는 여자아이의 행복과 건강한 성장을 기원하며 축하하는 일본의 전통 행사입니다.

음력 3월 3일은 복숭아꽃이 피는 계절에 해당하기 때문에 '복숭아 명절(桃の節句)'이라고도 불립니다.

### ひな인형

ひな인형(ひな人形)은 아이를 다치거나 병에 걸리지 않게 보호하고, 장래에 행복한 가정을 이루기를 바라는 부모의 기원을 담아 장식됩니다.

가장 위쪽 단에 왕자님과 공주님을 장식하며, 3단, 5단, 7단 등 홀수 단으로 장식하는 것이 일반적입니다.

### 대표적인 음식

ひな祭り 에서 즐겨 먹는 대표적인 음식으로는 치라시스시(ちらし寿司), 히시모치(菱餅),

히나아라레(ひなあられ) 등이 있습니다.

　여자아이가 태어나 처음 맞이하는 ひな祭(まつ)り는 '첫 명절(初節句(はつぜっく))'라고 불립니다. 이때, 조부모나 가까운 분들을 초대하여 축하를 합니다.

---

## N5 한자연습: 일상생활에서 자주 사용하는 기본적인 한자

〈시간 및 날짜〉

※ 다음 한자의 よみがな(읽는 법)을 적어 보세요.

1. 日(ひ・にち)

( 　 )( 　 )( 　 )　　( 　 )( 　 )　　( 　 )( 　 )

## 日 曜 日　　日 本　　毎 日

**정답**　•日(にち)曜(よう)日(び): 일요일　•日(に)本(ほん): 일본　•毎(まい)日(にち): 매일

2. 月(つき・げつ)

( 　 )( 　 )( 　 )　　( 　 )　　( 　 )( 　 )

## 月 曜 日　　月　　来 月

**정답**　•月(げつ)曜(よう)日(び): 월요일　•月(つき): 달　•来(らい)月(げつ): 다음달

3. 年(とし・ねん)

( 　 )( 　 )　　( 　 )( 　 )　　( 　 )( 　 )

## 一 年　　去 年　　来 年

**정답**　•一(いち)年(ねん): 1년　•去(きょ)年(ねん): 작년　•来(らい)年(ねん): 내년

## 4. 時(とき・じ)

( )( )　　　　( )( )　　　　( )( )

# 時 間　　時 計　　一 時

정답 ●時(じ)間(かん): 시간　●時(と)計(けい): 시계　●一(いち)時(じ): 1시

## 5. 分(わかる・ふん)

( )( )　　　　( )

# 五 分　　分 か る

정답 ●五(ご)分(ふん): 5분　●分(わ)かる: 이해하다

## 6. 週(しゅう)

( )( )　　　　( )( )　　　　( )( )( )

# 今 週　　来 週　　一 週 間

정답 ●今(こん)週(しゅう): 이번주　●来(らい)週(しゅう): 다음주

●一(いっ)週(しゅう)間(かん): 1주일

---

## オノマトペ 의성어 의태어

---

**┃ 味 맛**

● **あっさり** 담백하게, 개운하게

これ、あっさりした味だね。이것 담백한 맛이군요.

● **さっぱり** 깔끔하게, 산뜻이

さっぱりしていておいしい。깔끔하게 맛있다.

## ▎性格 성격

- しっかり 확실히, 똑똑히, 야무진

  子供(こども)なのにしっかりしている。아이인데도 야무지다.
  彼女(かのじょ)はしっかり者(もの)です。그녀는 야무진 사람입니다.

- のんびり 태평스레, 유유히

  彼女(かのじょ)はのんびりとした性格(せいかく)です。그녀는 태평스런 성격입니다.
  のんびり屋(や)さんです。태평스러운 사람입니다.

## 학습정리문제

다음 문장을 일본어로 써 보세요.

매주 토요일은 일이 쉽니다.

✎ _____

## 부록 일상생활에서 자주 쓰는 명사(名詞)

- 日本語(にほんご) 일본어
- 旅行(りょこう) 여행
- テレビ 텔레비전
- 買(か)い物(もの) 쇼핑
- 休(やす)み 휴식, 휴일
- レストラン 레스토랑

- 勉強(べんきょう) 공부
- 映画(えいが) 영화
- 誕生日(たんじょうび) 생일
- 約束(やくそく) 약속
- 図書館(としょかん) 도서관
- 朝(あさ)ごはん/朝食(ちょうしょく) 아침밥/조식

■ お昼ごはん/昼食/ランチ 점심/런치　　■ 晩夕食 저녁밥/저녁식사

■ 食事 식사　　　　　　　　　　　　■ 洗濯 세탁

■ 仕事 일, 직업　　　　　　　　　　■ 通勤 통근

■ 授業 수업　　　　　　　　　　　　■ お店 가게

■ トイレ 화장실　　　　　　　　　　■ コーヒー 커피

■ 電車 전철, 기차

# おもしろい映画です。

재미있는 영화입니다.

## はじめに 시작하기

### 학습 내용

• い형용사와 な형용사의 구분 및 활용법 학습
• 형용사의 활용: 긍정/부정, 비과거/과거형, 보통/정중형
• 형용사를 사용한 비교 표현: 「～は～ですが、～は～ ～는 ～(지)만, ～는～」, 「～は～より
～는 ～보다」, 「～より～のほう ～보다 ～쪽」, 「～と～とどちら ～와(과)~중 어느 쪽」, 「～は
～ほど～ません ～는 ～만큼 ～지 않습니다.」의 사용법

### 학습 목표

• い형용사와 な형용사의 기본 활용법을 이해하고 문장에 적용할 수 있다.
• 비교 표현을 사용하여 두 가지 이상의 대상을 비교하는 문장을 만들 수 있다.

### 퀴즈

다음 문장을 일본어로 써 보세요.

1. 오늘은 바쁜 날입니다.

✎ _____

2. 오늘은 바빴습니다.

　✎ _____

3. 서울은 교통이 편리합니다.　　　　　　단어 交通 교통

　✎ _____

4. 경치가 아름다웠습니다.　　　　　　　단어 景色 경치

　✎ _____

5. 여름보다 겨울 쪽을 좋아합니다.　　　단어 夏 여름　　冬 겨울

　✎ _____

## 단어 ──────────────────────────○

- 冷たい 〔い형〕차갑다
- 忙しい 〔い형〕바쁘다
- おもしろい 〔い형〕재미있다
- 少し 조금
- 元気 〔な형〕건강함
- 調子がいい 〔い형〕컨디션이 좋다
- あまり 그다지, 별로
- 大変 〔な형〕힘듦

- 飲み物 료
- やさしい 〔い형〕다정하다, 자상하다
- 有名 〔な형〕유명함
- 早く 빨리 일찍
- 通う 〔동1〕다니다
- 上手 〔な형〕능숙함
- 好き 〔な형〕좋아함

# 학습하기

い형용사

## 1. 일본어 형용사의 특징

1. 일본어 형용사에는 い형용사와 な형용사 두 가지 종류가 있다.
2. 명사를 수식할 때 い로 끝나는 것은 い형용사, な로 끝나는 것은 な형용사라고 부른다.
3. 일본어 형용사에는 명사를 수식하는 용법(①②)과, 문장 끝에서 주어의 성질을 설명하는 용법(③④), 동사를 수식하는 용법(⑤⑥)이 있다.

① **おもしろい**映画です。⇐ い형용사

재미있는 영화입니다.

② **有名な**映画です。⇐ な형용사

유명한 영화입니다.

③ その映画は、とても**おもしろい**です。⇐ い형용사

그 영화는 정말로 재미있습니다.

④ その映画は、とても**有名**です。⇐ な형용사

그 영화는 정말로 유명합니다.

⑤ **早く**来てください。⇐ い형용사

빨리 와주세요.

⑥ 毎日**元気に**通っています。⇐ な형용사

매일 건강히 다니고 있습니다.

## 2. い형용사

い형용사의 기본형(사전형)은 모두 「**い**」로 끝난다.

| | | | |
|---|---|---|---|
| 忙しい | 바쁘다 | 楽しい | 즐겁다 |
| おもしろい | 재미있다 | 難しい | 어렵다 |
| うれしい | 기쁘다 | かわいい | 귀엽다 |

## ✐ 반대가 되는 말

| | | | | |
|---|---|---|---|---|
| 大きい | 크다 | ⇔ | 小さい | 작다 |
| 新しい | 새롭다 | ⇔ | 古い | 오래되다 |
| 良い | 좋다 | ⇔ | 悪い | 나쁘다 |
| 暑い | 덥다 | ⇔ | 寒い | 춥다 |
| 熱い | 뜨겁다 | ⇔ | 冷たい | 차갑다 |
| 長い | 길다 | ⇔ | 短い | 짧다 |
| 重い | 무겁다 | ⇔ | 軽い | 가볍다 |
| 暖かい / 温かい | 따뜻하다 | ⇔ | 涼しい | 시원하다 |
| 広い | 넓다 | ⇔ | 狭い | 좁다 |
| 近い | 가깝다 | ⇔ | 遠い | 멀다 |
| 高い | 비싸다 | ⇔ | 安い | 싸다 |
| 高い | 높다 | ⇔ | 低い | 낮다 |
| 早い | (시간이)빠르다 | ⇔ | 遅い | 늦다 |
| 速い | (속도가)빠르다 | | | |
| やさしい | 자상하다 | ⇔ | 怖い | 무섭다 |
| 甘い | 달다 | ⇔ | 辛い | 맵다 |

```
연습 ──────────────────────────────────○
```

반대가 되는 말을 써 보세요.

① 暑い

✎ _____

② 小さい
　✎ _____

③ 遠い
　✎ _____

③. い형용사 + 명사

명사를 수식할 때 「い」로 끝난다.

* おもしろい 재미있다

　おもしろい　　本　재미있는 책
　い형용사　　명사

* いい 좋다

　いい　　天気　좋은 날씨
　い형용사　　명사

① これは、冷たい飲み物です。이것은 차가운 음료입니다.
② 今日は、忙しい日です。오늘은 바쁜 날입니다.
③ 彼は、やさしい人です。그는 다정한 사람입니다.

　문장연습 쓰기노트 ───────────────────────○

다음 문장을 일본어로 써 보세요.

① 이것은 새 책입니다.　　　　　단어 本 책

　✎ _____

② 즐거운 여행이었습니다. 　　　　　　　　　　　단어　旅行 여행

✎＿＿＿＿＿＿＿＿＿＿＿＿＿＿＿＿＿＿＿＿＿＿＿＿＿＿＿＿＿

## 4. い형용사 활용

활용할 때 형태가 변하지 않는 부분을 '語幹(어간)'이라고 한다.

おもしろい　　재미있다　　　→　おもしろ い
　　　　　　　　　　　　　　　　　　어간

たかい　　　　높다, 비싸다　　→　たか い
　　　　　　　　　　　　　　　　　　어간

おおきい　　　크다　　　　　　→　おおき い
　　　　　　　　　　　　　　　　　　어간

### [い형용사 비과거형]

| | 긍정 | 부정 |
|---|---|---|
| 보통형 | 어간+い<br><br>おもしろい<br>재미있다 | 어간+くない<br><br>おもしろくない<br>재미있지 않다 |
| 정중형 | 어간+いです<br><br>おもしろいです<br>재밌습니다 | 어간+くありません<br><br>おもしろくありません<br>재미있지 않습니다.<br>(어간+くないです)<br>(おもしろくないです) |

## [い형용사 과거형]

| | 긍정 | 부정 |
|---|---|---|
| 보통형 | 어간+**かった**<br><br>おもしろ**かった**<br>재미있었다 | 어간+**くなかった**<br><br>おもしろ**くなかった**<br>재미있지 않았다 |
| 정중형 | 어간+**かったです**<br><br>おもしろ**かったです**<br>재미있었습니다 | 어간+**くありませんでした**<br><br>おもしろ**くありませんでした**<br>재미있지 않았습니다<br>(어간+**くなかったです**)<br>(おもしろ**くなかったです**) |

\*(    )는 주로 회화에서 쓰인다.

① 今日は忙しいです。 오늘은 바쁩니다.

② 昨日はあまり暑くありませんでした。 어제는 그다지 덥지 않았습니다.

**연습** ──────────────────────────────────────○

다음 (    ) 안에 적절한 말을 넣어 보세요.

1)

| | 긍정 | 부정 |
|---|---|---|
| 보통형 | おいしい<br>맛있다 | (        )くない<br>맛있지 않다 |
| 정중형 | (        )いです<br>맛있습니다. | (        )くありません<br>맛있지 않습니다. |

| | 긍정 | 부정 |
|---|---|---|
| 보통형 | (        )かった<br>맛있었다. | (        )くなかった<br>맛있지 않았다. |
| 정중형 | (        )かったです<br>맛있었습니다. | (        )くありませんでした<br>맛있지 않았습니다. |

2)

| | 긍정 | 부정 |
|---|---|---|
| 보통형 | ちかい<br>가깝다. | (　　　　　　　　)<br>가깝지 않다. |
| 정중형 | (　　　　　　　　)<br>가깝습니다. | (　　　　　　　　)<br>가깝지 않습니다. |

| | 긍정 | 부정 |
|---|---|---|
| 보통형 | (　　　　　　　　)<br>가까웠다. | (　　　　　　　　)<br>가깝지 않았다. |
| 정중형 | (　　　　　　　　)<br>가까웠습니다. | (　　　　　　　　)<br>가깝지 않았습니다. |

**문장연습 쓰기노트** ────────────────────○

**다음 문장을 일본어로 써 보세요.**

① 이 가게의 라면은 굉장히 맛있습니다.　　　　　　단어 ラーメン 라면

✎ _____

② 오늘은 별로 덥지 않습니다.　　　　　　　　　　단어 あまり 별로

✎ _____

③ 어제 영화는 굉장히 재미있었습니다.　　　　　　단어 映画(えいが) 영화

✎ _____

④ 일본은 생각보다 춥지 않았습니다.　　　　　　　단어 思(おも)ったより 생각보다

✎ _____

「私は小学生の時、（                                    ）。」저는 초등학생 때

> 보기  良い 좋다、悪い 나쁘다、速い 빠르다、遅い 늦다、おもしろい 재미있다、
>
> おとなしい 얌전하다、背が高い 키가 크다、背が低い 키가 작다

「～かったです」를 이용하여 작문해 보세요.

예)  私は小学生の時、（  おとなしかったです  ）。저는 초등학생 때 얌전했습니다.

✎ _____

_____

「～くありませんでした」를 이용하여 작문해 보세요.

예)  私は小学生の時、（  勉強がおもしろくありませんでした。  ）

저는 초등학생 때 공부가 재미있지 않았습니다.

✎ _____

_____

## ⑤ いい(良い) 좋다

「いい 좋다」의 부정형과 과거형은 「✕ いくない」 「✕ いかった」가 아닌 「良い」의 활용으로
「良くない」「良かった」가 된다.

① 今日はあまり調子が良くありません。오늘은 별로 컨디션이 좋지 않습니다.
② 昨日はとても調子が良かったです。어제는 아주 컨디션이 좋았습니다.

**[いい(좋다) 비과거형]**

|  | 긍정 | 부정 |
|---|---|---|
| 보통형 | いい<br>좋다 | 良くない<br>좋지 않다 |
| 정중형 | いいです<br>좋습니다 | 良くありません<br>좋지 않습니다.<br>(良くないです) |

**[いい(좋다) 과거형]**

|  | 긍정 | 부정 |
|---|---|---|
| 보통형 | 良かった<br>좋았다 | 良くなかった<br>좋지 않았다 |
| 정중형 | 良かったです<br>좋았습니다 | 良くありませんでした<br>좋지 않았습니다<br>(良くなかったです) |

*(   )는 주로 회화에서 쓰인다.

**문장연습 쓰기노트** ──────────────────────────────○

다음 문장을 일본어로 써 보세요.

① 어제 콘서트는 아주 좋았습니다.　　　　　　　단어 コンサート 콘서트

✎ _____


② 시험 결과가 좋지 않았습니다.　　　　　　단어 試験の結果 시험 결과

✎ _____



**ひとこと**　**い형용사와 な형용사의 특징**

일본어 형용사가 い형용사와 な형용사로 나뉜 이유는 역사적 배경에 있습니다.

**い형용사:**

楽しい

美味しい

おもしろい


・일본어 고유의 형용사에서 발전한 것으로, 주로 감각이나 상태를 나타냅니다.
・고대 일본어에서는 끝이 "~し"로 끝났으며, 이것이 현대의 "~い"로 변화했습니다.


　　예) 大きし → 大きい, 美し → 美しい


・い형용사는 헤이안 시대 이전의 일본어에서 이어져 온 오래된 형용사 체계이며, 현재 형태에 가까워진 것은 헤이안 시대입니다.


**な형용사:**

便利

簡単

元気


・주로 한자어에서 유래되었으며, 원래는 명사처럼 사용되었습니다.
・이 명사를 형용사처럼 사용하기 위해, 연결할 때 **"なり"**라는 문법 요소가 붙었고, 이것이 현재의 な로 변화했습니다.


　　예) 静かなり → 静かな


・な형용사는 헤이안 시대 후반에서 가마쿠라 시대에 걸쳐, 명사나 한자어에 "なり"가 붙은 형태에서 발전하여 현재의 형태가 되었습니다.

「良かったです」를 이용하여 작문해 보세요.

✎ _____

_____

「良くありませんでした」를 이용하여 작문해 보세요.

✎ _____

_____

---

**핵심문법 2** な형용사

## 1. な형용사

な형용사의 사전형은 'な'가 없는 형태이다.

| きれい | 아름다움, 예쁨, 깨끗함 | 必要<br>ひつよう | 필요함 |
|---|---|---|---|
| 有名<br>ゆうめい | 유명함 | 色々<br>いろいろ | 여러 가지 |
| 親切<br>しんせつ | 친절함 | 大変<br>たいへん | 힘듦 |
| 元気<br>げんき | 건강함 | 大切<br>たいせつ | 소중함 |
| 心配<br>しんぱい | 걱정 | 大丈夫<br>だいじょうぶ | 괜찮음 |
| 楽<br>らく | 편함 | 無理<br>むり | 무리 |
| 簡単<br>かんたん | 간단함 | 熱心<br>ねっしん | 열심 |
| 快適<br>かいてき | 쾌적함 | 真面目<br>まじめ | 착실함 |
| ひま | 한가함 | むだ | 소용없음 |
| ていねい | 정중함 | | |

✎ 반대가 되는 말

| 静か しず | 조용함 | ⇔ | にぎやか | 번화함 |
|---|---|---|---|---|
| 便利 べんり | 편리함 | ⇔ | 不便 ふべん | 불편함 |
| 上手 じょうず | 능숙함 | ⇔ | 下手 へた | 미숙함 |
| 好き す | 좋아함 | ⇔ | きらい | 싫어함 |
| 安全 あんぜん | 안전함 | ⇔ | 危険 きけん | 위험함 |
| 得意 とくい | 잘 함 | ⇔ | 苦手 にがて | 잘 못함 |


② な형용사 + 명사

명사를 수식할 때 「な」를 붙인다


* 静か しず  조용하다

  静かな しず    町 まち  조용한 마을
  　な형용사　　명사


* 有名 ゆうめい  유명하다

  有名な ゆうめい    人 ひと  유명한 사람
  　な형용사　　명사


**문장연습 쓰기노트** ─────────────────○

**다음 문장을 일본어로 써 보세요.**

① 그는 친절한 사람입니다.　　　　　　　단어 彼 かれ ユ

  ✎ _____


② 저기는 조용한 공원입니다.　　　　　　단어 公園 こうえん 공원

  ✎ _____

## 3. な형용사 활용

じょうず 능숙함 　　じょうず だ 능숙하다
　　　　　　　　　　어간

すき 좋아함 　　　　すき だ 좋아하다
　　　　　　　　　　어간

べんり 편리함 　　　　べんり だ 편리하다
　　　　　　　　　　어간

〔な형용사 비과거형〕

|  | 긍정 | 부정 |
|---|---|---|
| 보통형 | 어간+だ<br>静かだ<br>조용하다 | 어간+ではない<br>静かではない<br>조용하지 않다<br>(＊しずかじゃない) |
| 정중형 | 어간+です<br>静かです<br>조용합니다 | 어간+ではありません<br>静かではありません<br>조용하지 않습니다<br>(＊しずかじゃありません) |

〔な형용사 과거형〕

|  | 긍정 | 부정 |
|---|---|---|
| 보통형 | 어간+だった<br>静かだった<br>조용했다 | 어간+ではなかった<br>静かではなかった<br>조용하지 않았다<br>(＊静かじゃなかった) |
| 정중형 | 어간+でした<br>静かでした<br>조용했습니다 | 어간+ではありませんでした<br>静かではありませんでした<br>조용하지 않았습니다<br>(＊静かじゃありませんでした) |

*「では」는 회화에서 「じゃ」 라고 한다.

① 田中さんは、韓国語が上手です。 다나카씨는 한국어를 잘합니다.

② コーヒーはあまり好きではありません。 커피는 그다지 좋아하지 않습니다.

③ 彼は元気でした。 그는 잘 있었습니다.

④ あまり大変ではありませんでした。 그다지 힘들지 않았습니다.

**Tip** 회화에서 사용할 수 있는 부정/정중형에는 몇 가지 방법이 더 있다.

| 현재 | 과거 |
|---|---|
| 어간+ではないです | 어간+ではなかったです |
| 静かではないです | 静かではなかったです |
| 静かじゃないです | 静かじゃなかったです |
| 조용하지 않습니다 | 조용하지 않았습니다 |

**質問！** ───────────────────────────○

Q 上手와 得意 의 차이는 무엇인가요?

A 上手: 上手(잘하다)는 다른 사람을 칭찬할 때 사용합니다.

得意: 得意(자신 있다)는 자신이 잘할 수 있거나 자신감을 가지고 있는 것을 나타
냅니다.

| | 上手(잘하다) | 得意(자신 있다) |
|---|---|---|
| 평가 기준 | 객관적인 평가 | 주관적인 감각이나 자신감 |
| 사용 방법 | 다른 사람을 칭찬할 때 자연스러움 | 자신의 특기나 자신감을 표현할 때 자연스러움 |
| 뉘앙스 | 기술이나 능력이 뛰어남 | 잘할 수 있음, 자신감이 있음 |
| 예문 | 彼女はダンスが上手です。<br>그녀는 춤을 잘 춥니다. | 私はダンスが得意です。<br>저는 춤을 잘 춥니다. (춤에 자신이 있습니다.) |

다음 문장을 일본어로 써 보세요.

① 초등학생 때 수학을 잘했습니다.　　　　　단어 小学生 초등학생　　数学 수학

　✎ _____

② 이 서류는 필요하지 않았습니다.　　　　　단어 書類 공원

　✎ _____

③ 매주 토요일은 하루 종일 한가합니다.　　　단어 一日中 하루 종일

　✎ _____

④ 교통은 그다지 편리하지 않습니다.　　　　단어 交通 교통　　便利 편리하다

　✎ _____

⑤ 중간시험은 생각보다 쉬웠습니다. (간단했습니다.)

　　　　　　　　　　단어 中間試験 중간시험　　思ったより 생각보다

　✎ _____

> 「私は小学生の時、(　　　　　　　　　　　　　　　　)。」 저는 초등학생 때
>
> 보기　好き、嫌い、得意、苦手、まじめ、心配

「～でした」를 이용하여 작문해 보세요.

예) 私は小学生の時、( 国語が好きでした。) 저는 초등학생 때 국어를 좋아했습니다.

✎ _____

_____

「〜ではありませんでした」를 이용하여 작문해 보세요.

예) 私は小学生の時、(　まじめではありませんでした。) 저는 초등학생 때 착실하지 않았습니다.

✎ _____

_____

④ きれい 아름다움, 예쁨, 깨끗함

「きれい」는 「きれいな部屋(깨끗한 방)」처럼 명사를 수식할 때는 な로 끝나는 「な형용사」임으로 주의해야 한다. 또한, 「きれい」는 「아름다움」, 「예쁨」, 「깨끗함」이라는 세 가지 의미를 가지고 있다.

きれい だ
어간

① 京都はとてもきれいでした。 교토는 매우 아름다웠습니다.
② 鈴木さんは、とてもきれいな人です。 스즈키 씨는 매우 예쁜 사람입니다.
③ 部屋はあまりきれいではありませんでした。 방은 그다지 깨끗하지 않았습니다.

**문장연습 쓰기노트** ───────────────────────────────○

다음 문장을 일본어로 써 보세요.

① 어제 불꽃놀이는 아주 아름다웠습니다.　　　**단어** 花火 불꽃놀이

✎ _____

② 옷은 사진만큼 예쁘지 않았습니다.　　　**단어** 服 옷　写真 사진

✎ _____

**Q** な형용사는 회화에서 보통형(반말 같은 것)으로 쓸 때 꼭 「~だ」라고 해야 하나요?

**A** 회화에서는 「~だ」와 조사가 생략될 때가 많습니다.

예)「きれい」

(정중형) 部屋がきれいですね。방이 깨끗하네요.

(보통형) 部屋がきれいだね。방이 깨끗하네.

(「~だ」생략) 部屋、**きれい**。방 깨끗해.


**핵심문법 3** 비교·대비 표현

### (5) ~は~ですが、~は~ ~는 ~(지)만, ~는~

① 田中さんは背が高いですが、すずきさんは低いです。
다나카 씨는 키가 크지만, 스즈키 씨는 작습니다.

② コーヒーは好きですが、紅茶はあまり好きではありません。
커피는 좋아하지만, 홍차는 그다지 좋아하지 않습니다.

### (4) ~は~より ~는 ~보다

① 田中さんはすずきさんより背が高いです。 다나카 씨는 스즈키 씨보다 키가 큽니다.

② ソウルは東京より寒いです。 서울은 도쿄보다 춥습니다.

### (4) ~より~の方 ~보다 ~쪽

① すずきさんより田中さんの方が背が高いです。
스즈키 씨보다 다나카 씨 쪽이 키가 큽니다.

② 紅茶よりコーヒーの方が好きです。 홍차보다 커피 쪽을 좋아합니다.

(4) **〜と〜とどちら**　〜와(과) 〜중 어느 쪽

① 夏は東京と京都とどちらが暑いですか。여름은 도쿄와 교토 중 어느 쪽이 덥습니까?

② コーヒーと紅茶とどちらにしますか。커피와 홍차 중 어느 쪽으로 하시겠습니까?

Tip 「〜にする」 〜로 하다

A : コーヒーと紅茶とどちらにしますか。커피와 홍차 중 어느 쪽으로 하시겠습니까?
B : コーヒーにします。커피로 하겠습니다.

(4) **〜は〜ほど〜ません**　〜는 〜만큼 〜지 않습니다.

① 東京は京都ほど暑くありません。도쿄는 교토만큼 덥지 않습니다.

② 今日は昨日ほど眠くありません。오늘은 어제만큼 졸리지 않습니다.

Tip 「〜ほど」 뒤에는 반드시 부정 표현이 와야 합니다.

예) ○ 東京は、京都より暑くありません。도쿄는 교토보다 덥지 않습니다.
　　○ 東京は、京都より暑いです。도쿄는 교토보다 덥습니다.

예) ○ 東京は京都ほど暑くありません。도쿄는 교토만큼 덥지 않습니다.
　　× 東京は京都ほど暑いです。

ひとこと 'い형용사'와 'な형용사'의 과거형을 잘 구분합시다.

다음 한국어를 일본어로 바꿔 보세요.

1) 재미있었습니다.
2) 즐거웠습니다.

× おもしろいでした。
× 楽しいでした。

「おもしろい(재미있다)」는 い형용사입니다. い형용사의 과거형은 「~かったです」를 붙여야 합니다.

　　○ おもしろ**かったです**。 재미있었습니다.

　　○ 楽し**かったです**。 즐거웠습니다.

な형용사의 과거형은 「~でした」를 붙입니다. 예를 들어, 「しずか 조용하다」의 과거형은 「しずかでした 조용했습니다」가 됩니다.

---

**문장연습 쓰기노트** ─────────────────────────────○

**다음 문장을 일본어로 써 보세요.**

① 전철은 편리합니다만, 버스는 불편합니다.　　　**단어** 電車 전철　バス 버스

　✎ _____

② 역은 버스정류장보다 멉니다.　　　**단어** 駅 역　バス停 버스정류장

　✎ _____

③ 버스보다 자전거 쪽이 편리합니다.　　　**단어** 自転車 자전거

　✎ _____

④ 버스와 전철 중 어느 쪽이 편리합니까?

　✎ _____

⑤ 버스 정류장은 역만큼 가깝지 않습니다.　　　**단어** 近い 가깝다

　✎ _____

비교·대비 표현을 이용하여 작문해 보세요.

「～は～ですが、～は～～는 ～(지)만、～는～」

 🖉 _____

_____

「～は～より ～는 ～보다」

 🖉 _____

_____

「～より～のほう ～보다 ～쪽」

 🖉 _____

_____

「～と～とどちら～와(과)～중 어느 쪽」

 🖉 _____

_____

「～は～ほど～ません ～는 ～만큼 ～지 않습니다.」

 🖉 _____

_____

# まとめ 정리하기

단어

■ 京都(きょうと) 교토　　　　■ 古い(ふるい) 오래된

- 寺(てら) 절
- 多い(おおい) 많다
- 現代的な(げんだいてきな) 현대적인
- 高い(たかい) 높다
- たくさん 많이
- そして 그리고
- にぎやか 번화함
- 全体的に(ぜんたいてきに) 전체적으로
- 雰囲気(ふんいき) 분위기

- 神社(じんじゃ) 신사
- 東京(とうきょう) 도쿄
- 建物(たてもの) 건물
- ビル 빌딩
- あります 있습니다
- 静か(しずか) 조용함
- 観光客(かんこうきゃく) 관광객
- 落ち着いた(おちついた) 차분한, 평온한

문장

京都(きょうと)は古(ふる)い寺(てら)や神社(じんじゃ)が多(おお)いですが、東京(とうきょう)は現代的(げんだいてき)な建物(たてもの)が多(おお)いです。

東京(とうきょう)は、京都(きょうと)より高(たか)いビルがたくさんあります。そして、京都(きょうと)ほど静(しず)かではありません。京都(きょうと)よりにぎやかです。

京都(きょうと)は観光客(かんこうきゃく)が多(おお)いですが、全体的(ぜんたいてき)に落(お)ち着(つ)いた雰囲気(ふんいき)です。

한국어 번역

교토는 오래된 절과 신사가 많지만, 도쿄는 현대적인 건물이 많습니다.
도쿄는 교토보다 높은 빌딩이 많이 있습니다. 그리고 교토만큼 조용하지 않습니다. 도쿄는 교토보다 번화합니다.
교토는 관광객이 많지만, 전체적으로 차분한 분위기입니다.

---

**東京(とうきょう)：**

日本の現在の首都で、近代的でにぎやかな都市です。
일본의 현재 수도로, 현대적이고 번화한 도시입니다.

ショッピング、グルメ、エンターテインメントなど、いろいろな文化を楽しめます。

쇼핑, 음식, 엔터테인먼트 등 다양한 문화를 즐길 수 있습니다.


**有名な観光地**　유명한 관광지:

東京タワー　도쿄타워

スカイツリー　스카이트리

浅草寺　아사쿠사(浅草)의 센소지


**京都(きょうと)：**

日本の昔の首都で、伝統と歴史が息づく街です。

일본의 옛 수도로, 전통과 역사가 살아 있는 도시입니다.

古い建物や神社、お寺がたくさんあります。

옛날 건축물과 신사, 절이 많이 있습니다.


**有名な観光地**　유명한 관광지:

金閣寺(きんかくじ)　금각사

清水寺(きよみずでら)　청수사

嵐山(あらしやま)の竹林　아라시야마의 대나무 숲

〈형용사〉

※ 다음 한자의 よみがな(읽는 법)을 적어 보세요.

1. 新(あたらしい・しん)

( )　　　　　　( )( )

## 新 し い　　新 聞

정답 ●新(あたら)しい: 새롭다　●新(しん)聞(ぶん): 신문

2. 古(ふるい・こ)

( )　　　　　　( )( )

## 古 い　　　中 古

정답 ●古(ふる)い: 낡았다　●中(ちゅう)古(こ): 중고

3. 大(おおきい・だい)

( )　　　　　　( )( )

## 大 き い　　大 学

정답 ●大(おお)きい: 크다　●大(だい)学(がく): 대학

4. 小(ちいさい・しょう)

( )　　　　　　( )( )( )

## 小 さ い　　小 学 校

정답 ●小(ちい)さい: 작다　●小(しょう)学(がっ)校(こう): 초등학교

5. 白(しろい・はく)

( ) ( )　　　( ) ( )

# 白　い　　　白　紙

정답　• 白(しろ)い: 하얗다　• 白(はく)紙(し): 백지

6. 黒(くろい・こく)

( )　　　　　　( ) ( )

# 黒　い　　　黒　板

정답　• 黒(くろ)い: 까맣다　• 黒(こく)板(ばん): 칠판

---

## オノマトペ 의성어 의태어

**| うごき　움직임**

- **ごろごろ** 데굴데굴, 빈둥빈둥

　週末(しゅうまつ)は家(いえ)でごろごろしていました。
　주말에는 집에서 빈둥빈둥하고 있었습니다.

- **ぐずぐず** 우물쭈물, 꾸물꾸물

　ぐずぐずしないで早(はや)くやって。
　꾸물꾸물 거리지 말고 빨리 해.

- **だらだら** 질질, 게으른, 장황한

　だらだらと過(す)ごしているうちに、夏休(なつやす)みが終(お)わってしまった。
　게으름 피우며 지내다 보니 여름 방학이 끝나버렸다.

## 학습정리문제

**다음 문장을 일본어로 써 보세요.**

일본 여행은 아주 즐거웠습니다.

✎ _____

---

**부록** **형용사**

일상생활에서 자주 쓰이는 형용사를 알아보고 외웁시다.

〔い형용사〕

| 일본어 | 한국어 | 일본어 | 한국어 | 일본어 | 한국어 |
|--------|--------|--------|--------|--------|--------|
| 難しい | 어렵다 | 若い | 젊다 | 正しい | 옳다, 맞다 |
| 易しい | 쉽다 | 素晴らしい | 훌륭하다 | 詳しい | 자세하다 |
| 忙しい | 바쁘다 | うらやましい | 부럽다 | ややこしい | 헷갈리다, 까다롭다 |
| 楽しい | 즐겁다 | 寂しい | 쓸쓸하다 | 汚い | 더럽다 |
| 白い | 희다 | 体にいい | 몸에 좋다 | うれしい | 기쁘다 |
| 黒い | 검다 | うるさい | 시끄럽다 | 悲しい | 슬프다 |
| 赤い | 붉다 | えらい | 훌륭하다 | 恥ずかしい | 부끄럽다 |
| 青い | 파랗다 | ちょうどいい | 딱 좋다 | かわいい | 귀엽다 |
| 危ない | 위험하다 | まぎらわしい | 헷갈리기 쉽다 | 細かい | 미세하다, 잘다 |
| 痛い | 아프다 | 珍しい | 드물다 | ひどい | (정도가)심하다 |
| 眠い | 졸리다 | おかしい | 이상하다 | すごい | 대단하다 |
| *ほしい | 갖고 싶다 | | | | |

반대말로 외워보세요!

| 大きい | 크다 | ⇔ | 小さい | 작다 |
|---|---|---|---|---|
| 新しい | 새롭다 | ⇔ | 古い | 오래되다 |
| 良い/いい | 좋다 | ⇔ | 悪い | 나쁘다 |
| 暑い | 덥다 | ⇔ | 寒い | 춥다 |
| | | | 涼しい | 시원하다 |
| 熱い | 뜨겁다 | ⇔ | 冷たい | 차갑다 |
| 長い | 길다 | ⇔ | 短い | 짧다 |
| 重い | 무겁다 | ⇔ | 軽い | 가볍다 |
| 暖かい | 따뜻하다 | ⇔ | 寒い | 춥다 |
| 温かい | 따뜻하다 | ⇔ | 冷たい | 차갑다 |
| 広い | 넓다 | ⇔ | 狭い | 좁다 |
| 近い | 가깝다 | ⇔ | 遠い | 멀다 |
| 高い | 비싸다 | ⇔ | 安い | 싸다 |
| 高い | 높다 | ⇔ | 低い | 낮다 |
| 早い | (시간이)빠르다 | ⇔ | 遅い | 늦다 |
| 速い | (속도가)빠르다 | | | |
| 優しい | 자상하다 | ⇔ | 厳しい | 엄하다 |
| | | | 怖い | 무섭다 |
| 甘い | 달다 | ⇔ | 辛い | 맵다 |
| 細い | 가늘다 | ⇔ | 太い | 두껍다 |
| 気持ち/気分がいい | 기분이 좋다 | ⇔ | 気持/気分が悪い | (기분, 몸상태)가 나쁘다 |
| 硬い | 딱딱하다 | ⇔ | 軟らかい | 부드럽다 |
| 面白い | 재미있다 | ⇔ | つまらない | 시시하다, 지루하다 |
| 厚い | 두껍다 | ⇔ | 薄い | 얇다 |
| 濃い | 짙다, 진하다 | ⇔ | 薄い | 연하다 |
| 強い | 강하다 | ⇔ | 弱い | 약하다 |
| 調子がいい | 상태가 좋다 | ⇔ | 調子が悪い | 상태가 나쁘다 |

| 背が高い | 키가 크다 | ⇔ | 背が低い | 키가 작다 |
|---|---|---|---|---|
| 明るい | 밝다 | ⇔ | 暗い | 어둡다 |
| おいしい | 맛있다 | ⇔ | まずい | 맛없다 |
| 多い | 많다 | ⇔ | 少ない | 적다 |
| 都合がいい | 여건이 좋다(시간이 된다) | ⇔ | 都合が悪い | 여건이 나쁘다 (시간이 안된다) |
| 気持ち/気分がいい | 기분이 좋다 | ⇔ | 気持ち/気分が悪い | 기분(몸상태)가 나쁘다 |

〔な형용사〕

| 일본어 | 한국어 | 일본어 | 한국어 | 일본어 | 한국어 |
|---|---|---|---|---|---|
| きれい | 아름다움, 예쁨, 깨끗함 | 色々 | 여러 가지 | 十分 | 충분함 |
| 有名 | 유명함 | 大変 | 힘듦 | だめ | 안됨 |
| 親切 | 친절함 | 大切 | 소중함 | 楽 | 편함 |
| 元気 | 건강함 | 大丈夫 | 괜찮음 | ハンサム | 잘생김 |
| 暇 | 한가함 | 無理 | 무리 | 幸せ | 행복함 |
| 真面目 | 착실함 | 快適 | 쾌적함 | 嫌 | 싫음 |
| 熱心 | 열심 | 無駄 | 소용없음 | 邪魔 | 방해, 거슬림 |
| 心配 | 걱정 | 必要 | 필요함 | 丁寧 | 정중함, 꼼꼼함 |
| 素敵 | 멋짐 | 適当 | 적당함 | 変 | 이상함 |
| 丈夫 | 튼튼함 | | | | |

반대말로 외워보세요!

| 静か | 조용함 | ⇔ | にぎやか | 번화함 |
|---|---|---|---|---|
| 便利 | 편리함 | ⇔ | 不便 | 불편함 |
| 上手 | 능숙함 | ⇔ | 下手 | 미숙함 |
| 好き | 좋아함 | ⇔ | きらい | 싫어함 |
| 安全 | 안전함 | ⇔ | 危険 | 위험함 |
| 得意 | 잘 함 | ⇔ | 苦手 | 잘 못함 |
| 簡単 | 간단함 | ⇔ | 複雑 | 복잡하다 |

# がっこう に い
# 学校に行きます。

학교에 갑니다.

## はじめに 시작하기

### 학습 내용

- 일본어 동사의 분류: 1그룹, 2그룹, 3그룹 동사의 특징 및 구분법
- 동사의 기본형과 활용법 이해
- ます형(정중형) 만드는 법과 활용
- ない형(부정형) 만드는 법과 활용
- た형(과거형) 만드는 법과 활용
- 「~ます」, 「~ません」, 「~ました」, 「~ませんでした」의 정중형 활용법
- 동사를 수식하는 형용사의 활용법과 문장 적용

### 학습 목표

- 일본어 동사를 1그룹, 2그룹, 3그룹으로 구분하고 각 동사의 기본형 및 활용법을 이해할 수 있다.
- ます형, ない형, た형 등 다양한 동사 활용 형태를 만들고 사용할 수 있다.
- 정중한 표현을 사용하여 다양한 문장을 구성할 수 있다.
- 동사를 수식하는 형용사를 문장에 적용하고 자연스럽게 활용할 수 있다.

다음 문장을 일본어로 써 보세요.

1. 매일 아침 7시에 일어납니다.

   ✎ _____

2. 오늘은 학교에 안 갑니다.　　　　　단어 学校<sup>がっこう</sup> 학교

   ✎ _____

3. 기무라씨는 회의에 참석하지 않습니다.　　단어 会議<sup>かいぎ</sup> 회의

   ✎ _____

4. 친구는 오지 않았습니다.　　　　　단어 友達<sup>ともだち</sup> 친구

   ✎ _____

5. 일이 일찍 끝났습니다.　　　　　단어 仕事<sup>しごと</sup> 일

   ✎ _____

단어

- 毎朝<sup>まいあさ</sup> 매일 아침
- 学校<sup>がっこう</sup> 학교
- 参加<sup>さんか</sup>する 〔동3〕참가하다
- 来<sup>く</sup>る 〔동3〕오다
- 早<sup>はや</sup>い 〔い형〕빠르다
- 終<sup>お</sup>わる 〔동1〕끝나다
- 読<sup>よ</sup>む 〔동1〕읽다

- 起<sup>お</sup>きる 〔동2〕일어나다
- 行<sup>い</sup>く 〔동1〕가다
- 友達<sup>ともだち</sup> 친구
- 仕事<sup>しごと</sup> 일
- 早<sup>はや</sup>く 빨리, 일찍
- 切<sup>き</sup>る 〔동1〕자르다
- 会<sup>あ</sup>う 〔동1〕만나다

■ 着く〔동1〕도착하다　　　　　　■ 開ける〔동2〕열다

■ テレビ TV　　　　　　　　　　■ お酒 술

■ 海 바다　　　　　　　　　　　　■ 泳ぐ〔동1〕수영하다


## 학습하기


**핵심문법 1** 동사의 종류


### ① 日本語の動詞


1. 동사는 주어(主語)의 동작을 나타낸다. 그 외에도 '있る 있다, いる 있다, できる 할 수 있다' 등 주어의 상태를 나타내는 것이 있다.

2. 일본어에서 동사는 사전형이 「う단」으로 끝난다. 또한, 동사는 뒤에 「~ます」「~た」「~て」「~ない」 등이 접속할 때 형태가 변한다.

   예) 行く (i-ku) 가다

   行きます　　ます형　　（갑니다.）

   行った　　　た형　　　（갔다.）

   行って　　　て형　　　（가서/가고）

   行かない　　ない형　　（가지 않다.）

3. 동사를 정중형(~입니다.)로 만들 때, ます 앞에 오는 활용(접속) 형태(ex. 行き)를 동사의 ます형이라고 부른다. 마찬가지로 た가 붙으면 た형, て가 붙으면 て형, ない가 붙으면 ない형이라고 한다.

4. 일본어 동사는 활용에 따라 1그룹 동사, 2그룹 동사, 3그룹 동사 세 가지로 분류된다.

## ②. 동사 종류

일본어 동사는 활용 형태에 따라 1그룹 동사, 2그룹 동사, 3그룹 동사로 나뉜다.

### 1그룹 동사

**1) 「る」로 끝나지 않는 동사는 무조건 1그룹.**

「う단」(う, く, す, つ, ぬ, ふ, む, ゆ로 끝나는 동사)

　　会う 만나다　書く 쓰다　話す 이야기하다

　　待つ 기다리다　遊ぶ 놀다　飲む 마시다

**2) 「る」로 끝나는 동사 중, 「る」 앞에 오는 모음이 「あ(a), う(u), お(o)」인 것.**

| [a] | あ[a]る | (사물) 있다 | 終わ[wa]る | 끝나다 |
|---|---|---|---|---|
| [u] | 降[fu]る | (비/눈) 내리다 | 送[ku]る | 보내다 |
| [o] | 取[to]る | 잡다 | 戻[do]る | 되돌아가다 |

<예외 1그룹 동사>

「る」로 끝나고, 「る」 앞에 오는 모음이 「い(i), え(e)」임에도 1그룹으로 활용하는 예외적인 동사가 있다.

다음 8개 동사는 모양이 2그룹이지만 1그룹으로 활용한다.

| | | |
|---|---|---|
| ① | 切る | 자르다 |
| ② | 走る | 달리다 |
| ③ | 知る | 알다 |
| ④ | 帰る | 돌아가다 |
| ⑤ | 入る | 들어가다 |
| ⑥ | 減る | 줄다 |
| ⑦ | 要る | 필요하다 |
| ⑧ | ける | (발로) 차다 |

## 2그룹 동사

「る」로 끝나는 동사 중, 「る」 앞에 오는 모음이 「い(i), え(e)」인 동사.

| [i] | い[i]る | (사람이)있다 | み[mi]る | 보다 |
|-----|---------|--------------|----------|------|
| [e] | 寝[ne]る | 자다 | 食べ[be]る | 먹다 |

起き[ki]る 일어나다　借り[ri]る 빌리다

教え[e]る 가르치다　調べ[be]る 조사하다

## 3그룹 동사(불규칙 동사)

3그룹 동사는 「する 하다」와 「来(く)る 오다」두 가지뿐이다. 이 동사들은 불규칙적으로 활용되므로, 각 형태를 따로 외워야 한다.

① する 하다

　　勉強(を)する 공부(를) 하다
　　そうじ(を)する 청소(를) 하다
　　料理(を)する 요리(를) 하다

② 来る 오다

다음 한국어를 일본어로 바꾼 후, 그룹별로 분류하세요.

| 자르다 읽다 만나다 도착하다 열다 오다 참가하다 믿다 |
|---|

| 1그룹 동사 | 2그룹 동사 | 3그룹 동사 |
|---|---|---|
| | | |

다음은 일상생활에서 자주 쓰이는 표현입니다. 일본어로 문장을 작성해 보세요.

① 사진을 찍다.

✎ _____

② 담배를 피우다.

✎ _____

③ 메모를 하다.

✎ _____

④ 기운을 내다.

✎ _____

⑤ 기운이 나다.

✎ _____

⑥ 푹 쉬다

✎ _____

⑦ 느긋하게 지내다.

  🖎 _____

⑧ 전화가 울리다.

  🖎 _____

⑨ 술 한 잔 하다.

  🖎 _____

⑩ 계획을 세우다.

  🖎 _____

⑪ 목표를 세우다.

  🖎 _____

⑫ 비가 내리다.

  🖎 _____

⑬ 목욕을 하다.

  🖎 _____

⑭ 샤워를 하다.

  🖎 _____

⑮ 감기에 걸리다.

  🖎 _____

⑯ 열쇠를 잠그다.

  🖎 _____

Q 「開ける」와 「開く」의 차이는 무엇인가요?

A 1) 「開(あ)ける」: 열다
- 2그룹 동사
- 반대가 되는 말은 「閉める」(닫다)

예) 窓を開けます。 창문을 엽니다.

ドアを開けてください。 문을 열어 주세요.

2) 「開(ひら)く」: 열리다, 펴다
- 1그룹 동사
- 반대가 되는 말은 「閉まる」(닫히다), 「閉じる」(덮다)

예) ドアが自動で開きます。 문이 자동으로 열립니다.

本を開いてください。 책을 펴 주세요

물리적인 의미뿐만 아니라 확장하거나 발전시키는 추상적인 맥락에서도 널리 사용된다.

예) 心を開く。 마음을 열다.

未来への道を開く。 미래로 가는 길을 열다.

핵심문법 2 동사 활용

1. ます형 만드는 법

1) 1그룹 동사

어미를 「い」단으로 바꾼 뒤 「ます」를 붙인다.

行く　→　行き　ます　갑니다.

待つ　→　待ち　ます　기다립니다.

遊ぶ　→　遊び　ます　놉니다.

話す　→　話し　ます　이야기합니다.


## 2) 2그룹 동사

어미 「る」를 떼고 「ます」를 붙인다.


食べる　→　食べ　ます　먹습니다.

見る　→　見　ます　봅니다.

教える　→　教え　ます　가르칩니다.


## 3) 3그룹 동사

(1) する　→　します　합니다

・勉強する　→　勉強します　공부합니다.

・そうじする　→　そうじします　청소합니다.


(2) 来る　→　来(き)ます　옵니다.

* 「来る오다」는 같은 한자(来)인데도 읽는 법이 「き」로 바뀐다.

① 本を読みます。책을 읽습니다.

② 友達に会います。친구를 만납니다.

③ おすしを食べます。초밥을 먹습니다.

④ 家でテレビを見ます。집에서 TV를 봅니다.

⑤ 集まりに参加します。모임에 참석합니다.

⑥ 中村さんが来ます。나카무라 씨가 옵니다.

동사 **ます**형을 이용하여 작문해 보세요.

✎ _____

_____


## ② ない형(부정형) 만드는 법

「~지 않는다」의 의미를 나타내는 동사의 부정형은, 동사의 활용형에 「**ない**」를 붙여서 만든다. 앞으로 ない형을 사용한 다양한 문형(예: ~なくてもいい, ~なければならない 등)을 배우게 될 것이다. ない형을 만드는 방법을 확실히 익혀 두자.

### 1) 1그룹 동사

어미를 「**あ**」단으로 바꾸고 「**ない**」를 붙인다.

い
行く → 行**か**  ない 가지 않는다

ま
待つ → 待**た**  ない 기다리지 않는다

あそ
遊ぶ → 遊**ば**  ない 놀지 않는다

はな
話す → 話**さ**  ない 이야기 하지 않는다

### 2) 2그룹 동사

어미 「**る**」를 떼고 「**ない**」를 붙인다.

た
食べる → 食べ  ない 먹지 않는다

み
見る  → 見  ない 보지 않는다

おし
教える → 教え  ない 가르치지 않는다

## 3) 3그룹 동사

① する → **し**ない 하지 않는다

    <ruby>勉強<rt>べんきょう</rt></ruby>する → 勉強**し** ない 공부하지 않는다

    そうじする → そうじ**し** ない 청소하지 않는다


② <ruby>来<rt>く</rt></ruby>る → 来(こ) ない 오지 않는다.

   예) ① <ruby>朝<rt>あさ</rt></ruby>ごはんを<ruby>食<rt>た</rt></ruby>べ**ない**。아침밥을 먹지 않는다.

     ② たばこは<ruby>吸<rt>す</rt></ruby>わ**ない**。담배는 피우지 않는다.

     ③ テレビを<ruby>見<rt>み</rt></ruby>**ない**。　TV를 보지 않는다.

     ④ コップが<ruby>足<rt>た</rt></ruby>り**ない**。컵이 부족하다.　　　**단어** <ruby>足<rt>た</rt></ruby>りる〔동2〕족하다, 충분하다

     ⑤ <ruby>車<rt>くるま</rt></ruby>を<ruby>運転<rt>うんてん</rt></ruby>し**ない**。　차를 운전하지 않는다.

     ⑥ <ruby>中村<rt>なかむら</rt></ruby>さんが<ruby>来<rt>こ</rt></ruby>**ない**。나카무라 씨가 오지 않는다.

## 4) 「～하지 않았다」(과거/부정)

**ない형**＋なかった

### <1그룹 동사>

   <ruby>行<rt>い</rt></ruby>く → 行**か** なかった 가지 않았다

   <ruby>待<rt>ま</rt></ruby>つ → 待**た** なかった 기다리지 않았다

### <2그룹 동사>

   <ruby>食<rt>た</rt></ruby>べる → 食べ なかった 먹지 않았다

   <ruby>見<rt>み</rt></ruby>る → 見 なかった 보지 않았다

### <3그룹 동사>

   <ruby>勉強<rt>べんきょう</rt></ruby>する → 勉強し なかった 공부하지 않았다

   そうじする → そうじし なかった 청소하지 않았다

来る → 来(こ) なかった 오지 않는다.


예) ① 朝ごはんを食べなかった。 아침밥을 먹지 않았다.

② たばこは吸わなかった。 담배는 피우지 않았다.

③ テレビを見なかった。 TV를 보지 않았다.

④ コップが足りなかった。 컵이 부족했다.　　　単어　足りる〔동2〕족하다, 충분하다

⑤ 車を運転しなかった。 차를 운전하지 않았다.

⑥ 中村さんが来なかった。 나카무라 씨가 오지 않았다.


作文してみよう！ ────────────────────────────○


**동사 ない형을 이용하여 작문해 보세요.**

✎ _____

_____


## ③. た형(과거형) 만드는 법

동사에 た를 붙이면 '~했다'는 의미의 과거형이 된다. 또한, た형을 활용한 다양한 문법이 많다.(예: ~たことがある, ~た方がいい) た형 만드는 방법은 て형 만드는 방법과 동일하다. 따라서, た형 만드는 법을 알고 있으면 て형도 만들 수 있다.


### 1) 1그룹 동사

① 어미가 「く」인 동사

・「く」를 「い」로 바꾸고 「た」를 붙인다. 書く → 書い+た → 書いた

・「ぐ」는 「い」로 바꾸고 「だ」를 붙인다. 急ぐ → 急い+だ → 急いだ

・<예외> 行く 가다 → 行った

② 어미가 「む」「ぶ」「ぬ」인 동사

　　・어미「む」「ぶ」「ぬ」를「ん」로 바꾸고 「だ」를 붙인다. 休む　→　休ん+だ　→　休んだ

③ 어미가 「う」「つ」「る」인 동사

　　・어미「う」「つ」「る」를「っ」로 바꾸고「た」를 붙인다. 帰る　→　帰っ+た　→　帰った

④ 어미가 「す」인 동사

　　・어미「す」를「し」로 바꾸고「た」를 붙인다. 話す　→　話し+た　→　話した

## 2) 2그룹 동사

어미의 「る」를 떼고 「た」를 붙인다.　食べる　→　食べる+た　→　食べた

## 3) 3그룹 동사

① する　→　した

　　・勉強する　→　勉強した
　　・そうじする　→　そうじした

② 来(く)る　→　来(き)た

| | | | | → | | | | |
|---|---|---|---|---|---|---|---|---|
| 1그룹<br>동사 | 書く | 쓰다 | → | 書く | い | た | 書いた |
| | 急ぐ | 서두르다 | → | 急ぐ | | だ | 急いだ |
| | 休む | 쉬다 | → | 休む | ん | だ | 休んだ |
| | 遊ぶ | 놀다 | → | 遊ぶ | | | 遊んだ |
| | 死ぬ | 죽다 | → | 死ぬ | | | 死んだ |
| | 買う | 사다 | → | 買う | っ | た | 買った |
| | 待つ | 기다리다 | → | 待つ | | | 待った |
| | 帰る | 돌아가다 | → | 帰る | | | 帰った |
| | 話す | 이야기하다 | → | 話す | し | た | 話した |

| | | | | | | | |
|---|---|---|---|---|---|---|---|
| 2그룹<br>동사 | 食べる | 먹다 | → | 食べる | る | た | 食べた |
| | 見る | 보다 | → | 見る | | | 見た |
| | 教える | 가르치다 | → | 教える | | | 教えた |
| 3그룹<br>동사 | する | 하다 | | した | | | |
| | 来る | 오다 | | 来た | | | |

예) ① 新しいパソコンを買った。새로운 PC를 샀다.

② 朝ごはんを作った。아침밥을 만들었다.

③ 図書館で本を借りた。도서관에서 책을 빌렸다.

④ 昨日、映画を見た。어제 영화를 봤다.

⑤ 先生に質問した。선생님께 질문했다.

⑥ 公園で散歩した。공원에서 산책했다.

**作文してみよう！** ──────────────────────────○

동사 た형을 이용하여 작문해 보세요.

✎ _____

_____

**4.** **동사 활용**

**1) 시제**

일본어의 시제는 과거와 과거가 아닌 시제(비과거)로 나뉜다.

[과거]

예) 저는 어제 초밥을 먹었습니다.

私は昨日すしを食べました。

[비과거]

예) 저는 오늘 초밥을 먹습니다.(현재)

私は今日すしを**食べます**。

저는 내일 초밥을 먹겠습니다.(미래)

私は明日すしを**食べます**。

저는 매일 초밥을 먹습니다.(습관)

私は毎日すしを**食べます**。

비과거형(미래, 현재, 습관, 진리)

|  | 긍정 | 부정 |
|---|---|---|
| 보통형 | 行く<br>가다〔사전형〕 | 行か**ない**<br>가지 않는다 |
| 정중형 | 行き**ます**<br>갑니다 | 行き**ません**<br>가지 않습니다 |

과거형

|  | 긍정 | 부정 |
|---|---|---|
| 보통형 | 行った<br>갔다 | 行か**なかった**<br>가지 않았다 |
| 정중형 | 行き**ました**<br>갔습니다 | 行き**ませんでした**<br>가지 않았습니다 |

## 2) 정중형 ます형 활용

\*「**ます** ~합니다.」(비과거 / 긍정)

ます형+**ます**

예) 今日は家に**います**。(いる[2]: 있다)

오늘은 집에 있습니다.

毎晩9時におふろに**入ります**。(入る[1]: 들어가다)

매일 밤 9시에 목욕을 합니다.

＊「**ません** ～지 않습니다.」(비과거/부정)

ます형＋**ません**

<1그룹 동사>

行く　→　行き　**ません** 가지 않습니다.

待つ　→　待ち　**ません** 기다리지 않습니다.

<2그룹 동사>

食べる　→　食べ　**ません** 먹지 않습니다.

見る　→　見　**ません** 보지 않습니다.

<3그룹 동사>

勉強する　→　勉強し　**ません** 공부하지 않습니다.

そうじする　→　そうじし　**ません** 청소하지 않습니다.

来る　→　来(き)　**ません** 오지 않습니다.

예)　今日はどこにも**行きません**。오늘은 어디에도 안 갑니다.

　　　まだ**帰りません**。아직 (집에)돌아가지 않습니다.

＊「**ました** ～했습니다.」(과거/긍정)

ます형＋**ました**

<1그룹 동사>

行く　→　行き　**ました** 갔습니다.

待つ　→　待ち　**ました** 기다렸습니다.

<2그룹 동사>

食べる　→　食べ　**ました** 먹었습니다.

見る　→　見　**ました** 봤습니다.

<3그룹 동사>

勉強する　→　勉強し　**ました** 공부했습니다.

そうじする→　そうじし　**ました** 청소했습니다.

来る　→　来(き)　**ました** 왔습니다.


예) 本を一冊読みました。 책을 한 권 읽었습니다.

昨日、田中さんに会いました。 어제 다나카 씨를 만났습니다.


＊「**ませんでした** ～하지　않았습니다.」(과거/부정)

ます형+**ませんでした**


<1그룹 동사>

行く　→　行き　**ませんでした** 가지 않았습니다.

待つ　→　待ち　**ませんでした** 기다리지 않았습니다.


<2그룹 동사>

食べる　→　食べ　**ませんでした** 먹지 않았습니다.

見る　→　見　**ませんでした** 보지 않았습니다.


<3그룹 동사>

勉強する　→　勉強し　**ませんでした** 공부하지 않았습니다.

そうじする　→　そうじし　**ませんでした** 청소하지 않았습니다.

来る　→　来(き)　**ませんでした** 오지 않았습니다.


예) 昨日は会社に行きませんでした。 어제는 회사에 가지 않았습니다.

田中さんは家にいませんでした。 다나카 씨는 집에 없었습니다.

「〜ます」,「〜ません」,「〜ました」,「〜ませんでした」를 이용하여 작문해 보세요.

* 「〜ます」

✎ _____

_____

* 「〜ません」

✎ _____

_____

* 「〜ました」

✎ _____

_____

* 「〜ませんでした」

✎ _____

_____

**문장연습 쓰기노트** ─────────────────────────────────○

다음 문장을 일본어로 써 보세요.

① 아침 6시에 출발합니다.

✎ _____

② 일은 5시에 끝납니다.

✎ _____

③ 아침밥은 먹지 않습니다.

✎ _____

④ 술은 마시지 않습니다.　　　　　　　　　　단어 お酒 술

✎ _____

⑤ 어제는 친구와 영화를 봤습니다.　　　　　　단어 友達 친구　　映画 영화

✎ _____

⑥ 오늘은 비가 안 왔습니다.　　　　　　　　　단어 雨が降る 비가 오다/내리다

✎ _____

質問!　──────────────────────────────○

Q '가지 않습니다.'와 '가지　않았습니다.'를 「? 行かないです」와 「? 行かなかったです」라고
　　해도 되나요?

A　예) A: 今日、来る？ 오늘 올 거야?
　　　　B: ？あ、行かないです。아, 안 갈 거야(안 가요).
　　　○行きません。/ ○今日は、ちょっと。/ ○ちょっと、行けないんです。

공식적인 자리나 문서에서는 「○行きません」, 「○行きませんでした」를 사용하는 것
이 적절합니다.
「×行かないです」와 「×行かなかったです」 같은 표현은 문법적으로 맞지 않습니
다. 따라서 비즈니스나 격식을 차려야 하는 상황에서는 피해야 합니다. 또한 일본어
능력 시험(JLPT)이나 비즈니스 일본어에서는 인정되지 않는 표현입니다. 「~ません」
「~ませんでした」를 사용해야 합니다.

## 핵심문법 3 동사를 수식하는 형용사 활용

형용사를 부사(副詞)적으로 사용한다.

예) あたたかい 따뜻하다

    <u>あたたかく</u>    <u>なる</u> 따뜻하게 되다 (따뜻해지다)
     い형용사    동사(되다)


예) はやい 빠르다

    <u>はやく</u>    <u>起きる</u> 일찍 일어나다
     い형용사    동사(일어나다)


## ① い형용사

い형용사를 동사 수식 형태로 만들기 위해서는 い형용사의 い를 떼고 く를 붙인다.

い형용사~~い~~く + 동사　~하게~


楽しい　→　楽しく + 동사
즐겁다　　　　즐겁게

辛い　→　辛く + 동사
맵다　　　맵게


① すこし早く着きました。조금 일찍 도착했습니다.

② 最近、忙しくなりました。요즘 바빠졌습니다.

③ 今朝、遅く起きました。오늘 아침에 늦게 일어났습니다.

④ 深く考えました。깊이 생각했습니다.

⑤ 明るく笑いました。밝게 웃었습니다.

## 2. な형용사

な형용사를 동사 수식 형태로 만들기 위해서는 な형용사에 に를 붙인다.

な형용사に +동사

元気 → 元気に 건강하게

便利 → 便利に 편리하게

① 朝は、簡単に食べました。아침은 간단하게 먹었습니다.

②日本語が好きになりました。일본어를 좋아하게 되었습니다.

③ 静かに話しました。조용히 이야기했습니다.

④ ていねいに説明しました。꼼꼼하게 설명했습니다.

⑤ 上手に料理を作りました。능숙하게 요리를 만들었습니다.

### 作文してみよう！ ──────────────────○

동사를 수식하는 형용사를 이용하여 작문해 보세요.

✎ _____

_____

### 문장연습 쓰기노트 ──────────────────○

다음 문장을 일본어로 써 보세요.

① 어제는 일찍 잤습니다.　　　　　　　　단어 早い 빠르다

✎ _____

② 친구가 늦게 왔습니다.　　　　　　　　단어 遅い 늦다

✎ _____

③ 방을 깨끗하게 했습니다.    〔단어〕 きれい 깨끗하다

&#9998; _____

④ 그는 일본어를 능숙하게 말합니다.    〔단어〕 上手(じょうず) 능숙하다

&#9998; _____

---

## まとめ 정리하기

〔読んでみよう 읽어봅시다〕 ─────────────────○

〔단어〕

- 昨日(きのう) 어제
- 日本(にほん) 일본
- 学(まな)ぶ 배우다
- 茶道(さどう) 다도
- マナー 예절, 매너
- 友達(ともだち) 친구
- お茶(ちゃ) 차
- 練習(れんしゅう) 연습
- 経験(けいけん) 경험
- 難(むずか)しい 어렵다
- 家(いえ) 집
- 飲(の)む 마시다

- 学校(がっこう) 학교
- 文化(ぶんか) 문화
- 授業(じゅぎょう) 수업
- 歴史(れきし) 역사
- 教(おそ)わる 배우다, 가르침을 받다
- 一緒(いっしょ)に 함께
- たて方(かた) 다리는 방법
- 初(はじ)めて 처음
- 少(すこ)し 조금
- 興味深(きょうみぶか)い 흥미롭다
- 家族(かぞく) 가족

〔문장〕

　昨日(きのう)、学校(がっこう)で日本(にほん)の文化(ぶんか)について学(まな)びました。
授業(じゅぎょう)では茶道(さどう)の歴史(れきし)やマナーを教(おそ)わりました。友達(と

もだち)と一緒(いっしょ)に、お茶(ちゃ)のたて方(かた)を練習(れんしゅう)しました。初(はじ)めての経験(けいけん)で少(すこ)し難(むずか)しかったですが、とても興味深(きょうみぶか)かったです。今日(きょう)は家(いえ)で家族(かぞく)とお茶(ちゃ)を飲(の)みます。

한국어 번역

어제 학교에서 일본 문화에 대해 배웠습니다. 수업에서는 다도의 역사와 예절을 배웠습니다. 친구와 함께 차를 다리는 방법을 연습했습니다. 처음 하는 경험이라 조금 어려웠지만 매우 흥미로웠습니다. 오늘은 집에서 가족과 함께 차를 마실 것입니다.

---

## 「다도(茶道)」란

1) もてなす(대접하다, 환대하다) / おもてなし(정성 어린 환대)
「다도(茶道)」는 일본의 전통적인 양식에 따라 주인이 손님에게 차를 끓여 대접하고, 손님은 주인의 환대를 받으며 차를 마시는 것을 말합니다.

2) 和敬清寂(わけいせいじゃく)
和敬清寂(わけいせいじゃく)精神(정신)을 기반으로 마음의 평온과 예술성을 중시합니다.

和敬清寂(わけいせいじゃく)는 다도에서 중요한 네 가지 덕목을 뜻합니다.
和(화): 조화와 배려.
敬(경): 서로를 존중하는 마음.
清(청): 깨끗함과 순수함.
寂(적): 고요하고 평온한 상태.
이 네 가지를 통해 마음의 평안을 찾고, 조화를 이루는 것을 추구합니다.

3) 一期一会(いちごいちえ)
"일생에 단 한 번의 만남"이라는 뜻으로, 지금 이 순간의 만남을 소중히 여기라는 의미입니다. 다도를 비롯한 모든 인간관계에서 현재를 진심으로 대하고, 다시는 오지 않을 순간을 감사히 여기는 정신입니다.

4) 「차를 끓이다(お茶を点(た)てる)」

말차를 끓이는 예법(点前(てまえ)), 차를 마시는 방법, 앉는 방법, 인사(절)하는 방법, 일어서는 방법, 걷는 방법 등의 동작에도 여러 가지 규칙이 있으며, 이를 예법(作法(さほう))이라고 합니다.

---

## N5 한자연습: 일상생활에서 자주 사용하는 기본적인 한자

〈동작〉

※ 다음 한자의 よみがな(읽는 법)을 적어 보세요.

1. 来(くる・らい)

( )                    ( )( )

# 来 ま す      来 年

**정답** •来(き)ます: 옵니다  •来(らい)年(ねん): 내년

2. 帰(かえる・き)

( )                        ( )( )

# 帰 り ま す      帰 国

**정답** •帰(かえ)ります: 돌아갑니다  •帰(き)国(こく) 귀국

3. 見(みる・けん)

( )                  ( )( )

# 見 ま す      見 学

**정답** •見(み)ます: 봅니다  •見(けん)学(がく): 견학

4. 聞(きく・ぶん)

( )　　　　　　　　　　( )( )

# 聞 き ま す　　新 聞

정답 •聞(き)きます: 듣습니다　•新(しん)聞(ぶん): 신문

5. 話(はなす・わ): 話します、会話

( )　　　　　　　　　　( )( )

# 話 し ま す　　会 話

정답 •話(はな)します: 이야기합니다　•会(かい)話(わ): 회화

6. 書(かく・しょ)

( )　　　　　　　　　　( )( )

# 書 き ま す　　読 書

정답 •書(か)きます: 씁니다　•読(どく)書(しょ) 독서

7. 食(たべる・しょく)

( )　　　　　　　　　　( )( )

# 食 べ ま す　　食 事

정답 •食(た)べます: 먹습니다　•食(しょく)事(じ): 식사

8. 飲(のむ・いん)

( )　　　　　　　　　　( )　　　　( )

# 飲 み ま す　　飲 み 物

정답 •飲(の)みます: 마십니다　•飲(の)み物(もの): 음료

## 9. 休(やすむ・きゅう)

(     )           (    )(    )

# 休 む     休 日

**정답** ●休(やす)み: 쉬다 ●休(きゅう)日(じつ): 휴일

---

## オノマトペ 의성어 의태어

**▌きもち 감정**

- **どきどき** 두근두근

  彼(かれ)に会(あ)うたびに**どきどき**する。

  그를 만날 때 마다 두근두근 거린다.

- **うきうき** 들뜬 모양

  今日(きょう)は遠足(えんそく)なので朝(あさ)から**うきうき**している。

  오늘은 소풍이라서 아침부터 들떠 있다.

- **わくわく** 기대가 돼서 두근두근하는 모양

  日本旅行(にほんりょこう)が楽(たの)しみで、**わくわく**する。

  일본 여행이 기대돼서 두근거린다.

- **いきいき** 생기가 넘치는 모양

  すずきさんは結婚(けっこん)してから**いきいき**している。

  스즈키씨는 결혼하고 나서 생기가 넘친다.

- **いらいら** 짜증나다, 초조해하다

  彼(かれ)の行動(こうどう)を見(み)ていると**いらいら**する。

  그의 행동을 보고 있으면 짜증이 난다.

## 학습정리문제

**다음 문장을 일본어로 써 보세요.**

그 이야기는 몰랐습니다.

✎ _____

정답 その話は知りませんでした。


## 부록1 ひと言

동사의 기본형? 보통형?

동사의 기본형은 동사의 활용형 중 하나로, 사전형과 동일합니다.

동사의 활용:

| | |
|---|---|
| 기본형(=사전형) | 「行く」 |
| ます형 | 「行きます」 |
| 연체(連体)형 | 「行く時」 |
| ない형 | 「行かない」 |
| た형 | 「行った」 |
| て형 | 「行って」 |

한편 보통형이란 정중형이 아닌 것을 말한다. 즉, 「行きます」「行きました」 등 정중한 느낌을 주는 표현(존댓말과 같은 것으로, 주로 「~です」, 「~ます」를 사용하는 표현)을 정중형이라고 하며, 「行く」「行った」등 정중하지 않은 느낌을 주는 표현(반말)을 보통형이라고 합니다.

예) 정중형「行きます」 ― 보통형「行く」

정중형「行きません」 ― 보통형「行かない」

정중형「行きました」 ― 보통형「行った」

정중형「行きませんでした」 ― 보통형「行かなかった」

## 부록2 ひと言

동사의 활용 유형은 일본의 국어 교육에서는 五段活用(5단 활용), 上一段(상1단 활용), 하1단 활용(下一段活用), カ행 변격 활용(カ行変格活用), サ행 변격 활용(サ行変格活用)으로 구분됩니다. 하지만 이러한 구분은 외국인 학습자들에게는 어렵기 때문에, 일본어 교육에서는 1그룹(5단 활용), 2그룹(상1단 활용/하1단 활용), 3그룹(カ행변격 활용/サ행변격 활용)이라고 부릅니다.

| 日本語教育 일본어 교육<br>(외국인 일본어학습자 대상) | 国語 국어<br>(일본인 대상) | 예 |
|---|---|---|
| 1グループ 1그룹 | 五段活用 5단 활용 | 読む、書く |
| 2グループ 2그룹 | 上一段活用 상1단 활용 | 見る、着る |
| | 下一段活用 하1단 활용 | 食べる、寝る |
| 3グループ 3그룹(不規則動詞) | カ行変格活用 カ행변격 활용 | 来る |
| | サ行変格活用 サ행변격 활용 | する |

## 부록3 やってみよう

Ⅰ. 일상생활에서 자주 사용하는 동사를 알아보고 외웁시다.

## 〔1그룹 동사〕

| | | | |
|---|---|---|---|
| 書(か)く | 쓰다 | 行(い)く | 가다 |
| 働(はたら)く | 일하다 | 聞(き)く | 듣다 |
| 急(いそ)ぐ | 서두르다 | 泳(およ)ぐ | 수영하다 |
| 死(し)ぬ | 죽다 | 遊(あそ)ぶ | 놀다 |
| 呼(よ)ぶ | 부르다 | 休(やす)む | 쉬다 |
| 読(よ)む | 읽다 | 飲(の)む | 마시다 |
| 買(か)う | 사다 | 会(あ)う | 만나다 |
| 習(なら)う | 배우다 | 吸(す)う | 빨다,피우다 |
| 手伝(てつだ)う | 도와주다 | もらう | 받다,얻다 |
| 持(も)つ | 들다 | 待(ま)つ | 기다리다 |
| 帰(かえ)る | 돌아가다 | 入(はい)る | 들어가다 |
| 降(ふ)る | (비, 눈이)오다 | ある | (물건이)있다 |
| 終(お)わる | 끝나다 | 取(と)る | 잡다, 들다 |
| 切(き)る | 자르다 | 送(おく)る | 보내다 |
| 知(し)る | 알다 | かかる | 걸리다, 들다 |
| 曲(ま)がる | 구부러지다, 돌다 | 話(はな)す | 이야기하다 |
| 貸(か)す | 빌려주다 | 出(だ)す | 내다, 꺼내다 |
| 消(け)す | 끄다,지우다 | 上(あ)がる | 올라가다 |
| 暮(く)らす | 지내다, 살다 | 謝(あやま)る | 사과하다 |
| 歩(ある)く | 걷다 | 動(うご)く | 움직이다 |
| 歌(うた)う | 노래부르다 | 写(うつ)す | 그리다, 묘사하다 |
| 起(お)こす | 깨우다, 일으키다 | 選(えら)ぶ | 고르다 |
| 怒(おこ)る | 화내다 | 笑(わら)う | 웃다 |
| 押(お)す | 밀다 | 踊(おど)る | 춤추다 |
| 驚(おどろ)く | 놀라다 | 思(おも)う | 생각하다 |
| 折(お)る | 접다 | 移(うつ)す | 옮기다 |
| 泊(と)まる | 묵다 | 去(さ)る | 떠나다 |
| 登(のぼ)る | 오르다 | 走(はし)る | 달리다 |
| 通(かよ)う | 다니다 | 横切(よこぎ)る | 가로지르다 |
| 飛(と)ぶ | 날다 | 渡(わた)る | 건너다 |
| 着(つ)く | 도착하다 | 戻(もど)る | 되돌아가다 |
| 至(いた)る | 도달하다 | 教(おそ)わる | 가르침을 받다, 배우다 |
| 思(おも)い出(だ)す | 생각해 내다, 화상하다 | 撮(と)る | (사진을) 찍다 |
| 間(ま)に合(あ)う | 맞게 가다, 늦지 않다 | かぶる | (모자를) 쓰다 |

## 〔2그룹 동사〕

| 食(た)べる | 먹다 | 寝(ね)る | 자다 |
|---|---|---|---|
| 起(お)きる | 일어나다 | 借(か)りる | 빌리다 |
| 見(み)る | 보다 | いる | (사람이)있다 |
| 教(おし)える | 가르치다 | あげる | 주다 |
| かける | 걸다 | 迎(むか)える | 맞다, 맞이하다 |
| 疲(つか)れる | 피곤하다,지치다 | 出(で)る | 나가다, 나오다 |
| 見(み)せる | 보여주다 | つける | 붙이다, 켜다 |
| 浴(あ)びる | (주목을)받다, (아침 햇살을)쬐다 | 止(と)める | 세우다, 멈추다, 고정시키다 |
| 開(あ)ける | 열다 | 閉(し)める | 닫다 |
| 足(た)りる | 충분하다, 족하다 | 着(き)る | 입다 |
| 入(い)れ替(か)える | 교체하다 | 植(う)える | (나무를) 심다 |
| 生(う)まれる | 태어나다 | 遅(おく)れる | 늦다 |
| 覚(おぼ)える | 외우다, 기억하다 | 降(お)りる | 내리다 |
| 答(こた)える | 대답하다 | 離(はな)れる | (거리가 멀리)떨어지다 |
| 届(とど)ける | 전하다 | 上(あ)げる | 올리다, 들다 |

## 〔3그룹 동사 (불규칙동사)〕

| する | 하다 | 来(く)る | 오다 |
|---|---|---|---|
| あいさつする | 인사하다 | 安心(あんしん)する | 안심하다 |
| 遠慮(えんりょ)する | 사양하다 | 案内(あんない)する | 안내하다 |
| 散歩(さんぽ)する | 산책하다 | 招待(しょうたい)する | 초대하다 |
| 合格(ごうかく)する | 합격하다 | 失敗(しっぱい)する | 실패하다 |
| 出席(しゅっせき)する | 출석하다 | 出発(しゅっぱつ)する | 출발하다 |
| 失礼(しつれい)する | 실례하다 | 故障(こしょう)する | 고장 나다 |
| 参加(さんか)する | 참가하다 | 支度(したく)する | 준비하다, 채비하다 |
| 経験(けいけん)する | 경험하다 | コピーする | 복사하다 |
| 質問(しつもん)する | 질문하다 | 卒業(そつぎょう)する | 졸업하다 |
| 入学(にゅうがく)する | 입학하다 | 到着(とうちゃく)する | 도착하다 |
| 入場(にゅうじょう)する | 입장하다 | 退場(たいじょう)する | 퇴장하다 |
| 達(たっ)する | 도달하다 | びっくりする | 놀라다 |

## Ⅱ. 普通形を練習しましょう。

보통형을 연습합시다. 다음 표를 작성해 봅시다.

| | 비과거 | | 과거 | |
|---|---|---|---|---|
| | 긍정 | 부정 | 긍정 | 부정 |
| 書きます<br>씁니다 | 書く<br>쓰다 | 書かない<br>쓰지 않다 | 書いた<br>썼다 | 書かなかった<br>쓰지 않았다 |
| 急ぎます | | | | |
| 休みます | | | | |
| 遊びます | | | | |
| 死にます | | | | |
| 買います | | | | |
| 待ちます | | | | |
| 帰ります | | | | |
| 話します | | | | |
| 食べます | | | | |
| 見ます | | | | |
| 教えます | | | | |
| する | | | | |
| 来る | | | | |

## Ⅲ. 動詞の活用を練習してみましょう。

동사의 활용을 연습해 봅시다.

예) 行(い)く 가다

### 비과거형(미래, 현재, 습관, 진리)

|  | 긍정 | 부정 |
|---|---|---|
| 보통형 | 行く<br>가다〔사전형〕 | 行かない<br>가지 않는다 |
| 정중형 | 行き**ます**<br>갑니다 | 行き**ません**<br>가지 않습니다 |

### 과거형

|  | 긍정 | 부정 |
|---|---|---|
| 보통형 | 行った<br>갔다 | 行か**なかった**<br>가지 않았다 |
| 정중형 | 行き**ました**<br>갔습니다 | 行き**ませんでした**<br>가지 않았습니다 |

### 1. 食(た)べる 먹다
비과거형(미래, 현재, 습관, 진리)

|  | 긍정 | 부정 |
|---|---|---|
| 보통형 |  |  |
| 정중형 |  |  |

과거형

|  | 긍정 | 부정 |
|---|---|---|
| 보통형 |  |  |
| 정중형 |  |  |

## 2. 来(く)る 오다

비과거형(미래, 현재, 습관, 진리)

|  | 긍정 | 부정 |
|---|---|---|
| 보통형 |  |  |
| 정중형 |  |  |

과거형

|  | 긍정 | 부정 |
|---|---|---|
| 보통형 |  |  |
| 정중형 |  |  |

## 3. (　　　　　)

비과거형(미래, 현재, 습관, 진리)

|  | 긍정 | 부정 |
|---|---|---|
| 보통형 |  |  |
| 정중형 |  |  |

과거형

|  | 긍정 | 부정 |
|---|---|---|
| 보통형 |  |  |
| 정중형 |  |  |

# 日本に行ったことがあります。
にほん　　　　い

일본에 간 적이 있습니다.

## はじめに 시작하기

**학습 내용**

ます형/ない형/た형/보통형을 이용한 **경험, 희망, 목적** 표현을 배운다.

- **ます형 문형**

  동사ます형+たいです

  동사ます형+たがります

  동사ます형+に

- **ない형 문형**

  동사ない형+ないことがあります

- **た형 문형**

  동사た형+たことがあります

  동사た형+たことがありません

  동사た형+たり　동사た형+たりします

- **보통형 문형**

  동사 보통형+ことがあります

- 각 문형의 용법을 이해하고 간단한 문장을 작성할 수 있다.
- "たい"와 "たがる" 같은 표현을 사용해 자신의 감정이나 타인의 욕구를 표현할 수 있다.
- 배운 문형을 조합해 자신의 생각과 상황을 자연스러운 일본어로 전달할 수 있다.

## 퀴즈

**다음 문장을 일본어로 써 보세요.**

1. 일본에 한 번도 간 적이 없습니다.

   ✎ _____

2. 일본에 가고 싶습니다.

   ✎ _____

3. 도서관에 책을 빌리러 갔습니다.　　　　　　단어 借りる 빌리다

   ✎ _____

4. 학교까지 가는데 버스로 1시간 걸립니다.　　단어 かかる 걸리다

   ✎ _____

5. 쉬는 날은 책을 읽거나 음악을 듣곤 합니다.

   ✎ _____

## 단어

- 一度も 한 번도
- バス 버스
- 子供のころ 아이였을 때, 어릴 적

- 図書館 도서관
- 音楽 음악
- アイロンをかける 다리미질을 하다

- 目が覚める 눈을 뜨다
- 商店街 상점가
- サイバー大学 사이버 대학
- 喫煙席 흡연석
- ロボット 로봇
- 海で泳ぐ 바다에서 수영하다
- 部長 부장님
- 制服 교복
- 嫌 〔な형〕싫어함(=嫌い)
- 着替える 〔동2〕옷갈아입다
- 体力をつける 체력을 기르다
- ひも 끈
- 塾 학원
- 来客用 손님용
- 近所 근처, 이웃집

- 出張 출장
- 仕事の後 일을 마친 뒤
- 禁煙席 금연석
- 赤いセーター 빨간 스웨터
- 髪を切る 머리카락을 자르다
- スペイン料理 스페인 요리
- 一日中 하루 종일
- 小屋に入る 우리에 들어가다
- 服 옷
- 合格する 합격하다
- 役に立つ 도움이 되다
- ビンのふた 병의 뚜껑
- お皿 접시
- 通勤 통근

## 학습하기

### 핵심문법 1 동사 활용

#### 1. 동사 활용 형태

동사 ます형, ない형, た형에 문형을 접속하여 여러 가지 표현을 만들 수 있다. 여기서 동사의 ます형이란, ます에 접속하는 부분, 즉 형태가 변하지 않는 부분을 말한다. 예를 들어, 「行く」의 ます형은 「行き」, ない형은 「行か」, た형은 「行っ」부분을 말한다.

예) 「行く」

| ます형 | 行き | ます |
|--------|------|------|
| ない형 | 行か | ない |
| た형 | 行っ | た |

## ② 보통형이란

동사, 형용사의 활용 형태는 보통형(普通形)과 정중형(丁寧形)으로 구분할 수 있다.
(2과 형용사, 3과 동사 표 확인 바람.)

### 〔동사 보통형〕

| 行く | 긍정 | 부정 |
|------|------|------|
| 비과거형 | 行く<br>〔사전형〕간다 | 行かない<br>〔ない형〕가지 않는다 |
| 과거형 | 行った<br>〔た형〕갔다 | 行かなかった<br>〔ない형+なかった〕가지 않았다 |

### 〔い형용사 보통형〕

| おもしろい | 긍정 | 부정 |
|-----------|------|------|
| 비과거형 | おもしろい<br>〔사전형〕재미있다 | おもしろくない<br>재미있지 않다 |
| 과거형 | おもしろかった<br>재미있었다 | おもしろくなかった<br>재미있지 않았다 |

〔な형용사 보통형〕

| しずか | 긍정 | 부정 |
|---|---|---|
| 비과거형 | しずか<br>〔사전형〕 조용하다 | しずか**ではない**<br>조용하지 않다 |
| 과거형 | しずか**だった**<br>조용했다 | しずか**ではなかった**<br>조용하지 않았다 |

**핵심문법 2** 경험

⑷ **～たことがあります**  ～한 적이 있습니다.

• 동사 た형+たことがあります

| 会う | → | **会っ** | た | ことがあります | 만난 적이 있습니다 |
|---|---|---|---|---|---|
| 読む | → | **読ん** | だ | ことがあります | 읽은 적이 있습니다 |
| 食べる | → | **食べ** | た | ことがあります | 먹은 적이 있습니다 |
| する | → | **し** | た | ことがあります | 한 적이 있습니다 |
| 来る | → | **来(き)** | た | ことがあります | 온 적이 있습니다 |

「今までに 지금까지, これまでに 이제까지, 前に 전에, 以前 이전, むかし 예전, 子供のころ 아이였을 때, 学生のころ 학생이었을 때」 등과 함께 쓰이는 경우가 많다.

① 日本にはこれまでに3回行っ**たことがあります**。 일본에는 이제까지 3번 간 적이 있습니다.

② その本は子供のころ読ん**だことがあります**。 이 책은 아이였을 때 읽은 적이 있습니다.

③ 高校生の時に1年ぐらい日本語を習っ**たことがあります**。

　고등학생 때 1년 정도 일본어를 배운 적이 있습니다.

④ そんな話は聞い**たことがありません**。 그런 이야기는 들은 적이 없습니다.

\* 동사 た형+たことが**ありません**  ～한 적이 없습니다.

(4) **～ことがあります** ~하는 경우가 있습니다.


● 동사 보통형＋ことがあります

会う　　　→　**会う**　　ことがあります　　만나는 경우가 있습니다

読む　　　→　**読む**　　ことがあります　　읽는 경우가 있습니다

食べる　　→　**食べる**　ことがあります　　먹는 경우가 있습니다

する　　　→　**する**　　ことがあります　　하는 경우가 있습니다

来る　　　→　**来る**　　ことがあります　　오는 경우가 있습니다


「ときどき 때때로, たまに 가끔, このごろ 요즘」 등과 함께 쓰이는 경우가 많다.

① ときどき自転車で会社まで行く**ことがあります**。

　　때때로 자전거로 회사까지 가는 경우가 있습니다.

② たまに自分でアイロンをかける**ことがあります**。

　　가끔 스스로 다리미질을 하는 경우가 있습니다.

③ このごろ早朝に目が覚める**ことがあります**。 요즘 새벽에 눈을 뜨는 경우가 있습니다.

④ 日本へは、ときどき出張で行く**ことがあります**。

　　일본에는 때때로 출장으로 가는 경우가 있습니다.


(4) **～ないことがあります** ~하지 않는 경우가 있습니다.


● 동사ない형＋ないことがあります

会う　→　**会わ**　　ない　ことがあります　만나지 않는 경우가 있습니다

読む　→　**読ま**　　ない　ことがあります　읽지 않는 경우가 있습니다

食べる　→　**食べ**　　ない　ことがあります　먹지 않는 경우가 있습니다

する　→　**し**　　　ない　ことがあります　하지 않는 경우가 있습니다

来る　→　**来(こ)**　ない　ことがあります　오지 않는 경우가 있습니다

① たまに夜ごはんを食べないことがあります。가끔 저녁밥을 먹지 않는 경우가 있습니다.

② ときどき学校に来ないことがあります。때때로 학교에 오지 않는 경우가 있습니다.

③ たまに朝、起きられないことがあります。가끔 아침에 일어나지 못하는 경우가 있습니다.

**Tip** 「起きられない」는 「起きる」의 가능형 「起きられる」의 부정형. (14과 가능표현)

---

## 문장연습 쓰기노트

다음 문장을 일본어로 써 보세요.

① 해외에 한 번도 간 적이 없습니다.　**단어** 海外 해외　一度も 한 번도

✎ _____

② 때때로 수업에 지각할 경우가 있습니다.　**단어** 授業 수업　ちこくする 지각하다

✎ _____

③ 가끔 일이 끝나지 않는 경우가 있습니다.　**단어** 仕事 일　終わる 끝나다

✎ _____

---

## 作文してみよう！

「～ことがあります」을 이용하여 작문해 보세요.

✎ _____

_____

「～ないことがあります」을 이용하여 작문해 보세요.

✎ _____

_____

Q 「に」와 「へ」의 차이는 무엇인가요?
　学校に行く。
　学校へ行く。

A 「~에」는 일본어에서 「に」와 「へ」를 모두 사용할 수 있으며, 일반적으로 비슷한 의미로 쓰인다.

학교에 간다.
学校に行く。
学校へ行く。

도서관에 간다.
図書館に行く。
図書館へ行く。

하네다 공항에 도착한다.
羽田空港に着く。
羽田空港へ着く。

위의 문장 모두 学校/図書館/羽田空港이 도착점임을 나타내지만, 「に」는 学校/図書館/ 羽田空港을 정확한 도착점으로 지칭하며, 「へ」는 "学校/図書館/羽田空港을 향해 간다" 처럼 방향을 강조하는 표현이다.

Q '~때'를 표현할 때 「ころ」와 「とき」 구분 없이 사용해도 되나요?

A 「ころ」와 「とき」는 둘 다 시간이나 기간을 나타내는 말로, 큰 차이는 없다.

「とき」(~때) : 특정한 시간이나 기간을 나타낼 때 사용한다.
「ころ」(~쯤) : 막연한 시간이나 기간을 나타낼 때 사용한다.

① 二十歳のとき、母が指輪をプレゼントしてくれた。

　　스무 살 때 엄마가 반지를 선물해 줬다.

② 二十歳のころ、私は旅行ばかりしていた。스무 살 때쯤 나는 여행만 하고 있었다.

위 두 문장에서 ころ와 とき 를 바꿔도 큰 문제는 없다. 하지만, ①은 '반지 선물을 받았다'는 특정 순간을 의미하기 때문에 とき 가 더 자연스럽고, ②는 '여행을 하고 있었다'는 대략적인 기간을 나타내므로 ころ를 쓰는 것이 더 적합하다.

---

**핵심문법 3** **열거**

(5) **〜たり〜たりします**　〜거나 〜곤 합니다.

● 동사 た형+たり、동사 た형+たりします

| 会う | → | **会っ** | ＋ | たり | 만나거나 |
| 読む | → | **読ん** | ＋ | だり | 읽거나 |
| 食べる | → | **食べ** | ＋ | たり | 먹거나 |
| する | → | **し** | ＋ | たり | 하거나 |
| 来る | → | **来(き)** | ＋ | たり | 오거나 |

몇 개의 사건 중에서 2, 3개를 열거할 때 사용한다.

① デパートに入ったり、商店街を歩いたりしました。

　　백화점에 들어가거나, 상점가를 걷곤 하였습니다.

② 先週末は、子供と遊んだり、ゴルフに行ったりしました。

　　저번 주말은 아이와 놀거나 골프를 치러 가거나 했습니다.

③ 仕事の後は、サイバー大学の授業を聞いたり、日本のドラマを見たりします。

　　일을 마친 뒤에는 사이버 대학의 수업을 듣거나 일본 드라마를 보곤 합니다.

## (4) ～たり～たりします  ～이었다 ～이었다 합니다

● 동사 た형+たり、동사 た형+たりします

반대가 되는 동작이 반복될 때나, 사건이 일정하게 일어나지 않는 경우에 사용한다.

대립 하는 동작 :

出る 나가다　　—　入る 들어오다

上がる 오르다　—　下がる 내리다

開ける 열다　　—　閉める 닫다

① 日本を行ったり来たりしました。 일본을 왔다 갔다 했습니다.
② 雨が降ったり止んだりします。 비가 내렸다 그쳤다합니다.
③ 友達と飲んだり食べたりしました。 친구랑 마시거나 먹거나 했습니다.
④ ねこが小屋を出たり入ったりします。 고양이가 집을 나갔다 들어갔다 합니다.
⑤ 映画を見て泣いたり笑ったりしました。 영화를 보고 울거나 웃거나 했습니다.
⑥ 旅先で見たり聞いたりしました。 여행지에서 보고 듣고 했습니다.
⑦ 水道の水が出たり出なかったりします。 수도에서 물이 나오거나 안 나오거나 합니다.

> **Tip**　'왔다 갔다'는 일본어로 '行ったり来たり'라고 한다. (×'来たり行ったり')

● 형용사 과거형+たり
● 명사+だったり

| い형용사 | いそがしい | → | いそがしかっ | + | たり | 바빴다가 |
| な형용사 | ひま | → | ひまだっ | + | たり | 한가했다가 |
| 명사 | 朝 | → | 朝 | + | だったり | 아침이었다가 |

① 最近、暑かったり寒かったりします。최근 덥다가 춥다가 합니다.

② 最近、体調が良かったり悪かったりします。최근 몸 상태가 좋았다가 나빴다가 합니다.

③ コーヒーショップは時間によって静かだったりにぎやかだったりします。

커피숍은 시간에 따라 조용했다 북적였다 합니다.

④ 禁煙席だったり喫煙席だったりします。금연석이었다가 흡연석이었다가 합니다.

作文してみよう！ ────────────────────────────────○

「～たり～たりします」을 이용하여 작문해 보세요.

✎ _____

_____

質問！ ────────────────────────────────○

Q   「日本を行ったり来たりしています。」에서 반드시 조사 「を」를 써야 하나요?
    「に」를 사용할 수는 없나요?

A   조사「を」를 사용해야 합니다.

    「日本を行ったり来たりする。」는 「(ソウルと)日本を行ったり来たりする。」처럼
    「～と～を行ったり来たりする。」의 「～と」 부분이 생략된 표현입니다. 따라서 조사
    「を」를 그대로 사용해야 합니다.

    예) (ソウルと)日本を行ったり来たりする。

    한편, 「日本(に/へ)行ったり、アメリカ(に/へ)行ったりします。」처럼 「～たり～たり」
    문장에서는 「に/へ」를 사용해야 합니다.

다음 문장을 일본어로 써 보세요.

① 주말은 산을 오르거나, 영화를 보곤 합니다.　　　단어 山に登る 산을 오르다

　✎ _____

② 아침밥은 먹거나 먹지 않거나 합니다.　　　단어 朝ごはん 아침밥

　✎ _____


핵심문법 4 희망

1. ほしい 갖고 싶다

1) (5) ~がほしいです　~을/를 갖고 싶습니다

① 赤いセーターがほしいです。빨간 스웨터를 갖고 싶습니다.
② 日本人の友達がほしいです。일본인 친구를 갖고 싶습니다.
③ 子供のころ、ロボットがほしかったです。어릴 적 로봇을 갖고 싶었습니다.

Tip　「ほしい」는 い형용사와 같은 활용을 한다.

〔ほしい(갖고 싶다) 비과거형〕

|  | 긍정 | 부정 |
|---|---|---|
| 보통형 | ほしい<br>갖고 싶다 | ほしくない<br>갖고 싶지 않다 |
| 정중형 | ほしいです<br>갖고 싶습니다 | ほしくありません<br>갖고 싶지 않습니다.<br>(ほしくないです) |

〔ほしい (갖고 싶다) 과거형〕

|  | 긍정 | 부정 |
|---|---|---|
| 보통형 | ほしかった<br>갖고 싶었다 | ほしくなかった<br>갖고 싶지 않았다 |
| 정중형 | ほしかったです<br>갖고 싶었습니다 | ほしくありませんでした<br>갖고 싶지 않았습니다<br>(ほしくなかったです) |

2) "갖고 싶은 것"은 「ほしいもの」라고 한다.

　① 今、一番ほしいものはパソコンです。지금 가장 갖고 싶은 것은 컴퓨터입니다.

　② ほしいものは特にありません。갖고 싶은 것은 특별히 없습니다.

3) 타인의 욕구

● (4) ~をほしがっています　~을 갖고 싶어합니다. /원합니다.

　① 友達は新しい車をほしがっています。　친구는 새 차를 갖고 싶어합니다.
　② 田中さんはパソコンをほしがっています。다나카 씨는 컴퓨터를 갖고 싶어합니다.

●~がほしいと言っています ~을 갖고 싶다고 말하고 있습니다.

　① 友達は新しい車がほしいと言っています。친구는 새 차가 갖고 싶다고 말하고 있습니다.
　② 田中さんはパソコンがほしいと言っています。
　　　다나카 씨는 컴퓨터가 갖고 싶다고 말하고 있습니다.

(2.) ~たい　~하고 싶다.

1) (5) ~たいです　~하고 싶습니다.

●동사 ます형＋たいです

| 会う | → | 会い | ます | + | たいです | 만나고 싶습니다. |
|---|---|---|---|---|---|---|
| 読む | → | 読み | ます | + | たいです | 읽고 싶습니다. |
| 食べる | → | 食べ | ます | + | たいです | 먹고 싶습니다. |
| する | → | し | ます | + | たいです | 하고 싶습니다. |
| 来る | → | 来(き) | ます | + | たいです | 오고 싶습니다. |

① 今日は早く帰りたいです。 오늘은 빨리 (집에) 돌아가고 싶습니다.

② 髪を短く切りたいです。 머리카락을 짧게 자르고 싶습니다.

③ 夏休みに沖縄に行きたいです。 여름방학에 오키나와에 가고 싶습니다.

④ 海で泳ぎたいです。 바다에서 수영하고 싶습니다.

⑤ 今日はスペイン料理が食べたいです。 오늘은 스페인 요리를 먹고 싶습니다.

⑥ ソウルを案内したいです。 서울을 안내하고 싶습니다.

⑦ 来年は、日本旅行がしたいです。 내년에는 일본 여행을 하고 싶습니다.


**2) 질문할 때, 손윗사람에게는 사용하지 않는다.**

× 部長、何が飲みたいですか。 부장님, 무엇을 마시고 싶습니까?

○ 部長、何をお飲みになりますか。 (존경어) 부장님, 무엇을 드시겠습니까?


**3) 타동사의 경우, 목적어에 붙는 조사 「を」를 「が」로 바꿔 쓸 수도 있다.**

おすしを食べる → おすし(を/が)食べたい。
초밥을 먹다　　　　　　초밥을 먹고 싶다.

旅行をする → 旅行(を/が)したい。
여행을 하다　　　여행을 하고 싶다.

③ たがる 〜싶어 하다.(타인의 욕구)

1) ⑷ 〜たがります 〜싶어 합니다.

타인의 욕구나 희망 또는 감정을 나타내는 표현.

**〜たがります/たがりません** 〜싶어 합니다./〜싶어 하지 않습니다.

●동사 ます형+たがります/たがりません

| | | | | | |
|---|---|---|---|---|---|
| 会う | → | **会い** | ます + | たがります | 만나고 싶어 합니다 |
| 読む | → | **読み** | ます + | たがります | 읽고 싶어 합니다 |
| 食べる | → | **食べ** | ます + | たがります | 먹고 싶어 합니다 |
| する | → | **し** | ます + | たがります | 하고 싶어 합니다 |
| 来る | → | **来(き)** | ます + | たがります | 오고 싶어 합니다 |

① 犬は一日中、外に出**たがります**。 개는 하루 종일 밖에 나가고 싶어 합니다.
② 彼はいつも辛いものを食べ**たがります**。 그는 언제나 매운 것을 먹고 싶어 합니다.
③ 田中さんは韓国に来**たがっています**。 다나카 씨는 한국에 오고 싶어 하고 있습니다.
④ 子供が制服を着**たがりません**。 아이가 교복을 입고 싶어 하지 않습니다.

Tip 「~たがる」: 타인의 일반적인 경향이나 습관적인 욕구를 나타냅니다.

예) 彼は甘いものを食べ<u>たがる</u>。 그는 단 것을 먹고 싶어한다.
(그가 단 것을 먹고 싶어하는 경향이 있음을 나타냅니다.)

「~たがっている」: 타인의 현재의 구체적인 욕구나 의지가 지속되고 있는 상태를 강조합니다.

예) 彼は新しい車を買い<u>たがっている</u>。 그는 새 차를 사고 싶어하고 있다.

　　(그가 현재 새 차를 사고 싶어하는 상태가 지속되고 있음을 나타냅니다.)

「~たがる」: 타인의 일반적인 경향이나 습관적인 욕구

「~たがっている」: 타인의 현재의 구체적인 욕구나 의지의 지속을 표현

**2) ～がります** 형용사에 붙여, 타인이 그런 감정을 느끼고 있음을 나타낸다.

●い형용사~い~+がります/がりません

●な형용사+がります/がりません

| | | | | | |
|---|---|---|---|---|---|
| い형용사 | 暑い | → | 暑 + がります | 더워합니다 |
| な형용사 | 嫌 | → | 嫌 + がります | 싫어합니다 |

① 子供はいつもおかしをほし**がります**。아이는 언제나 과자를 원합니다.

② 猫は小屋に入るのを嫌**がります**。고양이는 우리에 들어가는 것을 싫어합니다.

③ 彼女は犬を怖**がります**。그녀는 개를 무서워합니다.

Tip　~がります는 타인의 상태를 표현할 때 사용되므로, 말하는 사람 본인이나 듣는
　　사람에게 <u>사용하지 않는다</u>.

예) ✕ 私は日本に行きたがっています.

　　○ 私は日本に行きたいです。저는 일본에 가고 싶습니다.

**作文してみよう！**ー――――――――――――――――――――○

「~たいです。~하고 싶습니다.」을 이용하여 작문해 보세요.

✎＿＿＿＿＿＿＿＿＿＿＿＿＿＿＿＿＿＿＿＿＿＿＿＿＿＿＿＿＿

＿＿＿＿＿＿＿＿＿＿＿＿＿＿＿＿＿＿＿＿＿＿＿＿＿＿＿＿＿＿＿

「〜たがります。〜싶어 합니다.」을 이용하여 작문해 보세요.

✎ _____

_____

다음 문장을 일본어로 써 보세요.

① 따뜻한 음료가 갖고 싶습니다.　　　　　단어 温<sup>あたた</sup>かい 따뜻한　飲<sup>の</sup>み物<sup>もの</sup> 음료

✎ _____

② 지금 갖고 싶은 것은 무엇입니까?

✎ _____

③ 3시까지에는 도착하고 싶습니다.　　　　단어 〜までには 〜까지에는　着<sup>つ</sup>く 도착하다

✎ _____

④ 여동생이 저의 옷을 입고 싶어 합니다.　　단어 妹<sup>いもうと</sup> 여동생

✎ _____

⑤ 아이가 걷고 싶어 하지 않습니다.　　　　단어 子供<sup>こども</sup> 아이　歩<sup>ある</sup>く 걷다

✎ _____

## 핵심문법 5 목적

1) 〜に 〜하러

⑸ 〜に 〜하러

● 동사ます형＋に 行<sup>い</sup>く/来<sup>く</sup>る/帰<sup>かえ</sup>る

会う → **会い** ます に 만나러

読む → **読み** ます に 읽으러

食べる → **食べ** ます に 먹으러

する → **し** ます に 하러


① 友達が日本から遊びに**来ます**。 친구가 일본에서 놀러 옵니다.

② 空港まで友達を迎えに**行きます**。 공항까지 친구를 마중하러 갑니다.

③ 仕事の後、一度着替えに**帰ります**。 일이 끝난 후, 일단 옷을 갈아입으러 돌아갑니다.


## 2) ～ため(に) ～하기 위해(서)

(4) **～ため(に)** ～하기 위해(서)

● 동사 보통형＋ため(に)


会う → 会う ＋ ため(に) 만나기 위해(서)

読む → 読む ＋ ため(に) 읽기 위해(서)

食べる → 食べる ＋ ため(に) 먹기 위해(서)

する → する ＋ ため(に) 하기 위해(서)

来る → 来る ＋ ため(に) 오기 위해(서)


① 試験に合格する**ために**、毎日勉強しています。

　시험에 합격하기 위해서 매일 공부하고 있습니다.

② 日本に行く**ために**、お金をためています。 일본에 가기 위해서 돈을 모으고 있습니다.

③ 体力をつける**ため**、毎日運動しています。 체력을 기르기 위해서 매일 운동하고 있습니다.

　＊「～ています」는 습관을 나타냅니다. (13과 참고)


● 명사＋のために/のための ～을 위해서/위한

④ 子供**のために**仕事を休みました。 아이를 위해서 일을 쉬었습니다.

⑤ これは小学生のための本です。 이것은 초등학생을 위한 책입니다.


## 3) 〜のに 〜하는데, 하기에


(4) 〜のに 〜하는데, 하기에

● 동사 보통형＋のに＋かかります 걸립니다

　　　　　　　　使います 사용합니다

　　　　　　　　必要です 필요합니다

　　　　　　　　便利です 편리합니다

　　　　　　　　役に立ちます 도움이 됩니다.


| 会う | → | 会う | ＋ | のに | 만나기에 |
| 読む | → | 読む | ＋ | のに | 읽기에 |
| 食べる | → | 食べる | ＋ | のに | 먹기에 |
| する | → | する | ＋ | のに | 하기에 |
| 来る | → | 来る | ＋ | のに | 오기에 |


① このひもは、トランクを運ぶのに便利です。 이 끈은 트렁크를 옮기기에 편리합니다.

② このはさみは、前髪を切るのに便利です。 이 가위는 앞머리를 자르기에 편리합니다.

③ それはビンのふたを開けるのに使います。 그것은 병의 뚜껑을 여는데 사용합니다.

④ 子供を塾に送るのに30分かかります。 아이를 학원에 보내는데 30분 걸립니다.

⑤ 会社まで行くのに地下鉄で40分かかります。 회사까지 가는데 지하철로 40분 걸립니다.


● 명사＋に 〜에, 〜으로

① このカバンは買い物に使っています。 이 가방은 쇼핑하는데 사용하고 있습니다.

② このお皿は来客用に使っています。 이 접시는 손님용으로 사용하고 있습니다.

③ このカードは通勤に便利です。 이 카드는 통근 때 편리합니다.

**Tip** 「~るのには(~하기에는)」만 「~るには」로 줄일 수 있다.

① 空港へ行くのには空港バスが便利です。

(空港へ行くには空港バスが便利です。)

공항에 가기에는 공항 버스가 편리합니다.

② 近所に出かけるのには自転車が便利です。

(近所に出かけるには自転車が便利です。)

근처에 외출하기에는 자전거가 편리합니다.

**作文してみよう！** ───────────────────────────○

「~に 行く/来る/帰る」을 이용하여 작문해 보세요.

✎ _____

_____

「~ため(に)」을 이용하여 작문해 보세요.

✎ _____

_____

「~のに」을 이용하여 작문해 보세요. (예. ○○は、~のに便利です。~은~하기에 편리합니다.)

✎ _____

_____

**문장연습 쓰기노트** ───────────────────────────○

다음 문장을 일본어로 써 보세요.

① 토요일은 영화를 보러 갑니다.

✎ _____

② 주말은 친척 아이가 놀러 옵니다.　　　　　단어　親戚 친척

✎ _____

③ 미국에 유학하기 위해서 영어를 공부하고 있습니다.

　　　　　　　　　　　　　단어　アメリカ 미국　　留学する 유학하다

✎ _____

④ 이 사전은 일본어 문장을 쓰는데 도움이 됩니다.

　　　　　　　　단어　辞書 사전　　文章 문장　　役に立つ 도움이 되다

✎ _____

⑤ 이 의자는 아이용으로 사용하고 있습니다.　　단어　子供用 아이용

✎ _____

## まとめ 정리하기

### 読んでみよう 읽어봅시다 ─────────────────────────○

단어

■ 昨日(きのう) 어제　　　　　　　■ 図書館(としょかん) 도서관

■ 本(ほん) 책　　　　　　　　　　■ 借(か)りる 빌리다

■ 行(い)く 가다　　　　　　　　　■ 読(よ)む 읽다

■ 音楽(おんがく) 음악　　　　　　■ 聞(き)く 듣다

■ 楽(たの)しい 즐겁다　　　　　　■ 忙(いそが)しい 바쁘다

■ 行(い)けない 갈 수 없다　　　　■ 友達(ともだち) 친구

■ 映画(えいが) 영화　　　　　　　■ 見(み)る 보다

■ 見(み)たがる 보고 싶어 하다　　■ 一緒(いっしょ)に 함께

■ 日本(にほん) 일본

昨日(きのう)、図書館(としょかん)に本(ほん)を借(か)りに行(い)きました。本(ほん)を読(よ)んだり、音楽(おんがく)を聞(き)いたりして楽(たの)しかったです。でも、図書館(としょかん)に行(い)かないこともあります。今日は友(とも)だちが映画(えいが)を見(み)たがっていますので、一緒(いっしょ)に映画(えいが)を見(み)に行(い)きます。私は日本(にほん)の映画(えいが)が見(み)たいです。

한국어 번역

어제 도서관에 책을 빌리러 갔습니다. 책을 읽거나 음악을 들으며 즐거운 시간을 보냈습니다. 하지만 도서관에 가지 않는 날도 있습니다. 오늘은 친구가 영화를 보고 싶어 해서, 함께 영화를 보러 갑니다. 저는 일본 영화를 보고 싶습니다.

## N5 한자연습: 일상생활에서 자주 사용하는 기본적인 한자

〈사람〉

※ 다음 한자의 よみがな(읽는 법)을 적어 보세요.

1. 人(ひと・じん・にん)

( ) ( ) ( ) ( ) ( ) ( )

# 人 日 本 人 三 人

정답 •人(ひと): 사람 •日(に)本(ほん)人(じん): 일본인 •三(さん)人(にん)さんにん: 세명

2. 子(こ・し)

( )( )        ( )( )

# 子 供        女 子

정답 •子(こ)供(ども): 아이   •女(じょ)子(し): 여자 아이

3. 女(おんな・じょ)

( )        ( )( )

# 女        女 性

정답 •女(おんな): 여자   •女(じょ)性(せい): 여성

4. 男(おとこ・だん)

( )        ( )( )

# 男        男 性

정답 •男(おとこ): 남자   •男(だん)性(せい): 남성

5. 母(おかあさん・はは)

( )                    ( )

# お 母 さん        母

정답 •お母(かあ)さん: 엄마   •母(はは): (저의) 어머니

6. 父(おとうさん・ちち)

( )                    ( )

# お 父 さん        父

정답 •お父(とう)さん: 아빠   •父(ちち): (저의) 아버지

## 7. 友(とも・ゆう)

( )( )　　　( )( )

# 友 達　　親 友

정답　•友(とも)達(だち): 친구　•親(しん)友(ゆう): 친한 친구

---

## オノマトペ 의성어 의태어

### ▌さわった感じ 만졌을 때의 느낌

• **つるつる** 매끈매끈, 반들반들

　お肌(はだ)が**つるつる**ですね。
　피부가 매끈매끈하네요.

• **さらさら** 보슬보슬, 바슬바슬

　海岸(かいがん)の砂(すな)が**さらさら**していて気持(きも)ちよかった。
　바닷가의 모래가 바슬바슬해서 기분이 좋았다.

• **ぬるぬる** 미끈미끈

　油(あぶら)をこぼして**ぬるぬる**しているので気(き)をつけてください。
　기름을 엎질러서 미끈미끈하기 때문에 조심하십시오.

• **ざらざら** 까칠까칠

　海(うみ)で泳(およ)いできたので顔(かお)が**ざらざら**している。
　바다에서 수영하고 와서 얼굴이 까칠까칠하다.

• **ふわふわ** 푹신푹신

　このソファー**ふわふわ**していて座(すわ)り心地(ごこち)がいいね。
　이 소파 푹신푹신해서 앉은 느낌이 좋네요.

**다음 문장을 일본어로 써 보세요.**

전철이 늦는 경우가 있습니다.

✎ _____

## 부록 1   ひと言(こと)

「おすしを食べたい」와 「おすしが食べたい」 두 표현 모두 문법적으로 올바른 표현입니다. 다만, 사용되는 조사에 따라 미묘한 뉘앙스 차이가 있습니다.

\* 「おすし**を**食べたい」
「おすしを食べる」라는 행위에 초점이 맞춰져 있습니다. 먹는 행동 자체를 강조하고 싶을 때 사용합니다.

    예) 今日はおすしを食べたい。오늘은 초밥을 먹고 싶다.
        (오늘은 「초밥을 먹는 행동」을 하고 싶다는 의지를 나타냅니다.)

\* 「おすし**が**食べたい」
「おすし」라는 대상에 초점이 맞춰져 있습니다. 다른 음식이 아니라, 특히 초밥을 원하고 있다는 것을 강조합니다.

    예) 何が食べたいですか? 무엇을 먹고 싶어요?
        おすしが食べたいです。초밥을 먹고 싶어요.
        (음식 선택지 중에서, 특히 초밥을 선택하고 있음을 나타냅니다.)

「~を食べたい」: 행위(먹는 행동)에 중점을 둡니다.

「~が食べたい」: 대상(초밥)에 중점을 둡니다.

　두 표현 모두 올바르지만, 문맥이나 강조하고자 하는 포인트에 따라 사용을 나누면 더 자연스러운 일본어 표현이 됩니다.

## 부록2　やってみよう

Ⅰ. 次の質問に「~たり~たり~」を使って文章を作ってみましょう。

　다음 질문에 「~たり~たり~」를 사용하여 문장을 만들어 봅시다.

① 休みの日は、何をしますか。쉬는 날에는 무엇을 합니까?

✎ _____

② 週末は、何をしましたか。주말에는 무엇을 했습니까?

✎ _____

③ 夏休みは、何をしたいですか。여름방학에는 무엇을 하고 싶습니까?

✎ _____

④ 明日は、何をしたいですか。내일은 무엇을 하고 싶습니까?

✎ _____

⑤ 今週末は、何をしたいですか。이번 주말에는 무엇을 하고 싶습니까?

✎ _____


예) ① 公園を散歩したり、本を読んだりします。　公원을 산책하거나 책을 읽습니다.

② 音楽をきいたり、友達と食事をしたりしました。음악을 듣거나 친구와 식사를 했습니다.

③ 海で泳いだり、旅行に行ったりしたいです。바다에서 수영하거나 여행을 가고 싶습니다.

④ 映画をみたり、運動をしたりしたいです。영화를 보거나 운동을 하고 싶습니다.

⑤ ドライブをしたり、買い物をしたりしたいです。드라이브를 하거나 쇼핑을 하고 싶습니다.


## Ⅱ. 次の質問に「〜たり〜たり〜」を使って文章を作ってみましょう。

다음 질문에 「~たり~たり~」를 사용하여 문장을 만들어 봅시다.


旅行へ行く前に何をしますか。여행을 가기 전에 무엇을 합니까?

예) ☑ パスポートをとる。여권을 발급받는다.

　　☑ ホテルの予約をする。호텔을 예약한다.

　　☑ 飛行機のチケットを買う。비행기 표를 산다.

　　☑ レストランを探す。레스토랑을 찾는다.

　　☑ 買い物リストを作る。쇼핑 리스트를 만든다.

　　☑ 電車の時間を調べる。기차 시간을 조사한다.


✎ _____

_____

_____

_____

**Ⅲ. 次の質問に「〜たり〜たり〜」、「〜たいです。」を使って文章を作ってみましょう。**

다음 질문에 「~たり~たり~」、「~たいです。」를 사용하여 문장을 만들어 봅시다.

日本<sup>にほん</sup>で何<sup>なに</sup>をしたいですか。 일본에서 무엇을 하고 싶습니까?

---

예) ☑ 買<sup>か</sup>い物<sup>もの</sup>をする。 쇼핑을 한다.

☑ 観光<sup>かんこう</sup>をする。 관광을 한다.

☑ 日本人<sup>にほんじん</sup>の友達<sup>ともだち</sup>に会<sup>あ</sup>う。 일본인 친구를 만난다.

☑ カフェに行<sup>い</sup>く。 카페에 간다.

☑ 温泉<sup>おんせん</sup>に行<sup>い</sup>く。 온천에 간다.

☑ 懐石料理<sup>かいせきりょうり</sup>を食<sup>た</sup>べる。 가이세키 요리를 먹는다.

☑ コンサートに行<sup>い</sup>く。 콘서트에 간다.

---

# しゅっぱつ
# 出発しましょうか。

출발할까요?

## はじめに 시작하기

### 학습 내용 ──────────────────────○

동사 활용 형태를 사용한 **권유, 제안, 조언** 표현을 배운다.

・**ます형 문형**

　동사 ます형+ましょう

　동사 ます형+ませんか

　동사 ます형+ましょうか

・**ない형 문형**

　동사 ない형+ない方がいいです(よ)

・**た형 문형**

　동사 た형+た方がいいです(よ)

### 학습 목표 ──────────────────────○

・각 문형의 용법을 이해하고 간단한 문장을 작성할 수 있다.

다음 문장을 일본어로 써 보세요.

1. 영화를 보러 가지 않겠습니까?

   ✎ _____

2. 이 책은 읽는 편이 좋겠어요.

   ✎ _____

3. 공원에 갑시다.

   ✎ _____

4. 조금 도와드릴까요?

   ✎ _____

5. 밤 늦게 단 것을 먹지 않는 게 좋아요.

   ✎ _____

**단어** ───────────────────────────────○

■ 急ぐ〔동1〕서두르다

■ この件 이 건

■ 招待 초대

■ 直接 직접

■ 有給休暇 유급 휴가

■ 荷物を運ぶ 짐을 옮기다

■ 遠足 소풍

■ マラソン大会 마라톤 대회

■ コピー 복사

■ 繁忙期 성수기

■ 今夜 오늘 밤

# 학습하기

## 핵심문법 1 권유

(5) **～ましょう** ～합시다(권유)

적극적으로 권유할 때 사용하는 표현

● 동사 ます형＋ましょう

| | | | | |
|---|---|---|---|---|
| 会う | → **会い** | ます | ましょう | 만납시다. |
| 読む | → **読み** | ます | ましょう | 읽읍시다. |
| 食べる | → **食べ** | ます | ましょう | 먹읍시다. |
| する | → **し** | ます | ましょう | 합시다. |
| 来る | → **来(き)** | ます | ましょう | 옵시다. |

① 6時に駅の2番出口で会い**ましょう**。 6시에 역 2번 출구에서 만납시다.

② 月末にみんなで遠足に行き**ましょう**。 월말에 모두 함께 소풍 갑시다.

③ この件に関しては、来週また話し**ましょう**。

　　이 건에 관해서는, 다음 주에 다시 이야기합시다.

### 作文してみよう！

「～ましょう～합시다(권유)」을 이용하여 작문해 보세요.

✎ _____

_____

## (5) 〜ませんか  〜하지 않겠습니까?〔권유〕

「〜ましょう」보다 상대방을 배려한 권유 표현

●동사 ます형＋ませんか

| 会う | → | 会い | ます | ませんか | 만나지 않겠습니까? |
| 読む | → | 読み | ます | ませんか | 읽지 않겠습니까? |
| 食べる | → | 食べ | ます | ませんか | 먹지 않겠습니까? |
| する | → | し | ます | ませんか | 하지 않겠습니까? |
| 来る | → | 来(き) | ます | ませんか | 오지 않겠습니까? |

① マラソン大会に参加しませんか。마라톤 대회에 참가하지 않겠습니까?

② 週末、映画を観にいきませんか。주말에 영화를 보러가지 않겠습니까?

③ 家に遊びに来ませんか。집에 놀러오지 않겠습니까?

---

**質問！** ──────────────────────────────○

**Q**　「見る」와 「観る」는 어떻게 다를까요?

**A**　둘 다 '보다'라는 뜻으로 사용되며, 예를 들어 '영화를 보다'라는 표현은 아래와 같이 쓸 수 있다.

映画を見る。

映画を観る。

어느 쪽이든 맞지만, 엄밀히 말하면 두 표현에는 차이가 있다.

「見る」는 단순히 눈으로 보는 행위를 의미하며, 「観る」는 감상할 때 사용한다.

「見る」 : 사물의 모양이나 색을 눈으로 인식하거나 판단할 때 사용.
　　　　주로 단순히 '보는 행위'를 나타낸다.

窓の外を見る。 창문 밖을 보다.

テレビを見る。 TV를 보다.

見ると聞くとは大違い。 보는 것과 듣는 것은 전혀 다르다.

「観る」: 감상하거나 의도적으로 주의를 기울여 볼 때 사용.

　　　예술 작품, 공연, 풍경 등을 감상하는 경우에 주로 사용된다.

桜を観に行く。 벚꽃을 보러 가다.

芝居を観る。 연극을 보러 가다.

즉, 「見る」는 단순히 눈으로 보는 것이고, 「観る」는 감상하며 보는 것이다.

食事をしながらテレビを見る。 식사를 하면서 TV 를 보다.

じっくりテレビドラマを観る。 꼼꼼히 TV 드라마를 보다.

상황에 맞는 표현을 사용하면 더 정확한 뉘앙스를 전달할 수 있다.

**作文してみよう！** ─────────────────────────○

「〜ませんか。〜하지 않겠습니까?(권유)」을 이용하여 작문해 보세요.

✎ _____

_____

(4) **〜ましょうか** 〜할까요? (권유)

함께 하는 것에 대해 상대방의 의향을 물어볼 때 사용하는 표현

● 동사 ます형＋ましょうか

会う　→　**会い**　ます　ましょうか　만날까요?

読む　→　**読み**　ます　ましょうか　읽을까요?

| 食べる | → | 食べ | ます | ましょうか | 먹을까요? |
|--------|---|------|------|-----------|-----------|
| する | → | し | ます | ましょうか | 할까요? |
| 来る | → | 来(き) | ます | ましょうか | 올까요? |

① 3時に会い**ましょうか**。 3시에 만날까요?

② すずきさんも招待し**ましょうか**。 스즈키 씨도 초대할까요?

③ 明日はどこに食べに行き**ましょうか**。 내일은 어디로 먹으러 갈까요?

「～**ましょうか**。 ～할까요?(권유)」을 이용하여 작문해 보세요.

✎ _____

_____

**문장연습 쓰기노트**

다음 문장을 일본어로 써 보세요.

① 10시쯤 출발할까요?　　　　　　　단어 ごろ 쯤　　出発する 출발하다

✎ _____

② 커피라도 마시러 가지 않겠습니까?　　단어 ～でも ～라도

✎ _____

③ 3시에 역 앞에서 만납시다.　　　　　단어 駅 역

✎ _____

(4) ～**ましょうか** ～할까요?(제안)

● 동사 ます형+ましょうか

내가 상대방에게 무엇인가 해주려고 할 때 사용하는 표현. 대답은 의뢰표현을 쓴다.

① A : 窓、閉め**ましょうか**。 창문 닫을까요?

　　B : はい、おねがいします。 네, 부탁합니다.

② 私がコピーし**ましょうか**。 제가 복사할까요?

③ 集まりの案内をメールで送り**ましょうか**。 모임 안내를 메일로 보낼까요?

---

**作文してみよう！** ─────────────────────────────○

「～**ましょうか**。～할까요?(제안)」을 이용하여 작문해 보세요.

✎ _____

_____

---

**문장연습 쓰기노트** ─────────────────────────────○

다음 문장을 일본어로 써 보세요.

① 일을 도와드릴까요?

　　✎ _____

② 짐을 옮길까요?

　　✎ _____

③ 사진을 찍어 드릴까요?

　　✎ _____

(4) ~た方がいいです(よ)  ~하는 편이 좋겠어요 (조언)

의견을 상대방에게 조언하는 표현으로, 윗사람에게는 사용하지 않는다.  문장 끝에 지적을 나타내는 「よ」를 사용하는 경우가 많다.

● 동사 た형 + た方がいいです(よ)

| | | | | |
|---|---|---|---|---|
| 会う | → **会っ** | た | 方がいいです | 만나는 편이 좋겠어요. |
| 読む | → **読ん** | だ | 方がいいです | 읽는 편이 좋겠어요. |
| 食べる | → **食べ** | た | 方がいいです | 먹는 편이 좋겠어요. |
| する | → **し** | た | 方がいいです | 하는 편이 좋겠어요. |
| 来る | → **来(き)** | た | 方がいいです | 오는 편이 좋겠어요. |

① ぼうしをかぶった方がいいですよ。 모자를 쓰는 게 좋아요.

② 少し休んだ方がいいですよ。 조금 쉬는 편이 좋겠어요.

③ 田中さんに直接話した方がいいですよ。 다나카 씨에게 직접 이야기하는 편이 좋겠어요.

④ 明日の集まりは出席した方がいいですよ。 내일 모임은 출석하는 편이 좋겠어요.

Tip 「~た方がいいです(よ)」는 상대방에게 조언이나 추천을 할 때 사용하는 표현이다. 이 때 동사 た형을 쓴다.

예) かぜなら厚着をした方がいいですよ。 감기에 걸렸다면 두껍게 옷을 입는 것이 좋아요.

반면, 중립적인 입장에서 일반론을 말할 때 동사 사전형에 「~方がいいです」를 붙이는 경우도 있다.

＊동사 사전형＋する方がいい

예) かぜのときは厚着をする方がいい。감기일 때는 두껍게 옷을 입는 것이 좋다.

　　健康のためには、早寝早起きをする方がいい。

　　건강을 위해서는 일찍 자고 일찍 일어나는 것이 좋다.

---

(4) ～ない方がいいです(よ) ～하지 않는 편이 좋겠어요.(조언)

● 동사 ない형＋ない方がいいです(よ)

| 会う | → | 会わ | ない | 方がいいです | 만나지 않는 편이 좋습니다. |
| 読む | → | 読ま | ない | 方がいいです | 읽지 않는 편이 좋습니다. |
| 食べる | → | 食べ | ない | 方がいいです | 먹지 않는 편이 좋습니다. |
| する | → | し | ない | 方がいいです | 하지 않는 편이 좋습니다. |
| 来る | → | 来(こ) | ない | 方がいいです | 오 않는 편이 좋습니다. |

① お酒はあまり飲まない方がいいですよ。

　　술은 너무(지나치게) 마시지 않는 편이 좋겠어요.

② これは木村さんに見せない方がいいですよ。

　　이것은 기무라 씨에게 보여주지 않는 것이 좋겠어요.

③ 繁忙期には有給休暇を取らない方がいいですよ。

　　성수기에는 유급 휴가를 가지 않는 편이 좋아요.

---

作文してみよう！ ─────────────────────────○

「～方がいいですよ。～하는 게 좋아요.(제안)」을 이용하여 작문해 보세요.

✎ ＿＿＿＿＿＿＿＿＿＿＿＿＿＿＿＿＿＿＿＿＿＿＿＿＿＿＿＿＿＿＿＿＿

＿＿＿＿＿＿＿＿＿＿＿＿＿＿＿＿＿＿＿＿＿＿＿＿＿＿＿＿＿＿＿＿＿

다음 문장을 일본어로 써 보세요.

① 조금 더 기다리는 편이 좋겠어요.　　　　　　　단어 もう少し 조금 더

　　✎ _____

② 9시에는 출발하는 것이 좋겠어요.

　　✎ _____

③ 매운 것을 매일 먹지 않는 편이 좋아요.

　　✎ _____

④ 아직 얘기하지 않는 게 좋겠어요.　　　　　　　단어 まだ 아직

　　✎ _____

⑤ 무리하지 않는 것이 좋겠어요.　　　　　　　단어 無理 무리

　　✎ _____

ひとこと 「더」와 「もう」

「한 장 더」, 「조금 더」는 「もう一枚」, 「もう少し」라고 한다.

　　○ もう一枚いただけませんか。 한 장 더 주실 수 있을까요?
　　× 一枚もう　いただけませんか。

　　○ もう少し待ってください。 조금 더 기다려 주세요.
　　× 少しもう待ってください。

다음 문장을 읽고, (   )에 알맞은 말을 넣어 봅시다.

1. 明日は試験です。アドバイスしてください。 내일은 시험이에요. 조언해 주세요.

　　① 試験勉強を(　　　　)方がいいですよ。 시험 공부를 （　　　　） 편이 좋겠어요.

　　② ゲームは(　　　　)方がいいですよ。 게임은 （　　　　） 편이 좋겠어요.

2. かぜをひきました。アドバイスをしてください。 감기에 걸렸어요. 조언해 주세요.

　　① 家で(　　　　)方がいいですよ。 집에서 （　　　　） 편이 좋겠어요.

　　② 学校に(　　　　)方がいいですよ。 학교에 （　　　　） 편이 좋겠어요.

### ひと言　「ところ」와「ばしょ」

「所(ところ)」와「場所(ばしょ)」는 모두 '장소'를 의미하지만, 구체적인 장소를 가리킬 때는 대체로 구분 없이 사용이 가능합니다. 문장을 말할 때 리듬이 자연스러운 단어를 선택하는 경우도 많습니다. 하지만 추상적이거나 막연한 장소를 나타낼 때는「ところ」를 더 자주 사용합니다.

예를 들어, 다음 문장에서「ところ」가 가리키는 장소는 구체적이지 않고 막연한 느낌을 줍니다.

　　ここの所がよく分かりません。(책 내용 중에) 이 부분이 잘 이해되지 않습니다.

　　うでのつけねの所が痛いです。 팔과 어깨의 연결 부위가 아픕니다.

이처럼「ところ」는 단순히 장소를 나타내는 것 외에도 문법적 역할을 담당합니다.「こと」(일, 상황), 「もの」(것, 물건)과 비슷하게 특정 사물을 지칭하기보다는 문장에서 다양한 역할을 수행합니다. 이러한 명사를 형식명사(形式名詞)라고 부릅니다.

따라서「ところ」는 상황에 따라 시간, 상태, 추상적인 개념 등을 나타낼 수도 있습니다. 예를 들어, "これから出かけるところです。"는 장소가 아니라 '지금 막 나가려는 상황'을 의미합니다.

コンサートの場所（ばしょ）を教えてください。콘서트 장소를 알려주세요.

(콘서트 장소처럼 특정한 위치를 정확히 물어보는 경우 「ばしょ」가 더 자연스럽다.)

「ばしょ」는 주로 구체적인 장소를 나타냅니다.
「ところ」는 추상적인 장소, 시간, 상황까지 포괄적으로 나타낼 수 있습니다.

### ひと言（こと）  「お」와 「ご」

「お」와 「ご」는 공손함과 존경을 나타내는 접두어이다. 일반적으로 和語（やまとことば, 일본 고유어）에는 「お」가 붙고, 漢語（한자어）에는 「ご」가 붙는 경향이 있다.

## 1. 「お」와 「ご」의 기본 규칙

* 和語（일본 고유어）에는 「お」가 붙는다.

예) お金（돈）、お米（쌀）、お餅（떡）

* 漢語（한자어）에는 「ご」가 붙는 경우가 많다.

예) ご家族（가족）、ご親切（친절）、ご出演（출연）

* 外来語（외래어）에는 일반적으로 「お」나 「ご」가 붙지 않는다.
예) テレビ(TV), パソコン(PC)

## 2. 和語와 漢語의 예:

和語: お考え（생각）, お名前（이름）, お招き（초대）
漢語: ご意見（의견）, ご氏名（이름）, ご招待（초대）

## 3. 和語（일본 고유어）에 「お」가 붙는 예

「お」는 주로 일본 고유어에 붙어 공손함이나 존경을 나타낸다.

| 1. 기본적인 단어 | お金 | おかね | 돈 |
|---|---|---|---|
| | お米 | おこめ | 쌀 |
| | お水 | おみず | 물 |
| | お茶 | おちゃ | 차 |
| | お湯 | おゆ | 뜨거운 물 |
| | お酒 | おさけ | 술 |
| 2. 일상생활 관련 | お風呂 | おふろ | 목욕 |
| | お弁当 | おべんとう | 도시락 |
| | お菓子 | おかし | 과자 |
| | お餅 | おもち | 떡 |
| | お料理 | おりょうり | 요리 |
| 3. 감정・생각 | お気持ち | おきもち | 마음, 기분 |
| | お考え | おかんがえ | 생각 |
| | お願い | おねがい | 부탁 |
| 4. 행위・상태 | お祝い | おいわい | 축하 |
| | お話 | おはなし | 이야기 |
| | お返事 | おへんじ | 답장 |
| | お迎え | おむかえ | 마중 |
| | お詫び | おわび | 사과 |
| 5. 신체・건강 | お体 | おからだ | 몸 |
| | お顔 | おかお | 얼굴 |
| | お腹 | おなか | 배 |
| | お手 | おて | 손 |
| | お足 | おおあし | 발 |
| 6. 기타 | お土産 | おみやげ | 선물 |
| | お祭り | おまつり | 축제 |
| | お城 | おしろ | 성 |
| | お庭 | おにわ | 정원 |

1) 和語(일본 고유어)에는 대부분 「お」가 붙지만, 공손함이 불필요한 경우에는 붙이지 않을 때도 있다.

예) お水 (공손한 표현), 水 (일반적인 표현).

2) 예외적으로 일부 漢語(한자어)에도 「お」가 붙는 경우가 있다.

예) お電話, お掃除

3) 자신의 행위를 표현할 때는 일반적으로 사용하지 않는다.

잘못된 예: 私のお名前は、パクさんです。 (×)

올바른 예: 私の名前は、パクです。 저의 이름은 박입니다.

## 4. 漢語(한자어)에 「ご」가 붙는 예
「ご」는 한자어를 공손하게 표현할 때 주로 사용된다.

| 1. 인간관계・예절 | ご家族 | ごかぞく | 가족 |
|---|---|---|---|
| | ご両親 | ごりょうしん | 부모님 |
| | ご兄弟 | ごきょうだい | 형제 |
| | ご主人 | ごしゅじん | 남편 |
| | ご夫婦 | ごふうふ | 부부 |
| 2. 생각・의견 | ご意見 | ごいけん | 의견 |
| | ご感想 | ごかんそう | 소감 |
| | ご希望 | ごきぼう | 희망 |
| | ご理解 | ごりかい | 이해 |
| | ご協力 | ごきょうりょく | 협력 |
| 3. 행위・상태 | ご出発 | ごしゅっぱつ | 출발 |
| | ご到着 | ごとうちゃく | 도착 |
| | ご訪問 | ごほうもん | 방문 |
| | ご利用 | ごりよう | 이용 |
| | ご予約 | ごよやく | 예약 |
| 4. 일・업무 | ご相談 | ごそうだん | 상담 |
| | ご質問 | ごしつもん | 질문 |
| | ご報告 | ごほうこく | 보고 |
| | ご案内 | ごあんない | 안내 |
| | ご説明 | ごせつめい | 설명 |
| 5. 기타 | ご親切 | ごしんせつ | 친절 |
| | ご成功 | ごせいこう | 성공 |
| | ご健康 | ごけんこう | 건강 |
| | ご迷惑 | ごめいわく | 폐 |

1) 漢語(한자어)에 「ご」가 붙는 것이 일반적이지만, 경우에 따라 「お」가 붙는 한자어도 있다.

　예) お電話(でんわ) 전화, お料理(りょうり) 요리

2) 「ご」는 주로 타인을 존중하거나 공손하게 표현할 때 사용된다. 자신의 행동을 표현할 때는 사용하지 않는 것이 원칙이다.

　예) ご利用(りよう)いただきありがとうございます。이용해 주셔서 감사합니다.
　　잘못된 예: 私はご利用しました. (×)

## 5. 漢語에 「お」가 붙는 경우

漢語(한자어)에 「お」가 붙는 경우도 많다. 특히 일상생활에서 자주 사용하는 단어에 「お」가 붙는 경향이 있다.

　예) お食事(しょくじ) 식사, お料理(りょうり) 요리, お洗濯(せんたく) 세탁, お電話(でんわ) 전화, お掃除(そうじ) 청소, お勉強(べんきょう) 공부, お稽古(けいこ) 연습, お中元(ちゅうげん) 추석 선물, お歳暮(せいぼ) 연말 선물

## まとめ 정리하기

### 読んでみよう 읽어봅시다

【단어】

■ 来週(らいしゅう) 다음 주
■ 土曜日(どようび) 토요일
■ 公園(こうえん) 공원
■ ピクニック 피크닉, 소풍
■ お弁当(べんとう) 도시락
■ 持(も)つ 가지다, 들다
■ 飲(の)み物(もの) 음료수
■ 買(か)う 사다
■ 暑(あつ)い 덥다
■ 水(みず) 물
■ 楽し(たの)みにする 기대하다

来週(らいしゅう)の土曜日(どようび)、公園(こうえん)でピクニックをしましょう。一緒(いっしょ)に行(い)きませんか。

お弁当(べんとう)を持(も)って行(い)きましょうか。それとも、何(なに)か飲(の)み物(もの)を買(か)いましょうか。

暑(あつ)いので、水(みず)をたくさん持(も)って行(い)ったほうがいいですね。楽し(たの)みにしています。

---

한국어 번역

다음 주 토요일, 공원에서 피크닉을 합시다. 함께 가지 않겠어요?

도시락을 가져갈까요? 아니면 뭔가 음료수를 살까요?

더우니까 물을 많이 가져가는 게 좋겠네요. 기대하고 있습니다.

---

## N5 한자연습: 일상생활에서 자주 사용하는 기본적인 한자

〈자연〉

※ 다음 한자의 よみがな(읽는 법)을 적어 보세요.

1. 山(やま・さん)

( ) ( ) ( )    ( ) ( )

# 富 士 山    山 登 り

정답 •富(ふ)士(じ)山(さん): 후지산 •山(やま)登(のぼ)り: 등산

2. 川(かわ)

( )    ( ) ( )

# 川    川 遊 び

정답 •川(かわ): 강 •川(かわ)遊(あそ)び: 강놀이

3. 田(た・でん)

(    )            (    )(    )

## 田 ん ぼ     山 田 さ ん

**정답** • 田(た)んぼ: 논    • 山(やま)田(だ)さん: 야마다 씨

4. 木(き・もく)

(    )        (    )(    )(    )

## 木     木 曜 日

**정답** • 木(き): 나무    • 木(もく)曜(よう)日(び): 목요일

---

## オノマトペ 의성어 의태어

---

❚ **はなす** 이야기하다

- **きっぱり** 딱 잘라, 단호하게

 **きっぱり**断(ことわ)った。
 딱 잘라 거절했다.

- **すらすら** 막힘없이 원활히 진행되는 모양: 술술; 줄줄; 척척; 거침없이

 日本語(にほんご)の文章(ぶんしょう)を**すらすら**読(よ)めますか。
 일본어 문장을 술술 읽을 수 있습니까?

- **ぺらぺら** 술술, 유창한, 외국어를 잘 하는 모양

 彼(かれ)は日本語(にほんご)が**ぺらぺら**です。
 그는 일본어를 잘 합니다.

- **はきはき** 시원시원, 뚜렷뚜렷

    先生(せんせい)の質問(しつもん)に彼女(かのじょ)は**はきはき**と答(こた)えた。
    선생님의 질문에 그녀는 시원시원하게 대답했다.

## ▌わらう 웃다

- **くすくす** 낄낄, 킥킥(소리 죽여 웃는 모양)

    女(おんな)の子(こ)たちがドアの後(うし)ろで**くすくす**笑(わら)っていた。
    여자아이들이 문 뒤에서 킥킥 웃고 있었다.

- **にこにこ** 싱글벙글

    彼(かれ)はいつも**にこにこ**している。
    그는 언제나 싱글벙글 웃고 있다.

## 학습정리문제

**다음 문장을 일본어로 써 보세요.**

더운 날은 모자를 쓰는 게 좋아요.

✎ _____

# いそ
# 急がなくてもいいです。

서두르지 않아도 됩니다.

## はじめに 시작하기

### 학습 내용 ─────────────────────────────────○

동사 활용 형태를 사용한 **의무, 불필요, 명령, 의뢰** 표현을 배운다.

• **ます형 문형**
　동사 ます형+なさい

• **ない형 문형**
　동사 ない형+なくてはいけません/なければいけません [개인적 의무]
　동사 ない형+なくてはなりません/なければなりません [사회적 의무]
　동사 ない형+なくてもいいです/なくてもかまいません [불필요]

• **의뢰 표현**
　~を ください/くれませんか・もらえませんか/くださいませんか・いただけませんか

### 학습 목표 ─────────────────────────────────○

• 일본어 의사소통에서 적절한 어조와 표현을 사용하여 자신의 의도를 효과적으로 전달할
　수 있도록 한다.

- 의무, 불필요 표현의 의미와 용법을 이해하고, 의무나 필요성, 선택 가능성을 나타낼 수 있다.
- 지시나 명령을 전달하는 상황에서 적절히 활용할 수 있다.
- 의뢰 표현의 다양한 표현 방법을 배우고, 상황에 맞게 정중하게 의뢰할 수 있다.

### 퀴즈

**다음 문장을 일본어로 써 보세요.**

1. 이번 주는 토요일도 출근해야 합니다.

   ✎ _____

2. 빨리 자야지.

   ✎ _____

3. 내일은 일찍 오지 않아도 됩니다.

   ✎ _____

4. 명함을 받을 수 있을까요?

   ✎ _____

5. 선생님의 말을 잘 들어라.

   ✎ _____

### 단어

- 実家 본가, 친정집
- 荷物 짐
- ~以上 ~이상
- 字 글씨

- 授業料を払う 수업료를 내다
- キャンプ 캠프
- 筆記用具 필기용품
- 返事 답장

■ 昼間(ひるま) 낮 동안

■ 迎(むか)えに行(い)く 〔동1〕마중 나가다

■ ~以降(いこう) ~이후

■ 名刺(めいし) 명함

---

## 학습하기

---

**핵심문법 1** 의무

---

### 1. 의무 표현

「~을 할 필요가 있다」, 「~을 할 의무가 있다」라는 뜻을 나타내는 의무 표현에는 다음과 같은 네 가지가 있다.

〔개인적 의무〕
~なくては いけません ~해야(만) 합니다.
~なければ いけません ~해야(만) 합니다.

〔사회적 의무〕
~なくては なりません ~해야(만) 합니다.
~なければ なりません ~해야(만) 합니다.

이 네 표현은 기본적으로 뜻이 같지만, 「なくてはいけません / なければいけません」은 주로 개인적인 상황에서 사용되고, 「なくてはなりません / なければなりません」은 사회적으로 정해진 규칙이나 상식에 따라 사용되는 경향이 있다.

\* 개인적 의무: 하지 않으면 개인적으로 불이익이 있을 때 사용.

~なくてはいけません / なければいけません

이 두 표현은 주로 개인적인 일에 많이 사용된다.

\* 사회적 의무: 사회적으로 정해진 규칙이나 상식에 따라 해야 할 때 사용.

~なくてはなりません / なければなりません

이 두 표현은 사회적 상식이나 규범에 관련된 일에 주로 사용된다.

宿題<sup>しゅくだい</sup>をしなければいけません 숙제를 해야 합니다.
→ 자신의 일에 사용하는 경우


ゴミを分<sup>わ</sup>けて捨<sup>す</sup>てなければなりません (쓰레기를 분리해서 버려야 합니다.
→ 사회 규칙에 사용하는 경우


그러나 이는 단지 경향일 뿐이므로, 두 표현을 섞어 사용했다고 해서 틀린 것은 아니다.


## ② なくてはいけません / なければいけません


⑷ ~なくてはいけません  ~해야(만) 합니다. (하지 않으면 안 됩니다.)
⑷ ~なければいけません

「なくては/なければ いけません」=「~するべきである」(~해야 한다)


— 「~하지 않으면 개인적으로 불이익이 있다」는 식의 상대적인 뉘앙스를 가진다.
— 약간 구어체적인 표현이다.
— 개인적인 사정으로 인해 그렇게 하지 않으면 결과적으로 불이익이 생기는 경우에 사용
  된다.


● 동사 ない형+なくてはいけません/なければいけません


会<sup>あ</sup>う  → 会わ  ない ＋ なくてはいけません  만나야(만) 합니다.
                          なければいけません

| 読む | → 読ま | ない | + | なくてはいけません<br>なければいけません | 읽어야(만) 합니다. |
|---|---|---|---|---|---|
| 食べる | → 食べ | ない | + | なくてはいけません<br>なければいけません | 먹어야(만) 합니다. |
| する | → し | ない | + | なくてはいけません<br>なければいけません | 해야(만) 합니다. |
| 来る | → 来(こ) | ない | + | なくてはいけません<br>なければいけません | 와야(만) 합니다. |

① 明日は朝早く出勤しなくてはいけないので、今夜は早く帰ります。

明日は朝早く出勤しなければいけないので、今夜は早く帰ります。

내일은 아침 일찍 출근해야 하기 때문에 오늘 밤은 빨리 돌아갑니다.

② 週末は実家の引っ越しを手伝わなくてはいけないので、忙しいです。

週末は実家の引っ越しを手伝わなければいけないので、忙しいです。

주말에는 본가의 이사를 도와주어야 하기 때문에 바쁩니다.

● い형용사+く+なくてはいけません/なければいけません

● な형용사+で+なくてはいけません/なければいけません

● 명사+で+なくてはいけません/なければいけません

| い형용사 | 大きい → 大き | く | + | なくてはいけません<br>なければいけません | 커야(만) 합니다. |
|---|---|---|---|---|---|
| な형용사 | しずか → しずか | で | + | なくてはいけません<br>なければいけません | 조용해야(만) 합니다. |
| 명사 | 朝 → 朝 | で | + | なくてはいけません<br>なければいけません | 아침이어야(만) 합니다. |

① 朝早くなくてはいけません。(い형용사) 아침 일찍이어야(만) 합니다.

朝早くなければいけません。

② 交通が便利でなくてはいけません。(な형용사) 교통이 편리해야(만) 합니다.

交通が便利でなければいけません。

③ 学生でなくてはいけません。(명사) 학생이어야(만) 합니다.

学生でなければいけません。


* 회화에서는 「なくては」를 「～なきゃ」, 「なければ」를 「～なくちゃ」로 쓴다.

① もう行かなきゃいけない。(=もう行かなくてはいけない。) 이제 가야해

もう行かなくちゃいけない。 (=もう行かなければいけない。)

② 早く食べなきゃいけない。 빨리 먹어야 해 .

早く食べなくちゃいけない。


* 친한 사이에서는 いけない를 생략해도 된다.

もう帰らなきゃ。 이제 돌아가야 해.

もう帰らなくちゃ。


예) もっと勉強しなきゃ試験に受からないよ。 더 공부하지 않으면 시험에 합격할 수 없어.

母に電話しなきゃと思ってたのに忘れちゃった。

엄마에게 전화해야 한다고 생각했는데 잊어버렸어.

これ、先に片付けなくちゃダメだよね。

(이거, 먼저 정리하지 않으면 안되겠지? (정리해야되겠지?))


Tip 스스로에게 무언가를 상기시키거나 다짐하는 상황에서 자연스럽게 사용된다.


예) あ、宿題を終わらせなくちゃ。 아, 숙제를 끝내야지.

今日はゴミを出さなきゃ。 오늘은 쓰레기를 내놓아야지.

もうこんな時間?早く寝なきゃ。 벌써 이런 시간이야? 빨리 자야지.

忘れ物がないか確認しなきゃ。 잊은 물건이 없는지 확인해야지.

朝早いから、もう寝なくちゃ。 아침에 일찍 일어나야 하니까 이제 자야지.

**作文してみよう!** ─────────────────────────────○

「なくてはいけません / なければいけません」을 이용하여 작문해 보세요.

✎ _____

_____

「～なきゃ / ～なくちゃ」을 이용하여 작문해 보세요.

✎ _____

_____

③. なくてはなりません / なければなりません

(4) ～なくてはなりません　　～해야(만) 합니다.(하지 않으면 안 됩니다.)
(4) ～なければなりません

「なくては/なければ なりません」＝「~するのは義務である」(~하는 것은 의무이다)
－절대적인 구속력을 가지는 표현이다.
－약간 딱딱하고 격식을 갖춘 표현이다.
－사회적 상식이나 규범에 따라 누구에게나 그렇게 할 의무나 필요성이 있는 경우에 사용되며, 법률이나 규칙과 관련된 상황에서 자주 쓰이는 경향이 있다.

● 동사ない형＋なくてはなりません/なければなりません

| 会う | → | 会わ | ない | ＋ | なくてはなりません / なければなりません | 만나야(만) 합니다. |
| 読む | → | 読ま | ない | ＋ | なくてはなりません / なければなりません | 읽어야(만) 합니다. |
| 食べる | → | 食べ | ない | ＋ | なくてはなりません / なければなりません | 먹어야(만) 합니다. |

| | | | | なくてはなりません | 해야(만) 합니다. |
|---|---|---|---|---|---|
| する | → | し | ない + | なければなりません | |
| 来る | → | 来(こ) | ない + | なくてはなりません | 와야(만) 합니다. |
| | | | | なければなりません | |

① 3月に授業料を払わなくてはなりません。3월에 수업료를 내야(만) 합니다.

　　3月に授業料を払わなければなりません。

② 休む時は先生に言わなくてはなりません。쉴 때는 선생님께 말해야(만) 합니다.

　　休む時は先生に言わなければなりません。

- い형용사 い＋く＋なくてはなりません/なければなりません
- な형용사＋で＋なくてはなりません/なければなりません
- 명사＋で＋なくてはなりません/なければなりません

| い형용사 大きい | → | 大き | く + | なくてはなりません | 커야(만) 합니다. |
|---|---|---|---|---|---|
| | | | | なければなりません | |
| な형용사 しずか | → | しずか | で + | なくてはなりません | 조용해야(만) 합니다. |
| | | | | なければなりません | |
| 명사　朝 | → | 朝 | で + | なくてはなりません | 아침이어야(만) 합니다. |
| | | | | なければなりません | |

① 荷物は軽くなくてはなりません。(い형용사) 짐은 가벼워야 합니다.

　　荷物は軽くなければなりません。

② 食べ物は安全でなくてはなりません。(な형용사) 음식은 안전해야만 합니다.

　　食べ物は安全でなければなりません。

③ 今回のキャンプは小学生以上でなくてはなりません。(명사)

　　이번 캠프는 초등학생 이상이어야만 합니다.

　　今回のキャンプは小学生以上でなければなりません。

\* 회화에서는 「なくては」를 「～なきゃ」, 「なければ」를 「～なくちゃ」로 쓴다.

「なくてはなりません / なければなりません」을 이용하여 작문해 보세요.

✎ _____

_____


**문장연습 쓰기노트**

다음 문장을 괄호 안에 있는 문형을 사용하여 일본어로 써 보세요.

① 이번 시험에서 100점을 맞아야(만) 합니다.  (なくてはいけません)

**단어** 試験 시험    100点 100점

✎ _____


② 내일은 6시에 일어나야(만) 합니다. (なければいけません)

✎ _____


③ 영수증을 가지고 와야 됩니다. (なくてはなりません)

**단어** レシート 영수증    持ってくる 가지고 오다

✎ _____


④ 안전 벨트를 해야 합니다. (なければなりません)

**단어** シートベルト 안전 벨트

✎ _____

(4) **~なくてもいいです**　~하지 않아도 됩니다.(괜찮습니다.)

(4) **~なくてもかまいません**

그럴 필요가 없을 때 쓰는 표현

● 동사 ない형＋なくてもいいです/なくてもかまいません

| | | | | |
|---|---|---|---|---|
| 会う | → **会わ** ~~ない~~ ＋ | なくてもいいです<br>なくてもかまいません | 만나지 않아도 됩니다. |
| 読む | → **読ま** ~~ない~~ ＋ | なくてもいいです<br>なくてもかまいません | 읽지 않아도 됩니다. |
| 食べる | → **食べ** ~~ない~~ ＋ | なくてもいいです<br>なくてもかまいません | 먹지 않아도 됩니다. |
| する | → **し** ~~ない~~ ＋ | なくてもいいです<br>なくてもかまいません | 하지 않아도 됩니다. |
| 来る | → **来(こ)** ~~ない~~ ＋ | なくてもいいです<br>なくてもかまいません | 오지 않아도 됩니다. |

① 住所は書か**なくてもいいです**。 주소는 쓰지 않아도 됩니다.

② 明日の会議は出席し**なくてもいいです**よ。 내일 회의는 출석하지 않아도 괜찮아요.

③ 筆記用具は持ってこ**なくてもいいです**。 필기용품은 가지고 오지 않아도 괜찮습니다.

④ 急が**なくてもいいです**。 서두르지 않아도 됩니다.

● い형용사~~い~~＋くなくてもいいです/なくてもかまいません

● な형용사＋で＋なくてもいいです/なくてもかまいません

● 명사＋で＋なくてもいいです/なくてもかまいません

| | | | |
|---|---|---|---|
| い형용사 | 大きい → **大き く** + | なくてもいいです<br>なくてもかまいません | 크지 않아도 됩니다. |
| な형용사 | しずか → **しずか で** + | なくてもいいです<br>なくてもかまいません | 조용하지 않아도 됩니다. |
| 명사 | 朝 → **朝 で** + | なくてもいいです<br>なくてもかまいません | 아침이 아니어도 됩니다. |

① ホテルは駅から**近くなくてもいいです**。(い형용사) 호텔은 역에서 가깝지 않아도 됩니다.

② 字は上手**でなくてもいいです**。(な형용사) 글씨는 잘 쓰지 않아도 괜찮습니다.

③ 返事は今日**でなくてもいいです**。(명사) 답장은 오늘이 아니어도 괜찮습니다.

Tip 「~なくてもかまいませんか」는 그렇게 하지 않아도 괜찮은지 묻는 표현입니다.

예) 昼間で**なくてもかまいませんか**。夕方6時以降でもいいですか。

낮이 아니라도 상관없습니까? 저녁 6시 이후라도 괜찮습니까?

### 作文してみよう！

「なくてもいいです / なくてもかまいません」을 이용하여 작문해 보세요.

✎ _____

_____

### 문장연습 쓰기노트

다음 문장을 괄호 안에 있는 문형을 사용하여 일본어로 써 보세요.

① 한국어는 못해도 괜찮습니다. (なくてもいいです)

✎ _____

② 방은 넓지 않아도 됩니다. (なくてもいいです)　　　　단어 部屋 방

✎ _____

③ 교통이 편리하지 않아도 괜찮습니다. (なくてもいいです)　　**단어** 交通 교통

✎ _____

④ 장소는 학교가 아니어도 괜찮습니다. (なくてもいいです)　　**단어** 場所 장소

✎ _____

⑤ 공항까지 마중 나가지 않아도 상관없습니까? (なくてもかまいません)

**단어** 迎えに行く 마중 나가다

✎ _____


**質問!** ─────────────────────────────────○

**Q**　조사 で、に、へ 3개가 너무 헷갈립니다.

**A**　장소와 함께 사용될 때, 조사 で, に, へ의 차이를 설명하겠습니다.

日本で / 日本に / 日本へ

먼저, 「(장소)で」는 그 장소에서 이루어지는 행위를 나타내며, 뒤에 다양한 동작이 올 수 있습니다.

食堂で食べる。식당에서 먹다.
図書館で勉強する。도서관에서 공부하다.
家で休む。집에서 쉬다.

한편, 「(장소)へ/に」는 이동을 나타내는 동사와 함께 사용됩니다.

東京へ行く /東京に行く。도쿄에 가다.
東京へ来る /東京に来る。도쿄에 오다.
東京へ向かう /東京に向かう。도쿄로 향하다.

東京<ruby>へ<rt></rt></ruby>着<ruby>く<rt>つ</rt></ruby> /東京に着く。도쿄에 도착하다.

이 경우, 「へ」와 「に」는 같은 의미로 사용됩니다.


**핵심문법 3** 명령

---

(4) **~なさい**  ~하시오. ~하거라(명령)

「~なさい」는 부모가 아이에게, 윗사람이 아랫사람에게 지시나 명령을 할 때 사용하는 표현으로, 정중함을 유지하면서도 강한 뉘앙스를 포함하고 있다.

● 동사 ます형+なさい

| | | | | | |
|---|---|---|---|---|---|
| <ruby>会<rt>あ</rt></ruby>う | → | **会い** | ます | + なさい | 만나시오 |
| <ruby>読<rt>よ</rt></ruby>む | → | **読み** | ます | + なさい | 읽으시오 |
| <ruby>食<rt>た</rt></ruby>べる | → | **食べ** | ます | + なさい | 먹으시오 |
| する | → | **し** | ます | + なさい | 하시오 |
| <ruby>来<rt>く</rt></ruby>る | → | **来(き)** | ます | + なさい | 오시오 |

① ちょっと<ruby>待<rt>ま</rt></ruby>ちなさい。잠깐 기다리세요.
② <ruby>早<rt>はや</rt></ruby>く<ruby>寝<rt>ね</rt></ruby>なさい。빨리 자거라.
③ <ruby>手紙<rt>てがみ</rt></ruby>を<ruby>見<rt></rt></ruby>せなさい。편지를 보여줘(봐).
④ <ruby>宿題<rt>しゅくだい</rt></ruby>をしなさい。숙제를 해라.
⑤ ここに<ruby>座<rt>すわ</rt></ruby>りなさい。여기에 앉아라.
⑥ <ruby>野菜<rt>やさい</rt></ruby>をちゃんと<ruby>食<rt></rt></ruby>べなさい。야채를 제대로 먹어라.
⑦ もっと<ruby>自分<rt>じぶん</rt></ruby>に<ruby>自信<rt>じしん</rt></ruby>を<ruby>持<rt>も</rt></ruby>ちなさい。더 자신감을 가져라.
⑧ <ruby>遅刻<rt>ちこく</rt></ruby>しないように<ruby>早<rt>はや</rt></ruby>く<ruby>出発<rt>しゅっぱつ</rt></ruby>しなさい。지각하지 않도록 빨리 출발해라.

「〜なさい。〜하시오. 〜하거라(명령)」을 이용하여 작문해 보세요.

✎ _____

_____

다음 문장을 일본어로 써 보세요.

① 잠깐 방으로 오시오.　　　　　　　**단어** ちょっと 잠깐

✎ _____

② 제대로 인사 하시오.　　　　　　　**단어** ちゃんと 제대로　あいさつ 인사

✎ _____

③ 조금 쉬시오.

✎ _____

④ 마지막까지 힘내시오.　　　　　**단어** 最後(さいご) 마지막　がんばる 힘내다, 노력하다

✎ _____

## 핵심문법 4　의뢰

(5) **〜をください**　〜를 주세요.

(5) **〜をくれませんか**　〜를 주시겠어요?

(5) **〜をいただけませんか**　〜를 받을 수 있을까요?

상대에게 부탁할 때 사용하는 표현

●(명사)を　ください／くれませんか・もらえませんか／くださいませんか・いただけませんか

각 표현은 정중함의 정도와 상황에 따라 적절히 사용된다.
「ください」는 기본적이고 간단한 요청,「いただけませんか」는 가장 정중한 요청이다.

① (식당에서)　お水(を)ください。물 주세요.

② その本をくれませんか。그 책을 주시겠어요?

③ その資料をもらえませんか。그 자료를 주시겠어요?

④ パンフレットをくださいませんか。팸플릿을 주실 수 있을까요?

⑤ もう少し時間をいただけませんか。조금 더 시간을 받을 수 있을까요?

「ください」→「くれませんか・もらえませんか」→「くださいませんか・いただけません
か」순으로 정중한 표현이 된다.

예) 표를 주세요.

チケットをください。　→ 기본적인 요청으로, 간단하고 직접적인 표현.
チケットをくれませんか。→ 조금 더 부드럽고 요청의 뉘앙스가 포함된 표현.
チケットをもらえませんか。→ "くれませんか"와 비슷하지만, "받는" 뉘앙스가 있음.
チケットをくださいませんか。→ 더 정중한 요청으로, 공손한 상황에서 적합.
チケットをいただけませんか。→ 가장 공손하고 격식을 갖춘 요청. 공식적인 자리에서
사용.

Tip 그 외 부탁 표현은 12과[동사 て형 활용]에서 학습한다.

예) 電話してください。전화해 주세요.

(5) ～てください / てくれませんか・てもらえませんか / てくださいませんか・ていただけませんか
～해 주십시오/～해 주시겠습니까?

(5) **〜ないでください / ないでくれませんか・ないでもらえませんか / ないでくださいませんか・
ないでいただけませんか** 〜하지 말아 주십시오./〜하지 말아 주시겠습니까?

「(명사)を ください」을 이용하여 작문해 보세요.

✎ _____

_____

「(명사)を くれませんか / もらえませんか」을 이용하여 작문해 보세요.

✎ _____

_____

「(명사)を くださいませんか / いただけませんか」을 이용하여 작문해 보세요.

✎ _____

_____

다음 문장을 일본어로 써 보세요.

① 증명사진을 한 장, 서류와 함께 주십시오.

　　　　　　　　　　　　단어 証明写真 증명사진　　書類 서류　　一緒に 함께

✎ _____

② 팜플렛을 주지 않겠습니까?　　　　　　단어 パンフレット 팜플렛

✎ _____

③ 연락처를 주실 수 있을까요?　　　　　　단어 連絡先 연락처

✎ _____

④ 한 장 더 받을 수 있을까요?　　　　　　**단어** もう一枚(いちまい) 한 장 더

✎ _____

## まとめ 정리하기

読んでみよう 읽어봅시다 ─────────────────────────────────○

**단어**

■ 会議(かいぎ) 회의

■ 準備(じゅんび) 준비

■ 場合(ばあい) 경우

■ 会議室(かいぎしつ) 회의실

■ 使用時間(しようじかん) 사용시간

■ 事前(じぜん)に 사전에

■ 資料(しりょう) 자료

■ 今日中(きょうじゅう) 오늘 중

■ かまいません 괜찮습니다

■ 予約(よやく) 예약

■ 参加人数(さんかにんずう) 참가인원

■ 確認(かくにん) 확인

**문장**

　明日(あした)の会議(かいぎ)のために、資料(しりょう)を準備(じゅんび)してください。資料(しりょう)は今日中(きょうじゅう)にいただけませんか。もし時間(じかん)がない場合(ばあい)は、明日(あした)の朝(あさ)でもかまいません。また、会議室(かいぎしつ)の予約(よやく)も確認(かくにん)しなければなりませんので、使用時間(しようじかん)や参加人数(さんかにんずう)も事前(じぜん)にご確認(かくにん)ください。よろしくお願(ねが)いします。

**한국어 번역**

　내일 회의를 위해 자료를 준비해 주십시오. 자료는 오늘 중으로 받을 수 있을까요? 시간이 없으시다면 내일 아침이라도 괜찮습니다. 회의실 예약도 확인해야 하므로, 사용 시간과 참가 인원도 사전에 확인해 주시기 바랍니다. 잘 부탁드립니다.

## N5 한자연습: 일상생활에서 자주 사용하는 기본적인 한자

〈자연〉

※ 다음 한자의 よみがな(읽는 법)을 적어 보세요.

1. 林(はやし・りん)

( )　　( )( )

# 林　　森 林

정답 ●林(はやし): 숲　●森(しん)林(りん): 삼림

2. 森(もり・しん)

( )　　( )( )( )

# 森　　森 林 浴

정답 ●森(もり): 숲　●森(しん)林(りん)浴(よく): 삼림욕

3. 空(そら・くう)

( )　　( )( )　　( )( )

# 空　　青 空　　空 気

정답 ●空(そら): 하늘　●青(あお)空(ぞら): 파란 하늘　●空(くう)気(き): 공기

4. 天(てん)

( )( )　　( )( )

# 天 気　　天 国

정답 ●天(てん)気(き): 날씨　●天(てん)国(ごく): 천국

# オノマトペ 의성어 의태어

## ❙ ひかり 빛

- **きらきら** 반짝반짝

  星(ほし)が**きらきら**と光(ひか)っている。
  별이 반짝반짝 빛나고 있다.

- **ぴかぴか** 번쩍번쩍

  トイレを**ぴかぴか**にそうじした。
  화장실을 번쩍번쩍하게 청소했다.

## ❙ 量(りょう) 양

- **ぎっしり** 빽빽이, 꽉, 가득찬 모양

  箱(はこ)に缶詰(かんづめ)が**ぎっしり**つまっている。
  상자안에 통조림이 빽빽이 차 있다.

- **ぎゅうぎゅう** 꽉꽉, 꾹꾹, 빈틈없이 눌러 담는 모양
  今朝(けさ)の通勤電車(つうきんでんしゃ)は**ぎゅうぎゅう**だった。
  오늘 아침 통근 전철은 만원이었다.

- **がらがら** 텅텅

  映画館(えいがかん)に行(い)ったら、**がらがら**に空(す)いていた。
  영화관에 갔더니 텅텅 비어있었다.

- **ずらり(と)** 잇달아 늘어선 모양, 쭉

  ワインが**ずらりと**並(なら)んでいる。
  와인이 쭉 늘어서 있다.

- **たっぷり** 듬뿍, 잔뜩

  はちみつを**たっぷり**かけてください。
  벌꿀을 잔뜩 뿌려 주세요.

**다음 문장을 일본어로 써 보세요.**

교통 규칙을 지켜야만 합니다.

✎ _____

**Ⅰ. (   )の動詞を使って文章を完成させましょう。**

다음 동사를 사용해서 문장을 완성해 봅시다.

1. メールを(  チェックする  )なくてはなりません。

   ✎ _____

2. 電話を(  する  )なくてはなりません。

   ✎ _____

3. 家では、くつを(  ぬぐ  )なくてはなりません。

   ✎ _____

4. A：一緒に映画をみませんか。

   B：すみません。今日は(  早く帰る  )なくてはなりません。

   ✎ _____

5. A：一緒に飲みに行きませんか。

   B：すみません。今日は(  家で勉強する  )なくてはなりません。

   ✎ _____

**Ⅱ. (    )の動詞を使って文章を完成させましょう。**

다음 동사를 사용해서 문장을 완성해 봅시다.

1. エアコンを(  つける  )なくてもいいです。

   ✎ _____

2. 日曜日は早く(  来る  )なくてもいいです。

   ✎ _____

3. タクシーを(  呼ぶ  )なくてもいいです。

   ✎ _____

4. もう薬を(  飲む  )なくてもいいです。

   ✎ _____

5. 荷物を(  預ける  )なくてもいいです。

   ✎ _____


## 부록2  ひと言

**의무 표현**

일본어에서 「~해야 합니다」를 나타내는 표현에는 다음 네 가지가 있습니다.

   なくては いけません
   なければ いけません
   なくては なりません
   なければ なりません

이처럼 다양한 표현이 존재하는 이유는 다음과 같습니다.

1. 뉘앙스 차이

　　　なくては / なければ なりません → 더 공식적이고 딱딱한 표현

　　　なくては / なければ いけません → 부드럽고 자연스러운 표현 (일상에서 자주 사용)

2. 격식과 친밀도 차이

　　　격식 있는 자리에서는 「なりません」을,

　　　편한 대화에서는 「いけません」을 주로 사용.

3. 문법적·역사적 이유

　　　「なくては」와 「なければ」는 문법적 기원이 다르지만 현재는 유사한 의미로 쓰임.

4. 상황에 따라 적절한 표현 선택

　　　법률이나 규칙 → 「なりません」

　　　일상적인 충고 → 「いけません」

즉, 같은 의미라도 표현 방식이 여러 가지인 이유는 일본어가 미묘한 뉘앙스와 상황을 중시하는 언어이기 때문입니다.

# 제7과

## 旅行に行くのが趣味です。

여행에 가는 것이 취미입니다.

---

## はじめに 시작하기

### 학습 내용 ───────────────○

• 명사, 형용사, 동사 정리 및 중간고사 대비 연습 문제.

### 학습 목표 ───────────────○

• 일본어 학습자가 자주 틀리는 오용 예문을 통해 명사, 형용사, 동사의 특성을 정확히 이해하고, 이를 바탕으로 올바른 일본어 문장을 작성할 수 있다.

### 퀴즈 ───────────────○

다음 오용례를 바르게 수정해 보세요.

1. ×今日はとても楽しいな日でした。 오늘은 굉장히 즐거운 날이었습니다.

   ✎ _____

2. ×日本はとてもきれいなでした。 일본은 굉장히 깨끗했습니다.

   ✎ _____

3. ×彼の日本語は下手くないですよ。 그는 일본어를 못하지 않아요.

    ✎ _____

4. ×具合が悪いの人がいました。 아픈 사람이 있었습니다.

    ✎ _____

5. ×去年は、雪が降りらなかった。 작년에는 눈이 오지 않았다.

    ✎ _____

6. ×明日、友達が遊びに来るです。 내일 친구가 놀러 옵니다.

    ✎ _____

---

**단어**

- 建物 건물
- まんが 만화
- しゅみ 취미
- 思い出す 〔동1〕생각나다
- 違う 〔동1〕다르다, 틀리다
- もう一度 다시 한 번
- そうめん 소면
- やさしい 〔い형〕자상하다
- 道 길

- ドライブ 드라이브
- おどろく 〔동1〕놀라다
- 写真を撮る 사진을 찍다
- 題名 제목
- 字 글씨
- 新鮮 〔な형〕신선하다
- 細い 〔い형〕가늘다
- 前の方 앞쪽

# 학습하기

명사와 동사

## 1. 명사와 동사 ① 정중형

**やってみよう!** ─────────────────────────────○

문제: 어디가 틀렸나요?

× きれいな 建物が あるです。 예쁜 건물이 있습니다.
<sub>たてもの</sub>

〔명사와 동사의 정중형〕

| | 명사 | 동사 |
|---|---|---|
| 정중형 | 「です」를 붙인다. | 「ます」를 붙인다. |
| | 예) 韓国人**です**。 | 예) 行き**ます**。 |
| | 한국인입니다. | 갑니다. |

**문장연습 쓰기노트** ─────────────────────────────○

다음 문장을 정중형으로 바꿔 봅시다.

> **예** サッカー 축구
>
> ✎ <u>サッカーです。</u> 축구입니다.

① 旅行する 여행하다
<sub>りょこう</sub>

✎ _____ 여행합니다.

② 日本 일본

  ✎ _____ 일본입니다.

③ 見る 보다

  ✎ _____ 봅니다.

④ 映画 영화
　　<small>えいが</small>

  ✎ _____ 영화입니다.


## 2. 명사와 동사 ② 격조사 「が」「に」「を」

**やってみよう!** ───────────────────────────────○

문제: 어디가 틀렸나요?

×私は　サッカーを　見るが　好きです。 나는 축구를 보는 것을 좋아합니다.
　　　　　　　　　　　　　 <small>す</small>

명사는 「が」「に」「を」 와 같은 격조사(格助詞)를 바로 뒤에 붙일 수 있다. 반면, 동사는 격조사를 붙이기 위해서 명사화(名詞化) 과정을 거쳐야 한다.

| | 명사 | 동사 |
|---|---|---|
| 격조사 | 바로 붙임 | 명사화(名詞化) |
| | 예) 旅行が<br>여행이 | 예) 行く**の**が<br>　　行く**こと**が<br>　　가는 것이 |

① 旅行が好きです。 여행을 좋아합니다.

② 旅行に行く**の**が好きです。 여행 가는 것을 좋아합니다.

　旅行に行く**こと**が 好きです。

164　일본어 문법과 문장 완전 정복 ―기초편―

다음 문장을 「～が好きです。(～을 좋아합니다)」로 이어 보도록 합시다.(종속표현)

① 旅行に行く。여행을 가다.

✎ _____

② ドライブする。드라이브하다.

✎ _____

③ 日本のまんがを読む。일본 만화를 읽다.

✎ _____


## ③. うめこみ表現(종속 표현)

구(句)나 문장에 「こと」나 「の」를 붙여 「명사화(名詞化)」하면, 문장 속에서 종속 절로 사용할 수 있다. 아래 문장의 밑줄 친 부분은 「こと」와 「の」로 명사화된 종속표현(うめこみ表現)이다.

예) 私は、いろいろな国を旅行することが好きです。

나는 여러 나라를 여행하는 것을 좋아합니다.

夏の京都が暑いのは有名です。여름의 교토가 더운 것은 유명합니다.


### (5) ～こと/の  ～것

● 동사 보통형＋こと/の  ～하는 것
● い형용사＋こと/の  ～한 것
● な형용사＋な＋こと/の  ～한 것


① 写真を撮る{こと/の}が私のしゅみです。사진을 찍는 것이 나의 취미입니다.

② 家が駅から近い{こと/の}は便利です。 집이 역에서 가까운 것은 편리합니다.

③ キムさんがとても日本語が上手な{こと/の}におどろきました。

김씨가 굉장히 일본어를 잘하는 것에 놀랐습니다.


- 명사＋な＋の ～인 것
- 명사＋である＋こと ～인 것


＊ 명사는 「の」와 「こと」에 따라 접속 방식이 다르므로 주의.


① 今日は山田さんの誕生日なのを思い出した。 오늘은 야마다 씨의 생일인 것이 생각났다.

今日は山田さんの誕生日であることを思い出した。

② 図書館が毎週月曜日に休みなのを知らなかった。

도서관이 매주 월요일 휴일인 것을 몰랐다.

図書館が毎週月曜日に休みであることを知らなかった。


**Tip** 「こと」밖에 쓸 수 없는 경우

뒤에 「です、だ、である」가 올 경우에는 「ことです/ことだ/ことである」처럼 되며 「こと」만 사용할 수 있다.


私のしゅみは写真を撮る{○ こと/✕ の}です。 나의 취미는 사진을 찍는 것입니다.


예) ① 私の夢は医者になることです。 나의 꿈은 의사가 되는 것입니다.

② 彼の目標は海外で働くことだ。 그의 목표는 해외에서 일하는 것이다.

③ 重要なのは、みんなで協力することである。 중요한 것은 모두가 협력하는 것이다.


＊「である」는 주로 공식적이고 격식을 차린 문장이나 글에서 사용된다. 「です」나 「だ」보다 격식 있고 엄숙한 느낌을 준다.

공식적인 글쓰기: 논문, 보고서, 에세이 등 공식 문서에서 자주 사용된다.

예) 日本の首都は東京である。 일본의 수도는 도쿄이다.

문어체: 대화보다는 글에서 사용되는 문체로, 격식을 차리고 싶을 때 사용된다.

예) 健康であることが重要である。 건강한 것이 중요하다.

설명하거나 정의할 때: 어떤 개념이나 사실을 정의할 때 사용된다.

예) 水は生命に必要なものである。 물은 생명에 필요한 것이다.

Tip 「の」밖에 쓸 수 없는 경우

지각(知覚) 동사와 함께 사용하는 경우:

① 子供が遊んでいるのを見た。 아이가 놀고 있는 것을 봤다.
② 電話が鳴っているのが聞こえた。 전화가 울리는 소리가 들렸다.
③ 風が冷たいのを感じた。 바람이 차가운 것을 느꼈다.

* 지각(知覚) 동사:
視覚(しかく) 시각:
－見る(みる) 보다 / 見える(みえる) 보이다 / 見つける(みつける) 발견하다
聴覚(ちょうかく) 청각:
－聞く(きく) 듣다 / 聞こえる(きこえる) 들리다
触覚(しょっかく) 촉각:
－感じる(かんじる) 느끼다 / 触る(さわる) 만지다
嗅覚(きゅうかく) 후각:
－嗅ぐ(かぐ) 맡다
味覚(みかく) 미각:
－味わう(あじわう) 맛보다, 음미하다

다음 (　　) 안에 적다안 말을 넣어서 문장을 완성시켜 보세요.

① 大切なのは、相手の話をよく聞く(　　　　　　　　)です。

　중요한 것은 상대방의 이야기를 잘 들어주는 것입니다.

단어　大切 중요하다, 소중하다　　相手 상대방

✎ _____

② この店が人気(　　　　　　　)を友達から聞いた。

　이 가게가 인기 있는 것을 친구에게 들었다.

✎ _____

## 핵심문법 2　동사와　い형용사

### 1.　동사와　い형용사 ①　정중형

**やってみよう!**

문제: 어디가 틀렸나요?

✕ 私は、日本語が少しできるです。 나는 일본어를 조금 할 수 있습니다.

| | 동사 | い형용사 |
|---|---|---|
| | できる<br>할 수 있다 | おもしろい<br>재미있다 |
| 정중형 | 「**ます**」를 붙인다. | 「**です**」를 붙인다. |
| | でき**ます**。<br>할 수 있습니다. | おもしろい**です**。<br>재미있습니다. |

## 2. 동사와 い형용사 ② 과거형

──────────────────○

문제: 어디가 틀렸나요?

1. ×今年の夏は、とても暑いだった。 올해 여름은 굉장히 더웠다.

2. ×本の題名が違かった。 책 제목이 달랐다.

|  | 동사 | い형용사 |
|---|---|---|
|  | 違う<br>다르다, 틀리다 | 暑い<br>덥다 |
| 과거형 | 違った。<br>달랐다, 틀렸다 | 暑かった。<br>더웠다 |
|  | 違いました。<br>달랐습니다, 틀렸습니다. | 暑かったです。<br>더웠습니다. |

**문장연습 쓰기노트** ──────────────────○

다음 문장을 일본어로 써 보세요.

① 여름 방학 계획을 세웠습니다.

> **단어** 夏休み 여름 방학　　計画を立てる 계획을 세우다

✎ _____

② 자물쇠를 잠궜나요?　　　　　**단어** かぎをかける 자물쇠를 잠그다

✎ _____

③ 오늘은 상태가(컨디션이) 좋았습니다.　　**단어** 調子がいい 상태가(컨디션이) 좋다

✎ _____

④ 그날은 잠깐 볼일이 있어요.　　　　　　단어　用事<sup>ようじ</sup> 볼일, 용건, 용무

　✎ _____

⑤ 어제는 목욕을 하지 않았습니다.　　　　단어　お風呂<sup>ふろ</sup>に入<sup>はい</sup>る 목욕을 하다

　✎ _____


## 핵심문법 3 　い형용사와 な형용사


### やってみよう!　──────────────────────○

문제: 어디가 틀렸나요?

1) ×これは　おもしろいな　本です。 이것은 재미있는 책입니다.

2) ×字<sup>じ</sup>が　きれいくないので、もう一度<sup>いちど</sup>　書<sup>か</sup>きます。 글씨가 예쁘지 않아서 다시 한 번 씁니다.

3) ×この　時計<sup>とけい</sup>は　あまり　高<sup>たか</sup>くじゃない。 이 시계는 그다지 비싸지 않다.


## 1.　い형용사와 な형용사 ① 명사 수식

| い형용사 | な형용사 |
|---|---|
| おもしろい本<sup>ほん</sup><br>재미있는 책 | きれいな部屋<sup>へや</sup><br>깨끗한 방 |

Tip 명사를 대신하는 「の」(것)을 수식할 때도 마찬가지이다.

| い형용사 | な형용사 |
|---|---|
| おもしろいのが一番<sup>いちばん</sup>だ。<br>재미있는 것이 최고다. | きれいなのが一番<sup>いちばん</sup>だ。<br>깨끗한 것이 최고다. |

① コーヒーは新鮮なコーヒーが一番だ。 커피는 신선한 커피가 최고다.

　コーヒーは新鮮な 의 が一番だ。 커피는 신선한 것이 최고다.

② そうめんは細いそうめんがおいしい。 소면은 가는 소면이 맛있다.

　そうめんは細い 의 がおいしい。 소면은 가는 것이 맛있다.

## 2. い형용사와 な형용사 ② 술어

그대로 술어로 사용할 수 있는지 여부에 차이가 있다.

| い형용사 | な형용사 |
|---|---|
| さむい | きれい |
| 그대로 술어로 쓸 수 있다. | 「_だ_」를 붙여야 한다. |
| さむい　춥다. | きれい_だ_　깨끗하다 |

## 3. い형용사와 な형용사 ③ 부정형

부정형 형태가 다르다.

| い형용사 | な형용사 |
|---|---|
| さむい | きれい |
| さむくない　　　춥지 않다. | きれいではない　　　깨끗하지 않다. |
| さむくありません　춥지 않습니다. | きれいではありません 깨끗하지 않습니다. |

## 4. い형용사와 な형용사 ④ 과거형

과거형 형태가 다르다.

## 긍정형

| い형용사 | | な형용사 | |
|---|---|---|---|
| さむい | | きれい | |
| さむかった | 추웠다. | きれいだった | 깨끗했다. |
| さむかったです | 추웠습니다. | きれいでした | 깨끗했습니다. |

## 부정형

| い형용사 | | な형용사 | |
|---|---|---|---|
| さむい | | きれい | |
| さむくなかった | 춥지 않았다. | きれいではなかった | 깨끗하지 않았다. |
| さむくありませんでした | 춥지 않았습니다. | きれいではありませんでした 깨끗하지 않았습니다. | |

**문장연습 쓰기노트** ────────────────────○

다음 문장을 바르게 고쳐보세요.

① ×やさしいの人が好きです。 자상한 사람을 좋아합니다.

　✎ _____

② ×目がいいじゃないので、前の方に座ります。 눈이 좋지 않아서, 앞쪽에 앉겠습니다.

　✎ _____

③ ×ホテルの部屋が広いかったです。 호텔 방이 넓었습니다.

　✎ _____

④ ×交通が便利くなかったので、大変だったです。

　교통이 편리하지 않기 때문에 힘들었습니다.

　✎ _____

⑤ ×道がとてもきれいかったです。 길이 굉장히 깨끗했습니다.

　✎ _____

やってみよう! ──────────────────────────────○

문제: 어디가 틀렸나요?

1) ×弟は 黄色な 服が 好きです。 남동생은 노란색 옷을 좋아합니다.
2) ×最近、 病気な 人が 多いです。 최근, 병든 사람이 많습니다.

な형용사와 명사① 명사를 수식할 때

| な형용사 | 명사 |
|---|---|
| 「な」를 넣는다 | 「の」를 넣는다 |
| 元気な人 | 病気の人 |
| 건강한 사람 | 병든 사람 |

文章演習 쓰기노트 ──────────────────────────────○

다음 (    )에 적절한 말을 넣어 보세요.

① しずか(      )人  조용한 사람

  ✎ _____

② げんき(      )人  건강한 사람

  ✎ _____

③ ゆうめい(      )人  유명한 사람

  ✎ _____

④ びょうき(      )人  병든 사람

  ✎ _____

⑤ まじめ(　　　)人　성실한 사람

✎_____

⑥ かぜ(　　　)人　감기 걸린 사람

✎_____

## まとめ 정리하기

〔객관식 문제〕

1. 형용사가 적절하게 활용된 것을 하나 고르시오.
   ① 熱いコーヒーがほしいです。
   ② 昨日は寒いな日でした。
   ③ 気分がいくないです。
   ④ 味が少し濃いでした。

2. 형용사가 적절하게 활용된 것을 하나 고르시오.
   ① 今日はひまなです。
   ② 彼は真面目な人です。
   ③ 仕事が大変なです。
   ④ 交通が不便なです。

3. 형용사가 적절하게 활용된 것을 하나 고르시오.
   ① 野菜を薄くに切ります。
   ② もう少し詳しいに説明します。
   ③ キムさんは日本語を上手に話します。
   ④ 昨日は十分な休みました。

〔단답형 문제〕

다음 ( a ),( b ),( c ),( d )를 올바른 표현으로 고치시오.

---

わたしの一日

毎朝、6時に起きます。

朝は簡単に食べます。

たまに食べないこともあります。

7時に家を出ます。

会社まで地下鉄で40分( a かかれます )。

8時に仕事が終わります。

家に9時ごろ着きます。

夜はおふろに( b 入りたり )、ドラマをみたりします。

寝る前に、日本語の勉強を2時間くらいします。

休みの日は、授業を( c ききたり )、日本のドラマをみたりします。

天気のいい日は、山に登ったり、自転車に( d 乗りたりします )。

---

## 평가 문제

'음악 듣는 것을 좋아합니다.'를 일본어로 하면?

① 音楽を聴くを好きです。

② 音楽を聴くが好きです。

③ 音楽を聴くのを好きです。

④ 音楽を聴くことが好きです。

## I. ていねい形を練習しましょう。

정중형을 연습합시다. 다음 표를 작성해 봅시다.

| | 비과거 | | 과거 | |
|---|---|---|---|---|
| | 긍정 | 부정 | 긍정 | 부정 |
| 書く | 書きます | 書きません | 書きました | 書きませんでした |
| 쓰다 | 씁니다 | 쓰지 않습니다 | 썼습니다 | 쓰지 않았습니다 |
| 急ぐ | | | | |
| 休む | | | | |
| 遊ぶ | | | | |
| 死ぬ | | | | |
| 買う | | | | |
| 待つ | | | | |
| 帰る | | | | |
| 話す | | | | |
| 食べる | | | | |
| 見る | | | | |
| 教える | | | | |

| する | | | | |
|---|---|---|---|---|
| 来る | | | | |

## Ⅱ. 다음 질문에 답해 보세요.

예) 昨日、勉強しましたか。어제 공부했어요?

はい、勉強しました。네, 공부했어요.

いいえ、勉強しませんでした。아니요, 공부하지 않았어요.

① 昨日、運動をしましたか。어제 운동했어요?

はい、_____

いいえ、_____

② 今朝、朝ごはんを食べましたか。오늘 아침, 아침밥을 먹었어요?

はい、_____

いいえ、_____

③ 週末、部屋のそうじをしましたか。주말에 방 청소를 했어요?

はい、_____

いいえ、_____

④ 昨日の夜、テレビをみましたか。어젯밤 TV를 봤어요?

はい、_____

いいえ、_____

⑤ 昨日の夜、家に帰りましたか。어젯밤 집에 돌아왔어요?

はい、_____

いいえ、_____

一日の日課を書いてみましょう。

1. 하루 일과를 작성해 봅시다. 다음 ( ) 안에 알맞은 말을 넣어 보세요.

午前 오전

7 : 00　起きます。일어납니다.

8 : 00　朝ごはんを(　　　　　)ます。아침밥을 먹습니다.

9 : 00　バスに(　　　　　)ます。버스를 탑니다.

10 : 00　授業を(　　　　　)ます。수업을 듣습니다.

12 : 00　昼ごはんを(　　　　　)ます。점심밥을 먹습니다.

午後 오후

3 : 00　コーヒーを(　　　　　)ます。커피를 마십니다.

5 : 00　友達に(　　　　　)ます。친구를 만납니다.

6 : 00　運動を(　　　　　)ます。운동을 합니다.

7 : 00　晩ごはんを(　　　　　)ます。저녁밥을 먹습니다.

8 : 00　音楽を(　　　　　)ます。음악을 듣습니다.

9 : 00　日本語の勉強を(　　　　　)ます。　일본어 공부를 합니다.

10 : 00　おふろに(　　　　　)ます。목욕을 합니다.

12 : 00　寝ます。잡니다.

2. 당신의 하루 일과를 써 봅시다.

예) (6 : 00)　＿＿＿起きます。＿＿＿＿＿　예) 私は6時に起きます。

(　 : 　)　＿＿＿＿＿＿＿＿＿＿＿＿＿

(　 : 　)　＿＿＿＿＿＿＿＿＿＿＿＿＿

( : ) _____

( : ) _____

( : ) _____

( : ) _____

( : ) _____

( : ) _____

( : ) _____

( : ) _____

( : ) _____

## 부록3 やってみよう

いつ、どこで、だれと、何をしたのか書いてみましょう。

언제, 어디서, 누구와, 무엇을 했는지 써 봅시다.

예) 昨日、図書館で 友達と 勉強しました。 어제 도서관에서 친구와 공부했습니다.

おととい 그저께 / 週末 주말에 / 今朝 오늘 아침 / 先週 지난주 / 先月 지난달 / 明日 내일 /

あさって모레 / 来週 다음 주 / 来月 다음 달

✍ _____

✍ _____

✍ _____

✎ _____

✎ _____

✎ _____

✎ _____

## 부록 4 　やってみよう

**Ⅰ. 次の(　　)に「こと」と「の」のどちらかを入れてみましょう。**

다음 (　　) 에 「こと」 또는 「の」 중 적절한 것을 넣어 봅시다.

① 私のしゅみは、音楽を聴く(　こと/の　)です。제 취미는 음악을 듣는 것입니다.

② 山田さんのお母さんが先生な(　こと/の　)は知っています。

야마다 씨의 어머니가 선생님인 것은 알고 있습니다.

③ このかばんが本物である(　こと/の　)を確認しました。

이 가방이 진품인 것을 확인했습니다.

**Ⅱ. 次の質問に答えてみましょう。** 다음 질문에 답해 봅시다.

① 健康に大切なことは何ですか。건강에 중요한 것은 무엇인가요?

✎ _____

② 好きなことは何ですか。좋아하는 것은 무엇인가요?

✎ _____

Ⅰ. 반대가 되는 말은?

① うるさい   ⇔ (                              )

② ひま     ⇔ (                              )

③ かんたん   ⇔ (                              )

④ きれい    ⇔ (                              )

⑤ あぶない   ⇔ (                              )

Ⅱ. 다음 문장을 읽고, 자신에게 맞는 형용사를 넣어 문장을 완성하세요.

① 週末見た映画は、とても(                              )。주말에 본 영화는 매우

예) おもしろい 재미있다 / すばらしい 훌륭하다 / こわい 무섭다 / いい 좋다

✎ _____

_____

_____

② 昨日のお店は、とても(                              )。어제 갔던 가게는 매우

예) おいしい 맛있다 / 辛い 맵다 / にぎやか 활기차다 / すてき 멋지다

✎ _____

_____

_____

③ 私は子供のころ、(　　　　　　　　　　　　　　　　)。나는 어린 시절

예) まじめ 성실하다 / 背が高い・低い 키가 크다・작다 / かみが長い・短い 머리가 길다・짧다 /

　　勉強が好き・嫌い 공부를 좋아한다・싫어한다 / かわいい 귀엽다 / 元気 건강하다 /

　　体が丈夫 몸이 튼튼하다

✎ _____

_____

_____

_____

④ 旅行先のホテルは、とても(　　　　　　　　　　　　)。여행지의 호텔은 매우

예) 広い 넓다 / 便利 편리하다 / 古い 오래되다 / 快適 쾌적하다

✎ _____

_____

_____

⑤ 高校の時の先生は、(　　　　　　　　　　　　)。고등학교 때의 선생님은

예) やさしい 상냥하다 / きびしい 엄격하다 / 熱心 열정적이다 / 親切 친절하다

✎ _____

_____

_____

## Ⅲ. 틀린 문장을 고쳐 봅시다.

다음 문장에는 틀린 부분이 있습니다. 올바른 형태로 고쳐 보세요.

① 어제 날씨는 추웠습니다. ×昨日の天気は寒いでした。

&#9998; _____

② 호텔 방은 깨끗했습니다. ×ホテルの部屋は、きれいかったです。

&#9998; _____

③ 내일은 여건이 좋지 않습니다. ×明日は都合が良いじゃないです。

&#9998; _____

④ 그다지 좋아하지 않습니다. ×あまり好きくないです。

&#9998; _____

⑤ 직원이 친절하지 않았습니다. ×お店の人が親切じゃないでした。

&#9998; _____

## Ⅳ. 다음 질문에 답하며, 당신 자신의 경험을 떠올리면서 문장을 작성해 보세요.

旅行は、どうでしたか。 여행은 어땠어요?

&#9998; _____

_____

_____

_____

_____

예) ― とても楽(たの)しかったです。 정말 즐거웠어요.

　　 ― 料理(りょうり)がとてもおいしかったです。 음식이 정말 맛있었어요.

　　 ― 人(ひと)がとても多(おお)かったです。 사람이 정말 많았어요.

　　 ― 天気(てんき)がとても良(よ)かったです。 날씨가 정말 좋았어요.

# おさらい

복습

## はじめに 시작하기

### 학습 내용 ──────────────────────○

· 1-6과에서 배운 내용 복습.

### 단어 ──────────────────────○

■ 味 맛

■ 真面目 〔な형〕 성실하다

■ 薄く 얇게

■ 十分 〔な형〕충분하다

■ 学生のころ 학생 시절

■ 昔 옛날에

■ 買い物 쇼핑

■ 迎えに来る 마중 오다

■ 雨が降る 비가 내리다

■ 濃い 〔い형〕 진하다

■ 野菜 야채

■ 詳しい 〔い형〕 자세하다

■ 暖かい 〔い형〕 따뜻하다

■ 以前 이전에

■ 散歩 산책

■ 迎えに行く 마중 나가다

■ かかる 〔동1〕걸리다

■ 電話が鳴る 전화가 울리다

■ 元気が出る 힘이 나다
■ 謝る 〔동1〕사과하다
■ 戻る 〔동1〕돌아가다
■ きちんと 확실히
■ 山に登る 산에 오르다

■ かぎをかける 열쇠를 잠그다
■ 明るい 〔い형〕밝다
■ 漢字 한자
■ しっかり 든든히, 듬뿍(잔뜩), 똑똑히

## おさらい問題 1 복습 문제 1

### JLPT N5 문장연습 쓰기노트

다음 한국어 문장을 일본어로 바꾸시오.

### N5

### I. 1, 2, 3과 복습

① 어제는 11시에 잤다.

✎ _____

② 저번 주는 바빴습니다.

✎ _____

③ 어제는 다나카 씨를 만나지 않았습니다.

✎ _____

④ 내일 학교에 오나요?

✎ _____

⑤ 김 씨는 일본어를 굉장히 잘합니다.

✎ _____

⑥ 학교에 이번 주는 갑니다만, 다음 주는 가지 않습니다.

✎ _____


## Ⅱ 4, 5과 복습

① 새로운 차가 갖고 싶습니다.

✎ _____


② 여름방학에는 일본을 여행하고 싶습니다.　　　단어 夏休み 여름방학

✎ _____


③ 선생님께 인사하러 가지 않겠습니까?　　　단어 あいさつ 인사

✎ _____


④ 한자는 외워야만 합니다.　　　단어 漢字 한자

✎ _____


⑤ 아침부터 비가 내렸다 그쳤다 합니다.　　　단어 雨が止む 비가 그치다

✎ _____


⑥ 일본에서 온천에 들어가거나 초밥을 먹거나 했습니다.　　　단어 温泉 온천

✎ _____


## JLPT N4 문장연습 쓰기노트

N4

## Ⅰ. 1, 2, 3과 복습

① 오늘은 어제보다 몸 상태가 좋습니다.

✎ _____


② 화요일보다 수요일 쪽이 상황이 좋습니다.

✎ _____

③ 봉지는 큰 것과 작은 것 중 어느 쪽이 좋습니까?

                                        **단어** 袋 봉지    大きいの 큰 것    小さいの 작은 것

✎ _____

④ 엄마는 아빠만큼 엄하지 않습니다.

✎ _____

⑤ 일본요리 중에서 무엇을 가장 좋아합니까?

✎ _____

## Ⅱ. 4, 5과 복습

① 아이는 언제나 과자를 원합니다.                **단어** おかし 과자

✎ _____

② 그는 언제나 혼자가 되고 싶어 합니다.        **단어** 一人になる 혼자가 되다

✎ _____

③ 이전에 교토의 여관에서 묵은 적이 있습니다.    **단어** 以前 이전에

✎ _____

④ 내일은 오지 않아도 됩니다.

✎ _____

⑤ 제가 서울을 안내 할까요?

✎ _____

⑥ 시험은 어려웠다가 쉬웠다가 합니다.

✎ _____

⑦ 다나카 씨는 왔다가 안 왔다가 합니다.

✎ _____

## Ⅲ. 단답형 문제

다음 ( )안에 적당한 동사를 쓰고 문장을 완성하시오.

① 毎朝コーヒーを(　　　　　)。 매일 아침 커피를 마십니다.

✎ _____

② 休みの日は家でゆっくり(　　　　　)。 쉬는 날은 집에서 느긋하게 쉽니다.

✎ _____

③ 毎晩10時から12時まで日本語の勉強を(　　　　　)。

매일 밤 10시부터 12시까지 일본어 공부를 합니다 .

✎ _____

④ 毎月、本を一冊(　　　　　)。 매월 책을 한 권 읽습니다.

✎ _____

⑤ 朝はパンを(　　　　　)。 아침은 빵을 먹습니다.

✎ _____

## ━━━━ おさらい問題 2 복습 문제 2

### 객관식 문제

1. 형용사가 적절하게 활용된 것을 하나 고르시오.

① 今年のソウルは寒いでした。

② 今日は体調がいいでした。

③ 今日は暖かいでした。

④ 今日は気分が良くありません。


2. 올바른 문장을 하나 고르시오.

① 学生のころ、東京に行ったことがあります。

② 以前、東京に行くことがあります。

③ 昔、東京に行かないことがあります。

④ 子供のころ、東京に行きましたことがあります。


3. 올바른 문장을 하나 고르시오.

① 新しいパソコンはほしいじゃない。

② 新しいパソコンがほしいです。

③ 新しいパソコンがほしいかったです。

④ 新しいパソコンはほしくじゃないです。


4. 올바른 문장을 하나 고르시오.

① 日曜日は本を読んだり、音楽をききたりしました。

② 日曜日は友達に会いたり、散歩をしたりしました。

③ 日曜日は子供と遊びたり、ドライブに行ったりしました。

④ 日曜日は買い物をしたり、映画をみたりしました。


5. 올바른 문장을 하나 고르시오.

① 友達に会いに行きました。

② 公園に遊べに行きました。

③ 夕食を食べりに来ました。

④ 子供を迎えりに来ました。

6. 올바른 문장을 하나 고르시오.

① 会社に行ったのに電車で50分(ぷん)かかります。

② 会社に行くのに電車で50分かかります。

③ 会社に行くに電車で50分かかります。

④ 会社に行くことに電車で50分かかります。


7. 올바른 문장을 하나 고르시오.

① 雨が降りましょうか。

② 電話が鳴りましょうか。

③ 写真をとりましょうか。

④ 元気が出ましょうか。


8. 올바른 문장을 하나 고르시오.

① 私がコピーしませんか。

② 家まで私が迎えに行きませんか。

③ 私が手伝いませんか。

④ 週末ドライブに行きませんか。


9. 올바른 문장을 하나 고르시오.

① かぎをかけった方がいいですよ。

② 早く謝った方がいいですよ。

③ たばこは吸いない方がいいですよ。

④ 早く起こった方がいいですよ。


10. 올바른 문장을 하나 고르시오.

① 1時までに着かないなければいけません。

② 部屋が明るいでなければいけません。

③ 会社に戻らなければいけません。

④ 交通が便利でなければいけません。


11. 올바른 문장을 하나 고르시오.

① 漢字は覚えらなくてもいいです。

② 急ぎなくてもいいです。

③ 簡単なでなくてもいいです。

④ 新しくなくてもいいです。


12. 올바른 문장을 하나 고르시오.

① 電気を消しなさい。

② きちんと話さなさい。

③ しっかり食べらなさい。

④ ドアを閉めりなさい。


13. 올바른 문장을 하나 고르시오.

① 私のしゅみはドライブをするのです。

② 映画をみるのが好きです。

③ 計画を立てるが大切です。

④ ピアノをひくが私のしゅみです。


14. 올바른 문장을 하나 고르시오.

① 友達に会うために、来週東京へ行きます。

② 友達に会ったために、来週東京へ行きます。

③ 友達に会うのために、来週東京へ行きます。

④ 友達に会うための、来週東京へ行きます。

1. 다음 문장을 읽고 질문에 답하시오.

田中(たなか)さんがパクさんに手紙(てがみ)を書(か)きました。

> パクさんへ
>
> 今週(こんしゅう)は、仕事(しごと)がたくさんあります。
> 土曜日(どようび)と日曜日(にちようび)も忙(いそが)しいです。
> 来週(らいしゅう)の月曜日(げつようび)が一番(いちばん)都合(つごう)がいいです。

질문: 田中(たなか)さんは、いつ時間(じかん)がありますか。

① 今週(こんしゅう)

② 土曜日(どようび)

③ 日曜日(にちようび)

④ 来週(らいしゅう)の月曜日(げつようび)

2. 다음 문장을 읽고 질문에 답하시오.

> キムさんの家(いえ)は、町(まち)の中(なか)の便利(べんり)な所(ところ)にあります。
> 家(いえ)のとなりにレストランがあります。家(いえ)の前(まえ)にはラーメン屋(や)とコーヒーショップがあります。近(ちか)くにスーパーもあります。
> 今日(きょう)の夕方(ゆうがた)、キムさんの友達(ともだち)が遊(あそ)びに来(き)ます。キムさんが料理(りょうり)をします。キムさんは、これからスーパーへ買(か)い物(もの)に出(で)かけます。

질문: キムさんは今日(きょう)どこへ行(い)きますか。

「시제(時制)」란 발화(発話) 시점과의 시간적 전후관계를 말한다.

$$飲む \quad → \quad 飲んでいる \quad → \quad 飲んだ$$

마신다 → 마시고 있다 → 마셨다
(미래)　　　　　(현재)　　　　　(과거)

동사의 시제는 **た형**(たで 끝나는 것)과 **る형**(た형 이외)으로 나눌 수 있다. 동사의 た형은 과거를 나타낸다.

예) 昨日、学校に**行きました**。어제 학교에 갔습니다.

田中さんは学校に**いました**。다나카 씨는 학교에 있었습니다.

한편, 동사의 る형은 동사 종류에 따라 시제가 달라진다. 동작(動作)이나 사건을 나타내는 동사(계속동사, 순간동사)는 미래를 나타내고, 상태(状態)를 나타내는 동사는 현재를 나타낸다.

## 1. 동작이나 사건을 나타내는 동사

1) る형은 미래를 나타낸다.

예) 今、学校に**行きます**。지금 학교에 갑니다.(아직 집에 있다.) ← 미래

2) 계속동사

* 계속동사의 경우, 현재를 나타내기 위해서는 동사를 ている형태로 만들어야 한다.

계속동사 : る형(미래) → ている형(현재) → た형 (과거)

예) 今、学校に**行っています**。지금 학교에 가고 있습니다.(집을 나왔다.) ← 현재

息子はもう学校に**行きました**。아들은 벌써 학교에 갔습니다. ← 과거

☆ 동작(動作) 동사의 る형은 「毎朝、新聞を読みます。(매일 아침 신문을 읽습니다.)」처럼
　「よく(자주)」「いつも(언제나)」「毎日(매일)」등과 함께 <현재의 습관>을 나타낸다.

☆ 동작(動作) 동사의 る형은 「春になると、花が咲きます。(봄이 되면 꽃이 핍니다.)」처럼
　자연현상 등의 <진리>를 나타낸다.


3) 순간동사

* 순간동사 : る형(미래) → た형(현재) → ている형 (과거)


　　① これから映画が始まります。이제 영화가 시작합니다. ← 미래

　　② 今、映画が始まりました。지금 영화가 시작했습니다. ← 현재

　　③ もう映画が始まっています。벌써 영화가 시작되었습니다. ← 과거(상태의 지속)


(동작동사와 순간동사의 시제는 제13과 참고)


## 2. 상태를 나타내는 동사

1) る형은 현재를 나타낸다.


2) 상태(존재, 소유, 사고, 능력 등)를 나타내는 동사 :

ある(있다), いる(있다), 要る(필요하다), できる(할 수 있다), 思う(생각하다), 分かる(이
해하다), 気がする(기분이 들다), 気になる(신경 쓰이다, 걱정이 되다), 音がする(소리가 나
다) 등


　　① 日本語ができます。일본어를 할 수 있습니다.

　　② 日本語が分かります。일본어를 압니다.

　　③ 友達がいます。친구가 있습니다.

　　④ 公園があります。공원이 있습니다.

　　⑤ おもしろいと思います。재미있다고 생각합니다.

3) 상태를 나타내는 동사의 た형은 과거를, る형은 현재를 나타내지만, 문맥에 따라 미래
   도 나타낼 수 있다.


   る형(미래) → る형(현재) → た형 (과거)


   ⑥ ランチメニューは11時以降に注文できます。
      런치 메뉴는 11시 이후에 주문할 수 있습니다. (る형) ← 미래

   ⑦ 明日は授業があるので、教室に学生がたくさんいます。
      내일은 수업이 있기 때문에 교실에 학생이 많이 있을 것입니다. (る형) ← 미래

   ⑧ 教室に学生がたくさんいます。교실에 학생이 많이 있습니다. (る형) ← 현재

   ⑨ 教室に学生がたくさんいました。교실에 학생이 많이 있었습니다. (た형) ← 과거


   **Tip** 상태를 나타내는 동사 외에 형용사나 명사+だ의 상태술어(상태를 나타내는 동사,
   형용사, 명사+だ)는 る형이 현재와 미래를 나타낼 수 있다.


   ① 人が多いですね。사람이 많네요. ← 현재

   ② 週末はたぶん人が多いですよ。주말은 아마 사람이 많을 거에요. ← 미래

   ③ 今日は暑いですね。오늘은 덥네요. ← 현재

   ④ 明日は暑いです。내일은 덥겠습니다. ← 미래

# 日本が好きです。
にほん　　す

일본을 좋아합니다.

## はじめに 시작하기

### 학습 내용

- 격조사(格助詞) –が, を, に, へ, で, と, から, より, まで에 대해서 학습한다.
  (명사 뒤에 붙어 문장에서 단어와 단어 사이의 관계를 나타내는 조사를 격조사라고 한다.)
- 일본어와 한국어의 격조사는 대부분 기능이 유사하지만, 세부적인 차이점이 있다.
- 각 격조사의 기본적인 역할과 사용법을 익힌다.
- 한국어 격조사와의 차이를 정리하며 학습한다.

### 학습 목표

- 일본어 격조사의 각각의 기능을 이해한다.
- 한국어와 다른 점을 정리하여 두 언어 간의 조사의 차이를 명확히 이해한다.
- 실제 문장에서 격조사를 올바르게 사용할 수 있다.

다음 문장을 일본어로 써 보세요.

1. 커피를 좋아합니다.     **단어** コーヒー 커피

  ✎ _____

2. 커피를 싫어합니다.

  ✎ _____

3. 바퀴벌레가 무섭습니다.     **단어** ごきぶり 바퀴벌레

  ✎ _____

4. 물을 마시고 싶습니다.     **단어** 水<sup>みず</sup> 물

  ✎ _____

5. 일본어를 할 수 있습니다.

  ✎ _____

**단어**

- 空<sup>そら</sup> 하늘
- 猫<sup>ねこ</sup> 고양이
- ふるさと 고향
- 悲<sup>かな</sup>しい 〔い형〕 슬프다
- 横断歩道<sup>おうだんほどう</sup>を渡<sup>わた</sup>る 횡단보도를 건너다
- 拍手<sup>はくしゅ</sup> 박수
- 隣<sup>となり</sup>の人<sup>ひと</sup> 옆사람, 이웃
- 変<sup>か</sup>わる 〔동1〕변하다

- 青<sup>あお</sup>い 〔い형〕 푸르다, 파랗다
- ストーリー 스토리, 이야기
- なつかしい 〔い형〕 그립다
- 十字路<sup>じゅうじろ</sup> 사거리, 네거리
- こっち 이쪽
- 話<sup>はな</sup>しかける 〔동2〕말을 걸다
- さいふ 지갑
- 昨晩<sup>さくばん</sup> 어젯밤, 간밤

■ 和紙 일본 종이

■ 風邪 감기

■ 相談する〔동3〕상담하다, 의논하다

■ ロビー 로비, 담화용 홀

■ 気づく〔동1〕알아차리다

■ 暮らす〔동1〕살다

■ 箱 상자

■ 治る〔동1〕낫다

■ 麦 보리

■ 船 배

■ 従う〔동1〕따르다

■ 留学する〔동3〕유학하다

## 학습하기

### 핵심문법 1 격조사(格助詞) 1

#### 1. 격조사(格助詞)란

1) 격조사의 특징
- 「が」「を」: 술어에 따라 다양한 의미를 나타낸다.
- 「に」「へ」「で」「と」「から」「より」「まで」: 앞에 오는 명사에 따라 의미가 달라진다.
- 일본어와 한국어의 격조사는 기능이 유사하지만, 세부적인 차이점이 있다.

2) 격조사에 따른 역할의 변화
- (1) 学校に行く 학교에 간다
  に : 도달하는 지점을 나타냄.
- (2) 学校で遊ぶ 학교에서 논다
  で : 동작을 행하는 장소를 나타냄.
- (3) 学校を作る 학교를 만든다
  を : 동작의 대상을 나타냄.

이처럼 같은 '学校'라는 단어라도 격조사에 따라 역할이 달라지며, 뒤에 오는 동사와의 관계도 변한다.

3) 격조사의 역할과 기능
다음 문장에서 (     ) 안에 적절한 격조사를 넣어 보세요.

> ねこ(     )えさ(     )食べる。

  A: ねこ(  が  )えさ(  を  )食べる。 고양이가 먹이를 먹는다.

이 문장은 "먹다"라는 동작의 주체가 "ねこ"이고, "食べる"라는 동작의 대상이 "えさ"임을 나타낸다.

が: 주어를 나타내며, 동작을 행하는 주체가 됨.
を: 동작의 대상을 나타냄.

  B: ねこ(  を  )えさ(  が  )食べる。 먹이가 고양이를 먹는다.

이 문장은 A 문장에서 "が"와 "を"의 위치를 바꾼 것이다.
이 경우, "食べる"라는 동작의 주체는 "えさ"가 되고, "먹다"라는 동작의 대상은 "ねこ"가 된다.

  C: ねこ(  の  )えさ(  を  )食べる。 고양이의 먹이를 먹는다.

の: 앞의 명사가 뒤의 명사와 소유나 종속 관계임을 나타냄.

4) 격조사의 정의

"が", "を", "の"와 같은 조사는 각각의 기능에 따라 문장의 의미를 달리한다. 이와 같이 <u>문절 간의 관계를 나타내는 역할을 하는 조사</u>를 **격조사**라고 부른다.

## ② 「が」

「が」는 술어에 대한 주어를 나타낸다.

① 田中さんが手紙を読みました。다나카 씨가 편지를 읽었습니다.
② 空が青いです。하늘이 파랗습니다.
③ すずきさんが一番です。스즈키 씨가 일등입니다.

「が」는 한국어의 「~가/이」와 대응하는 기본적인 기능 외에도, 특정 동사 및 형용사와 결합하여 대상, 감정, 욕구, 능력을 나타내는 어휘적 용도로 사용 되며, 한국어보다 어휘적 의미가 더 넓다.

1) 존재하는 것

   Nが あります/ います N이 있습니다.

   ① 机の上に新聞があります。책상 위에 신문이 있습니다.
   ② いすの下に猫がいます。의자 밑에 고양이가 있습니다.

2) 감정이 가는 대상
   Nが 好きです N을 좋아합니다.

      きらいです N을 싫어합니다.

      こわいです N이 무섭습니다.

      悲しいです N이 슬픕니다. 등

   ① コーヒーが好きです。커피를 좋아합니다.
   ② コーヒーがきらいです。커피를 싫어합니다.
   ③ ごきぶりがこわいです。바퀴벌레가 무섭습니다.
   ④ ストーリーが悲しいです。이야기가 슬픕니다.

⑤ ふるさとがなつかしいです。 고향이 그립습니다.

3) 희망하는 동작의 대상

Nが ほしいです N을 갖고 싶습니다.

~たいです N을 V하고 싶습니다.

① コンピューターがほしいです。 컴퓨터를 갖고 싶습니다.

② 水が飲みたいです。 물을 마시고 싶습니다.

4) 능력이나 지각(知覚)을 나타내는 동작의 대상

[대상(対象)]＋が 分かる 알다

できる 할 수 있다

見える 보이다

聞こえる 들리다

① 日本語が分かる。 일본어를 안다.

② 日本語ができる。 일본어를 할 수 있다.

③ 海が見える。 바다가 보인다.

Point  한국어와 다른 「が」

다음 단어 앞에는 「を」가 아닌 「が」를 쓴다.

Nが 好きです N을 좋아합니다.

Nが きらいです N을 싫어합니다.

Nが ほしいです N을 갖고 싶습니다.

Nが ~たいです N을 ~하고 싶습니다.

Nが 分かる N을 알다.

Nが できる N을 할 수 있다.

**3.** 「を」

타동사가 나타내는 동작의 대상(→「NをVます」, 「NにNをVます」)를 나타낸다.

대상에 변화를 주어 영향을 강하게 미치는 동작의 대상

[대상(対象)] +を 作る 만들다

食べる 먹다

割る 깨다

殺す 죽이다

書く 쓰다

1) 동작, 작용하는 대상

① コーヒーを飲む。 커피를 마시다.

② テレビを見る。 TV를 보다.

③ 本を読む。 책을 읽다.

2) 이동의 출발점, 통과점, 경로, 멀어지는 대상, 동작의 방향을 나타낸다.

　*출발점

① 8時に家を出る。 8시에 집을 나서다.

② 駅を出るとすぐ公園があります。 역을 나오면 바로 공원이 있습니다.

③ 学校を卒業して新しい生活を始めた。 학교를 졸업하고 새로운 생활을 시작했다.

　*통과점

① 十字路を左に曲がる。 사거리에서 좌회전하다.

② トンネルを抜けると海が見える。 터널을 지나면 바다가 보인다.

③ 橋を渡って右に曲がってください。 다리를 건너서 오른쪽으로 돌아주세요.

**단어** 左に曲がる 좌회전하다/ 왼쪽으로 돌다　　右に曲がる 우회전하다/ 오른쪽으로 돌다

抜ける 빠지다, 통과하다, 지나가다　　橋を渡る 다리를 건너다


\* 경로(동작이 이루어지는 이동 경로)

① 毎日この道を通る。 매일 이 길을 지나간다.

② 毎朝この川沿いを走っている。 매일 아침 이 강변을 달리고 있다.

③ 山道をゆっくり登るのが好きだ。 산길을 천천히 오르는 것을 좋아한다.


**단어** 川沿い 강변　　山道 산길


\* 통과하는 장소

① 横断歩道を渡る。 횡단보도를 건너다.

② 公園の中を散歩するのが好きです。 공원 안을 산책하는 것을 좋아합니다.

③ 駅前の広場を横切って銀行に行った。 역 앞 광장을 가로질러 은행에 갔다.


**단어** 横断歩道 횡단보도　　広場 광장　　横切る 가로지르다, 횡단하다


\* 멀어지는 대상

① 電車を降りる。 전차에서 내리다.

② 車を降りて、すぐ近くの店に入った。 차에서 내려 바로 근처 가게에 들어갔다.

③ 船を降りて港を散策した。 배에서 내려 항구를 둘러보았다.


\* 동작의 방향

① こっちを向く。 이쪽을 향하다.

② 上を向いて歩こう。 위를 바라보며 걷자.

③ 遠くを見つめる。 멀리 바라보다.

3) 출발점을 나타내는 용법의 확장으로서 이탈하는 조직 등을 나타내기도 한다.

　① 大学を卒業します。 대학을 졸업 합니다.

　② 学校を休みます。 학교를 쉽니다.

4) 경로를 나타내는 용법의 확장으로서 계속하는 기간이나 상황을 나타내기도 한다.

　① 楽しい1日を過ごしました。 즐거운 하루를 보냈습니다.

　② 雨の中を走りました。 빗속을 달렸습니다.

　③ 拍手の中を歩きました。 박수를 받으며 걸었습니다.

---

**핵심문법 2** **격조사(格助詞) 2**

**1.** 「に」

「に」는 여러 가지 기능이 있다. 주요 기능에 대해서 알아보자.

**1) 동작, 작용의 대상을 나타낸다.**

　~に触る ~를 만지다

　~に会う ~를 만나다

　~に気づく ~를 알아차리다

　~に乗る ~를 타다

　~に似る ~를 닮다 *似ている

　~に勝つ ~를/에게 이기다

　~に負ける ~에게 지다

　~に賛成する ~에 찬성하다

　~に反対する ~에 반대하다

~に従う ~를 따르다

~に参加する ~에 참가하다

① 友達に会う。친구를 만나다.

② 電車に乗る。전차를 타다

③ 姉は母に似ている。언니(누나)는 엄마를 닮았다.

**Point** 한국어와 다른 「に」

다음 단어 앞에는 「を」가 아닌 「に」를 쓴다.

~に会う ~를 만나다

~に気づく ~를 알아차리다

~に乗る ~를 타다

~に似る ~를 닮다

~に勝つ ~를/에게 이기다

~に負ける ~에게 지다

~に従う ~를 따르다

## 2) 받는 사람을 나타낸다.

~に 話しかける ~에게 말을 걸다

~に あげる ~에게 주다

① 隣の人に話しかける。옆 사람에게 말을 걸다.

② 彼にプレゼントをあげる。그에게 선물을 주다.

## 3) 존재 장소을 나타낸다.

~に ある ~에 (물건이) 있다

~に いる ~에 (사람, 동물이) 있다

① 新聞は机の上にあります。 신문은 책상 위에 있습니다.
② 田中さんは家にいる。 다나카 씨는 집에 있다.

## 4) 도착 지점을 나타낸다.

~に 行く ~에 가다

~に 来る ~에오다

~に 着く ~에 도착하다

~に 到着する ~에 도착하다

~に 達する ~에 도달하다

~に 入れる ~에 넣다

① 空港に着く。 공항에 도착하다.
② さいふをかばんに入れる。 지갑을 가방에 넣다.

## 5) 변화 결과를 나타낸다.

~に変わる ~로 변하다

青に変わる。 파랑으로 변하다.

## 6) 출처를 나타낸다.

~に もらう ~에게 받다

~に 聞く ~에게 묻다

① 兄に時計をもらう。 형에게 시계를 받다.
② その話は田中さんに聞いた。 그 이야기는 다나카 씨에세 들었다.

## 7) 시간

~に 起きる ~에 일어나다

~に 寝る ~에 자다

① 昨晩、10時に寝た。 어젯밤 10시에 잤다.
② 今朝、6時に起きた。 오늘 아침 6시에 일어났다.


## 2. 「ヘ」

「ヘ」로 표현하는 경우는 다음과 같다.

### 1) 방향

ソウルへ向かう。 서울로 향하다.

### 2) 도착점

空港へ着く。 공항으로(에) 도착하다.
(＝空港に着く。와 같은 의미.)
学校へ行く。 학교로(에) 가다.
(＝学校に行く。)

「ヘ」와 「に」는 뉘앙스 차이가 거의 없다. 굳이 차이를 말하자면, 「ヘ」는 방향을 나타내며, 가는 방향 자체에 초점이 맞춰진다. 반면, 「に」는 도착점을 나타내며, 특정 장소나 목표에 도달함을 전제로 한다.

예) 空港へ行く。 공항으로 간다
  → 공항을 향해 가는 방향을 강조한다.

空港に行く。 공항에 간다
→ 공항에 도착하는 것을 의미한다.


## 3. 「で」

「で」는 장소, 재료, 수단, 원인, 한정, 묶음 등 다양한 의미를 나타낸다. 이에 대응하는 한국어 표현으로는 '에서', '(으)로', '때문에', '면'등이 있다.

### 1) 동작을 행하는 장소

동작이나 행동이 이루어지는 장소를 나타낸다.

① 食堂で食べる。 식당에서 먹다.
② 図書館で勉強する。 도서관에서 공부하다.

### 2) 재료

무엇을 만들 때 사용된 재료를 나타낸다.

① 和紙で箱を作る。 일본종이로 상자를 만들다.
② 木でいすを作る。 나무로 의자를 만들다.

### 3) 수단·도구

행위를 할 때 사용된 수단이나 도구를 나타낸다.

① 電車で行く。 전차로 가다.
② ペンで書く。 펜으로 쓰다.

### 4) 원인·이유

어떤 상태가 발생한 원인이나 이유를 나타낸다.

① 風邪で休む。 감기 때문에 쉬다.
② 雨で試合が中止された。 비 때문에 경기가 중단되었다.

## 5) 한정

어떤 행위나 상태가 이루어지는 데 걸리는 시간을 나타낸다.

① 一週間で治る。 일주일이면 낫는다.
② この仕事は一日で終わります。 이 일은 하루면 끝납니다.

## 6) 묶음

상품이나 수량의 단위를 나타낸다.

① 10本で1000円。 10자루에 1000엔.
② 一パックで500円。 한 팩에 500엔.

## 4. 「と」

동작을 공동으로 행하는 상대를 나타낸다.

~と相談する ~와 상담하다

~と戦う ~와 싸우다

~とけんかする ~와 다투다

~と友達になる ~와 친구가 되다

~と話し合う ~와 이야기를 나누다

~と結婚する ~와 결혼하다

~と離婚する ~와 이혼하다

① 将来のことについて先生と相談しました。 미래에 대해 선생님과 상담했습니다.

② 勇敢に敵と戦った。 용감하게 적과 싸웠다.

③ 兄とけんかしてしまいました。 형과 다투고 말았습니다.

④ 初めて会った日から彼と友達になりました。 처음 만난 날부터 그와 친구가 되었습니다.

⑤ 問題を解決するために家族と話し合いました。

문제를 해결하기 위해 가족과 이야기를 나눴습니다.

⑥ 来年、彼女と結婚する予定です。 내년에 그녀와 결혼할 예정입니다.

⑦ 性格の不一致で夫と離婚しました。 성격 차이로 남편과 이혼했습니다.

## 5. 「から」

「から」로 표현하는 경우는 다음과 같다.

### 1) 기점(起点) <장소>
장소를 출발점으로 할 때 사용한다.

① 家から会社まで一時間かかる。 집에서 회사까지 1시간 걸린다.

② 駅から学校まで歩いて行きます。 역에서 학교까지 걸어서 갑니다.

### 2) 기점(起点) <시간>
시간을 출발점으로 할 때 사용한다.

① 12時から1時まで昼休みです。 12시부터 1시까지 점심시간입니다.

② 映画は午後3時から始まります。 영화는 오후 3시부터 시작됩니다.

### 3) 기점(起点) <사람>
사람을 출발점으로 할 때 사용한다.

① チケットを田中さん**から**もらった。 표를 다나카 씨로부터 받았다.

② この本は友達**から**借りました。 이 책은 친구에게 빌렸습니다.

**4) 재료**

무엇을 만들 때 사용된 재료를 나타낸다.

① ワインはブドウ**から**作られる。 와인은 포도로 만들어진다.

② しょうゆは大豆**から**作られます。 간장은 대두로 만들어집니다.

---

質問!──────────────────────────────────────○

**Q** 「재료」를 나타내는 「から」와 「で」의 차이가 무엇인가요?

**A** 「재료」를 나타내는 「から」와 「で」의 차이

| | 「から」 | 「で」 |
|---|---|---|
| 사용 상황 | 원료가 가공되어 형태가 변할 때 사용 | 재료의 형태가 유지될 때 사용 |
| 예문 | ビールは麦**から**作られる。 (보리→맥주)<br>맥주는 보리로 만들어진다. | 木で**いすを作る。 (나무→의자)<br>나무로 의자를 만든다. |
| 의미 강조 | 재료의 본질적 변화 | 재료의 직접적 사용 |

1. 「から」로 표현하는 경우

「から」는 원료를 나타낼 때 사용되며, 원래의 형태가 변하여 <u>사라지는</u> 경우에 쓰인다.

　예) ビールは麦**から**作られる。 맥주는 보리로 만들어진다.

　　　→ 보리가 맥주로 변하면서 형태가 완전히 바뀌는 것을 강조한다.

2. 「で」로 표현하는 경우

「で」는 재료를 나타내며, 원래의 형태가 <u>그대로 남아있는</u> 경우에 사용된다.

　예) 和紙**で**箱を作る。 일본 종이로 상자를 만든다.

　　　→ 종이라는 형태가 변하지 않은 채로 상자를 만드는 재료로 사용된다.

木でいすを作る。 나무로 의자를 만들다.

→ 나무가 의자를 만드는 재료로 사용되며, 나무의 본질적인 형태는 유지된다.

## 6. 「より」

비교 대상을 나타낸다.

① りんごよりみかんが好きだ。 사과보다 귤을 좋아한다.

② 電車で行くより車で行った方が早く着く。

전철로 가는 것보다 차로 가는 편이 일찍 도착한다.

**Tip** 동사의 종지형에 연결되는 경우

격조사 「より」는 주로 명사(명사구)에 연결되어 비교의 기준을 나타내며, 동작(상태)를 비교할 때 사용된다. 하지만 동사의 종지형(사전형)에 직접 연결되어 사용되는 경우도 있다.

예) 走るより歩いた方が安全だ。 뛰는 것보다 걷는 것이 더 안전하다.

이 문장에서는 「走る(달리다)」와 「歩く(걷다)」라는 동작을 비교하고 있다.

## 7. 「まで」

「まで」는 장소와 시간 모두에서 끝 지점이나 범위의 한계를 나타내는 데 사용된다. 이를 통해 도착점이나 시간의 끝을 명확히 전달할 수 있다.

### 1) 도착점 <장소>

장소의 끝 지점을 나타낼 때 사용한다.

① 駅から家まで歩いて10分です。 역에서 집까지 걸어서 10분입니다.

② 学校から図書館まで自転車で行きます。 학교에서 도서관까지 자전거로 갑니다.


## 2) 도착점 <시간>

시간의 끝 지점을 나타낼 때 사용한다.


① 朝から晩まで働く。 아침부터 밤까지 일한다.

② この店は夜9時まで営業しています。 이 가게는 밤 9시까지 영업합니다.


**문장연습 쓰기노트** ─────────────────────────────────○

**다음 (  ) 안에 조사를 넣고 문장을 완성하시오.**

① 彼は私(          )日本語ができます。 그는 나보다 일본어를 잘합니다.

✎ _____


② インターネット(     )検索ます。 인터넷으로 검색합니다.

✎ _____


③ 船(     )福岡(     )行きます。 배로 후쿠오카에 갑니다.

✎ _____


④ 空港(     )ホテル(     )バス(     )15分くらいかかります。
공항에서 호텔까지 버스로 15분정도 걸립니다.

✎ _____


⑤ ホテルのロビー(     )会いましょう。 호텔 로비에서 만납시다.

✎ _____

**한국어와 다른 조사**

① 「를」과 「を」/「に」

다음 동사 앞에는 「を」가 아닌 「に」를 쓴다.

~に会う ~를 만나다

~に気づく ~를 알아차리다

~に乗る ~를 타다

~に似る ~를 닮다

~に従う ~를 따르다

① 友達{×を/ ○に}会いました。친구를 만났습니다. (「～と会う」도 가능.)

② 弟は、母親{×を/ ○に}とても似ている。남동생은 어머니를 굉장히 닮았다.

③ さいふがないこと{×を/ ○に}気づいた。지갑이 없는 것을 알아차렸다.

④ バス{×を/ ○に}乗って来ました。버스를 타고 왔습니다.

> **Tip** 「を」는 대상에 동작이 강하게 영향을 미치는 동사에 붙는다. 하지만 그 인식은 각 언어에 따라 다르고 명백한 기준은 없다.

② 「에서」와 「で」/「に」

「で」는 동작이 일어나는 장소를 나타낸다. 그러나 한국어의 「에서」를 모두 「で」로 바꿀 수는 없다.

「で」: 동작이 이루어지는 장소    예) レストランで食べる。레스토랑에서 먹다.

「に」: 존재하는 장소

[장소] にある/いる ～에 있다.     예) 本が机にある。 책이 책상에 있다.

[장소] に住む ～에서 살다.        예) 韓国に住む。 한국에서 살다.

[장소] に留学する ～에 유학하다.   예) 日本に留学する。 일본에 유학하다.

[장소] に～を置く ～에 ～를 놓다.   예) カバンを机に置く。 가방을 책상 위에 놓다.

① 私はソウル{×で/ ○に}住んでいます。 서울에서 살고 있습니다.

② 私はソウル{○で/×に}暮らしています。 서울에서 지내고 있습니다.

③ 私はソウル{○で/×に}生活しています。 서울에서 생활하고 있습니다.

④ 明日はホテル{×で/ ○に}泊まります。 내일은 호텔에 묵습니다.

⑤ 来年、日本の大学{×で/ ○に}留学します。 내년에 일본 대학에 유학합니다.

⑥ テーブル{×で/ ○に}お皿を置いてください。 테이블에 접시를 놓아 주세요.

**Point** 혼동하기 쉬운 동사

[장소] に住む ～에서 살다

[장소] で暮らす ～에서 지내다

[장소] で生活する ～에서 생활하다

**문장연습 쓰기노트** ─────────────────────────────────○

**다음 문장을 일본어로 써 보세요.**

① 친구를 만나러 갔습니다.

  ✎ _____

② 에리 씨는 어머니와 닮았습니다.

  ✎ _____

③ 저도 그의 의견에 찬성입니다.     **단어** 意見 의견    賛成 찬성

  ✎ _____

④ 규정을 따릅니다.　　　　　　　　　　　단어　規定 규정　　従う 따르다

✎ _____

⑤ 저는 서울에서 살고 있습니다.

✎ _____

---

## まとめ 정리하기

### 読んでみよう 읽어봅시다 ────────────────────○

**단어**

■ 神社(じんじゃ) 신사　　　　　　■ お守り(おまもり) 부적

■ 散歩(さんぽ) 산책　　　　　　　■ 途中(とちゅう) 도중

■ 観光(かんこう)バス 관광 버스　　■ 景色(けしき) 경치

**문장**

　昨日(きのう)、京都(きょうと)へ旅行(りょこう)に行(い)きました。駅(えき)から神社(じんじゃ)までバスで行(い)って、お守(まも)りを買(か)いました。神社(じんじゃ)よりお寺(おてら)の方(ほう)が静(しず)かで、友達(ともだち)とゆっくり散歩(さんぽ)を楽(たの)しみました。途中(とちゅう)で観光(かんこう)バスに乗(の)って、景色(けしき)を楽(たの)しみました。

**한국어 번역**

　어제 교토로 여행을 갔습니다. 역에서 신사까지 버스로 가서 오마모리를 샀습니다. 신사보다 절이 조용해서 친구와 함께 천천히 산책을 즐겼습니다. 가는 길에 관광버스를 타고 경치를 즐겼습니다.

〈위치〉

※ 다음 한자의 よみがな(읽는 법)을 적어 보세요.

1. 上(うえ・じょう)

(    )      (    )         (    ) (    )

## 上 に 置 く     上 手

정답 •上(うえ)に置(お)く: 위에 놓다 •上(じょう)手(ず): 잘함

2. 下(した・か)

(    )      (    )         (    ) (    )

## 下 に 置 く     下 手

정답 •下(した)に置(お)く: 밑에 놓다 •下(へ)手(た): 잘못함

3. 中(なか・ちゅう)

(    )      (    )         (    ) (    )

## 中 に 入 る     中 国

정답 •中(なか)に入(はい)る: 안에 들어가다 •中(ちゅう)国(ごく): 중국

4. 外(そと・がい)

(    )      (    )         (    ) (    )

## 外 に 出 る     外 国

정답 •外(そと)に出(で)る: 밖에 나가다 •外(がい)国(こく): 외국

5. 前(まえ・ぜん)

( )　　　( )　　　　　　( )( )

# 前 に 進 む　　午 前

**정답** • 前(まえ)に進(すす)む: 앞으로 나아가다　• 午(ご)前(ぜん): 오전

6. 後(あと・ご)

( )　　　( )　　　　　　( )( )

# 後 で 行 く　　午 後

**정답** • 後(あと)で行(い)く: 나중에 가다　• 午(ご)後(ご): 오후

## オノマトペ 의성어 의태어

• **どんどん** 착착, 척척, 자꾸자꾸, 자꾸, 계속, 부쩍, 척척

　どんどん食(た)べてください。

　더 (많이) 먹으세요.

• **だんだん** 점점, 차차

　だんだん寒(さむ)くなってきました。

　점점 추워졌습니다.

• **ぐちゃぐちゃ** 엉망진창, 지저분하고 정리가 안 된 모양

　部屋(へや)の中(なか)がぐちゃぐちゃでした。

　방안이 엉망진창이었습니다.

• **めちゃくちゃ** 정리되지 않고 혼란스러운 모양, 뒤죽박죽, 엉망(진창), 형편없음, 마구 하는 모양

　めちゃくちゃ書(か)いてあって理解(りかい)できなかった。

　뒤죽박죽 쓰여 있어서 이해할 수 없었다.

**다음 문장을 일본어로 써 보세요.**

언니(누나)는 엄마를 닮았다.

✎ _____

# 来年、卒業します。

らいねん　そつぎょう

내년에 졸업합니다.

## はじめに 시작하기

**학습 내용**

• 한국어와 다른 일본어 조사
• 주요 とりたて조사에 대해서 학습한다.
'とりたて조사'란 특정 단어나 문장을 부각하거나 강조하기 위해 사용되는 조사를 말한다.

　1. 추가
　　「も」~도, 역시,~(이)나

　2. 한정
　　1)「だけ」~만
　　2)「しか~ない」~밖에
　　3)「ばかり」~만

**학습 목표**

• 일본어 조사의 각 기능을 알아보고 한국어와 다른 점을 정리한다.

다음 문장을 일본어로 써 보세요.

1. 다나카 씨는 일만 하고 있습니다.

   ✍ _____

2. 오늘은 사무실에 6시까지 있습니다.

   ✍ _____

3. 최근 비가 자주 내립니다.

   ✍ _____

4. 작년에는 도쿄에 10번이나 갔습니다.　　　　단어 回 かい ~번

   ✍ _____

5. 어젯밤에 친구와 영화를 봤습니다.

   ✍ _____

## 단어

- クラス 클래스, 반
- 登山 とざん 등산
- 仕事 しごと 일
- 東京 とうきょう 도쿄
- 始まる はじ 〔동1〕시작되다
- 花火大会 はなびたいかい 불꽃놀이
- 提出する ていしゅつ 〔동3〕제출하다
- 準備 じゅんび 준비

- 班 はん 반
- 話し合う はな あ 〔동1〕서로 이야기하다, 이야기를 나누다
- 事務室 じむしつ 사무실
- 生まれる う 〔동2〕태어나다
- 運動 うんどう 운동
- パーティ 파티
- 終わらせる お 〔동2〕끝내다
- 福岡 ふくおか 후쿠오카

■ 露天風呂 노천탕

■ ロビー 로비

■ 成田空港 나리타 공항

■ 健康 건강

■ 川沿い 강가

■ 銀行前 은행 앞

■ 横断歩道 횡단보도

■ 渡る 〔동1〕건너다

■ 春 봄

■ 娘 딸

■ お子さん 자제분, 자녀분

■ 普段 평소

# 학습하기

**핵심문법 1** 한국어와 다른 조사 1

## ① 틀리기 쉬운 「で」

### 1) 한정을 나타내는 「で」

「で」는 어떤 행위가 완료되는 데 걸리는 시간을 나타낼 때 사용된다.
「に」는 이 경우 사용할 수 없으므로 주의해야 한다.

① 発表の準備を3日{○で/×に}終えました。 발표 준비를 3일 만에 끝냈습니다.

② この本は一日{○で/×に}読みました。 이 책은 하루 만에 읽었습니다.

③ 東京から大阪まで新幹線で3時間で行けます。

도쿄에서 오사카까지 신칸센으로 3시간 만에 갈 수 있습니다.

④ 新しいアプリを一日で開発しました。 새로운 앱을 하루 만에 개발했습니다.

### 2) 묶음을 나타내는 「で」

みんなで 다함께

クラスで 학급에서

班で 반에서

グループで 그룹에서

一人で 혼자서

二人で 둘이서

家族で 가족끼리


① みんなで話し合う。 다함께 이야기를 나누다.

② クラスで発表会を開いた。 학급에서 발표회를 열었다.

③ 班で協力して掃除をした。 반에서 협력해서 청소를 했다.

④ グループで意見を交換した。 그룹에서 의견을 교환했다.

⑤ 一人で旅行に行った。 혼자서 여행을 갔다.

⑥ 二人で映画を見た。 둘이서 영화를 봤다.

⑦ 家族で温泉に行った。 가족끼리 온천에 갔다. 가족끼리 여행을 가다.


## 2. 「를」과 「を」/「が」

다음 단어 앞에는 「を」가 아닌 「が」를 쓴다.

Nが好き N을 좋아하다

Nがきらい N을 싫어하다

Nがほしい N을 갖고 싶다

NがVたい　N을 ~하고 싶다

Nが分かる N을 알다

Nができる N을 할 수 있다


① 登山{×を/○が}好きです。 등산을 좋아합니다.

② マラソン{×を/○が}きらいです。 마라톤을 싫어합니다.

③ 新しい自転車{×を/○が}ほしいです。 새 자전거를 갖고 싶습니다.

④ 日本のドラマ{×を/○が}見たいです。 일본 드라마를 보고 싶습니다.

⑤ 中国語{×を/○が}分かります。 중국어를 압니다.

⑥ 中国語{×を/○が}できます。 중국어를 할 수 있습니다.

**문장연습 쓰기노트**

다음 문장을 일본어로 써 보세요.

① 오사카를 하루 만에 돌았습니다. **단어** 大阪 오사카    まわる 돌다

✎ _____

② 그룹으로 이야기를 나눕시다. **단어** グループ 그룹    話し合う 이야기를 나누다

✎ _____

③ 저는 일본 드라마를 좋아합니다.

✎ _____

④ 일본에서 초밥을 먹고 싶습니다. **단어** おすし 초밥

✎ _____

⑤ 남동생은 독일어를 할 수 있습니다. **단어** ドイツ語 독일어

✎ _____

## 1. 「(시간)に」와 「(시간)は」

'今日, 来週, 毎日'와 같은 시간명사에 「に」가 붙는 경우와 붙지 않는 경우를 구분하여 학습한다.

---

① 3時に会いましょう。3시에 만납시다.

② 来年、卒業します。내년에 졸업합니다.

---

### 1) 「に」가 붙는 경우

시각, 일자, 요일, 월, 년과 같이 객관적으로 특정 가능한 시간을 나타낼 때, 즉 <u>시계나 달력에서 정확히 지정 가능한 시간</u>을 가리킬 때 「に」를 붙인다.

정확히 특정할 수 있는 것:

2025年 2025년, 1月 1월, 8日 8일, 12時 12시, 江戸時代 에도시대 등.

① 2024年に入学しました。2024년에 입학했습니다.

② 2005年3月に生まれました。 2005년3월에 태어났습니다.

③ 毎週土曜日の2時に授業が始まります。매주 토요일 2시에 수업이 시작됩니다.

### 2) 「に」가 붙지 않은 경우

날짜나 시각처럼 정확히 특정할 수 있는 시간이 아닌, '지금'을 기준으로 <u>상대적으로 나타내는 시간</u>을 표현할 때는 「に」를 붙이지 않는다.

상대적인 시간을 나타내는 것:

明日 내일, あさって 모레, 昨日 어제, おととい 그저께, 来年 내년, 今 지금, 今朝 오늘아침, 今晩 오늘밤, 昨晩 어젯밤, 最近 최근, このごろ 요즘, さっき 방금, 長い時間 긴 시간 등.

① あさって友達と会います。모레 친구와 만납니다.

   (×あさってに)

② 最近、運動を始めました。최근 운동을 시작했습니다.

   (×最近に)

③ 昨晩、花火大会がありました。어젯밤에 불꽃놀이가 있었습니다.

   (×昨晩に)

**作文してみよう！** ─────────────────────○

다음을 이용하여 작문해 보세요.

| 보기 | 明日 내일、あさって 모레、昨日 어제、おととい 그저께、来年 내년、今 지금、 |
| --- | --- |
| | 今朝 오늘아침、今晩 오늘밤、昨晩 어젯밤、最近 최근、このごろ 요즘、さっき 방금 |

✐ _____

_____


②. 「まで」와 「までに」


**1) 「まで」**

"언제까지 계속된다"를 표현할 때 사용.


① ○学校に1時までいます。학교에 1시까지 있습니다.

   ×学校に1時までにいます。


② ○明日の朝は9時まで寝ます。내일 아침은 9시까지 잡니다.

   ×明日の朝は9時までに寝ます。

③ ○ 仕事は火曜日まで休みます。 일은 화요일까지 쉽니다.

　　× 仕事は火曜日までに休みます。

④ ○ パーティは何時まで続くのかな。 파티는 몇 시까지 이어질까?

　　× パーティは何時までに続くのかな。

## 2) 「までに」

"언제까지 행동을 완료해야 한다"를 표현할 때 사용. 기한·마감을 제시한다.

① ○ レポートは、明日までに提出してください。 리포트는 내일까지 제출해주세요.

　　× レポートは、明日まで提出してください。

② ○ 明日までには終わらせます。 내일까지는 끝내겠습니다.

　　× 明日までは終わらせます。

③ ○ 1時までに食事を準備しておいてください。 1시까지 식사를 준비 해 두세요.

　　× 1時まで食事を準備しておいてください。

---

### 作文してみよう！ ─────────────────○

「まで / までに」를 이용하여 작문해 보세요.

✎ _____

_____

---

### 문장연습 쓰기노트 ─────────────────○

다음 문장을 일본어로 써 보세요.

① 아침에는 빵을 먹습니다.

　　✎ _____

② 후쿠오카에 저녁 4시에 도착했습니다. 밤에는 노천탕에 들어갔습니다.

✎ _____

③ 오늘 아침 메일을 보냈습니다.

✎ _____

④ 작년에 회화 수업을 들었습니다.

✎ _____

⑤ 로비에 11시까지 와 주세요.

✎ _____


**핵심문법 3** とりたて助詞

とりたて助詞는 특정 단어나 문장을 부각하거나 강조하기 위해 사용되는 조사를 말한다. 이는 문장에서 특정한 요소를 강조하거나 부각시키는 역할을 한다.

예) 私も行きます。저도 갑니다.

水だけ飲みました。(물만 마셨습니다.)


① **추가 「も」**

1) 「も」

· 추가를 나타냄.

· 의미: ~도, 역시

① 私も分かりません。 저도 모릅니다.

② お子さんも参加できます。 자녀분도 참가할 수 있습니다.

③ 英語もできます。 영어도 할 수 있습니다.

### 2) 수량명사(数量詞)＋も

· 수량명사와 함께 사용되어 많은 양을 강조함.

· 의미:~(이)나

① 集まりに30人も来た。 모임에 30명이나 왔다.

② まだ5個もあります。 아직 5개나 있습니다.

③ 昨夜は10時間も寝ました。 어젯밤에는 10시간이나 잤습니다.

**作文してみよう！** ─────────────────────────○

「も」을 이용하여 작문해 보세요.

✎ _____

_____

## ② 한정 「だけ」「しか」「ばかり」

### 1) 「だけ」

· 한정(限定)을 나타냄.

· 의미: ~만

① 集まりに田中さんだけ来ました。 모임에 다나카씨만 왔습니다.

② 飲み物だけでいいですか。 음료만으로 괜찮겠습니까?

③ 日本は東京だけ行ったことがあります。 일본은 도쿄만 가본 적이 있습니다.

## 2) 「しか~ない」

・「だけ」와 마찬가지로 한정을 나타내지만, 뒤에 반드시 <u>부정형이</u> 옴.
・의미: ~밖에

① 普段はシャワーしか浴びません。 보통은 샤워밖에 하지 않습니다.
② お酒はビールしか飲みません。 술은 맥주밖에 안 마십니다.
③ 集まりに田中さんしか<u>来ませんでした</u>。 모임에 다나카 씨밖에 오지 않았습니다.

## 3) 「ばかり」

・특정 행동이나 상태가 반복됨을 나타내며, 양이나 횟수가 많음을 강조함.
・의미: ~만
・특징: 습관을 나타내는 「ている」과 결합해 특정 행동만 계속하는 상태를 표현.
　　「ばかり~している」, 「~してばかりいる」(~만 하고 있다)

① 彼は仕事ばかりしています。 그는 일만 하고 있습니다.
　(=彼は仕事してばかりいます。)
② 朝からコーヒーばかり飲んでいる。 아침부터 커피만 마시고 있다.
　(=コーヒーを飲んでばかりいる。)
③ 子供がおかしばかり食べている。 아이가 과자만 먹고 있다.
　(=おかしを食べてばかりいる。)

**作文してみよう!**　─────────────────○

「だけ」, 「しか」, 「ばかり」을 이용하여 작문해 보세요.

✎ _____

_____

다음 문장을 일본어로 써 보세요.

① 다나카 씨와 스즈키 씨는 내일도 참가합니다.

    ✎ _____

② 오늘 아침 혼자서 사과를 3개나 먹었습니다.     단어   りんご 사과    個 ~개

    ✎ _____

③ 일본어는 히라가나만 읽을 수 있습니다.

    ✎ _____

④ 내일 밖에 시간이 없어요.

    ✎ _____

⑤ 아이가 게임만 하고 있습니다.      단어   ゲーム 게임

    ✎ _____

---

## 핵심문법 4   병렬조사(並列助詞)와 종조사(終助詞)

### ① 병렬조사(並列助詞)

**1) 「と」 ~와**

해당하는 것 모두를 열거할 때 사용한다.

  ① 田中さんと鈴木さんとパクさんが来ます。 다나카씨와 스즈키씨와 박씨가 옵니다.

  ② 今朝はパンとコーヒーとヨーグルトを食べました。
     오늘 아침은 빵과 커피와 요구르트를 먹었습니다.

## 2) 「や」~(이)나

일부 예만 들 때 사용한다.

① 田中さんや鈴木さんが来ます。 다나카 씨나 스즈키 씨가 옵니다.

② 今朝はパンやヨーグルトを食べました。 오늘 아침에는 빵과 요거트를 먹었습니다.

## 3) 「か」~(이)나, ~아니면~

예로 든 것 중에서 하나를 선택할 때 사용합니다.

① 田中さんか鈴木さんが来ます。

다나카 씨나 스즈키 씨가 옵니다.(다나카 씨 아니면 스즈키 씨가 옵니다.)

② 明日かあさって伺います。

내일이나 모레 찾아뵙겠습니다.(내일 아니면 모레 찾아뵙겠습니다. )

### 作文してみよう！

「と」, 「や」, 「か」을 이용하여 작문해 보세요.

_____

_____


## 2. 종조사(終助詞)「ね」/「よね」/「よ」

문장 끝에 붙이는 종조사는 말하는 사람의 태도를 나타내는 조사로, 일본어에서는 의사소통에서 매우 중요한 역할을 한다. 이 중에서도 「ね」「よね」「よ」는 자주 사용되지만, 사용 상황에 제한이 있어 올바르게 사용하지 않으면 부자연스러워지거나 상대방에게 불쾌감을 줄 수 있다. 따라서 아래 내용을 참고하여 올바르게 사용하는 것이 중요하다.

### 1) 「ね」

「ね」는 상대방의 동의를 구하거나 확인할 때 사용한다. 상대방이 이미 알고 있거나, 말하

는 사람이 그것을 알고 있다고 판단한 내용에 대해서만 사용할 수 있다.

　이 조사는 상대방과의 친밀감을 나타낼 수 있지만, 경우에 따라서는 강요하는 느낌을 줄 수 있으므로 주의가 필요하다.

　* 동의를 구할 때의 「ね」
　말하는 내용이 서로 공유된 정보일 때 사용한다.

　　　① 今日は本当に暑いね。 오늘 날씨가 정말 덥네요.

　　　② このケーキ、とてもおいしいね。 이 케이크, 정말 맛있네요.

　　　③ あの映画、おもしろかったね。 그 영화 재미있었죠.

　　　④ 昨日はつかれましたね。 어제는 피곤했었지요.

　* 확인을 구할 때의 「ね」
　상대방이 알고 있다고 생각되는 정보를 확인할 때 사용한다.

　　　A: ご予約の木村様ですね。 예약하신 木村님 맞으시죠?

　　　B: はい、木村です。 네, 木村입니다.

　주의: 응답하는 사람(B)은 「ね」를 사용하지 않는다.

## 2)「よね」

　「よね」는 동의나 확인을 구할 때 사용하며, 특히 상대방이 자신보다 더 잘 알고 있을 것이라고 생각되는 정보를 확인할 때 사용한다.
　잘못 사용하면 상대방에게 강요하는 인상을 줄 수 있으므로 주의해야 한다.

　　　① 送別会は金曜日ですよね。 송별회는 금요일이지요?

　　　② デパートは7時までですよね。 백화점은 7시까지 하지요?

　　　③ 明日の集まり、来るよね。 내일 모임에 올 거지요?.

## 3)「よ」

　「よ」는 상대방이 모르는 정보나 알지 못했던 사실에 대해 알려줄 때 사용한다.

이 종조사는 상대방에게 정보를 제공한다는 뉘앙스를 가지며, 때로는 듣는 사람에게 강압적인 느낌을 줄 수 있으므로 주의해야 한다. 특히 윗사람에게는 사용하지 않는 것이 좋다.

① ここ、まちがっていますよ。여기 틀렸어요.

② あ、さいふが落ちましたよ。어, 지갑 떨어졌어요!

③ 今、セール中ですよ！지금 할인 중이에요!

[사용 시 주의할 점]

종조사를 잘못 사용하면 어색하거나 과격한 인상을 줄 수 있으므로 상황에 맞게 사용하는 것이 중요하다.

### 1. 자기소개를 할 때

(잘못된 표현) 私はキムですよ。저는 김이에요.

(올바른 표현) 私はキムです。저는 김입니다.

### 2. 질문에 부정적으로 대답할 때

A : 明日学校に行きますか。내일 학교에 갑니까?

B : (잘못된 표현) 行きませんよ。가지 않아요.

(올바른 표현) 行けないと思います。못 갈 것 같아요.

### 3. 특정 정보에 대해 대답할 때

A : 夏休みはどこかに行きますか。여름 방학에 어디 가나요?

B : (잘못된 표현) ハワイに行きますよ。하와이에 갑니다.

(올바른 표현) ハワイに行きます。하와이에 갑니다.

作文してみよう！ ──────────────────────────○

「ね」, 「よね」, 「よ」을 이용하여 작문해 보세요.

✎ _____

_____

## 読んでみよう 읽어봅시다

### 단어

- 先週(せんしゅう) 지난주
- 学校(がっこう) 학교
- 友達(ともだち) 친구
- 甘い(あまい) 달다
- 歌手(かしゅ) 가수
- ドーナッツ 도넛
- 円(えん) 엔(일본 화폐 단위)

- 風邪(かぜ) 감기
- 治る(なおる) 낫다, 치유되다
- 電車(でんしゃ) 전철
- 辛い(からい) 맵다
- 似ている(にている) 닮다
- 個(こ) 개(물건을 세는 단위)

### 문장

*괄호 안에 조사(助詞)를 넣어 보세요.

先週、風邪(　　　)学校を休みましたが、一週間(　　　)治りました。今日は日本人の友達(　　　)会うために電車(　　)乗ります。友達の家まで電車(　　)行きます。友達は韓国語(　　　)少しできます。友達は私の好きな歌手(　　　)少し似ています。友達は甘いもの(　　)好きで、辛いもの(　　　)きらいです。それでプレゼント(　　　)ドーナッツを買います。ドーナッツは4個(　　　)1000円です。

### 한국어 번역

지난 주, 감기 **때문에** 학교를 쉬었지만, 1주일만에 나아졌습니다. 오늘은 일본인 친구를 만나기 위해 전차를 탑니다. 친구 집까지 전차**로** 갑니다. 친구는 한국어를 조금 할 수 있습니다. 친구는 제가 좋아하는 가수를 조금 닮았습니다. 친구는 단 것을 좋아하고, 매운 것을 싫어합니다. 그래서 선물**로** 도너츠를 삽니다. 도너츠는 4개**에** 1000엔입니다.

〈방향〉

※ 다음 한자의 よみがな(읽는 법)을 적어 보세요.

1. 東(ひがし・とう)

( )　　　( )( )

# 東　　東 京

정답　●東(ひがし): 동쪽　●東(とう)京(きょう): 도쿄

2. 西(にし・せい)

( )　　　( )( )

# 西　　西 洋

정답　●西(にし): 서쪽　●西(せい)洋(よう): 서양

3. 南(みなみ・なん)

( )　　　( )( )

# 南　　南 国

정답　●南(みなみ): 남쪽　●南(なん)国(ごく): 남국

4. 北(きた・ほく)

( )　　　( )( )( )

# 北　　北 海 道

정답　●北(きた): 북쪽　●北(ほっ)海(かい)道(どう): 북해도

## オノマトペ 의성어 의태어

- **ぎりぎり** 아슬아슬, 빠듯함

  開始時間(かいしじかん)に**ぎりぎり**間に合った。

  시작시간에 아슬아슬하게 맞췄다.

- **ぴったり** 딱(맞음)

  会社に9時**ぴったり**に着いた。

  회사에 9시 딱 맞게 도착했다.

  このくつは私に**ぴったり**のサイズです。

  이 구두는 나에게 딱 맞는 크기입니다.

- **ばらばら** 뿔뿔이, 제각각

  みんな**ばらばら**に来ます。

  모두 제각각 옵니다.

- **こっそり** 살짝

  公演が長引(ながび)くので、**こっそり**抜(ぬ)けてきた。

  공연이 길어져서 살짝 빠져 나왔다.

## 학습정리문제

**다음 문장을 일본어로 써 보세요.**

발표 준비를 3일 만에 끝냈습니다.

✎ _____

やってみよう1

I. 다음 문장에서 적절한 격조사 「に」가 들어갈 곳에 표시하세요.

1. 2025年( )卒業します。

2. 毎日( )7時に起きます。

3. 来週( )友達と会います。

4. 昨日( )手紙を書きました。

5. 10月10日( )試験があります。

II. 다음 문장에서 「に」 사용이 올바른지 확인하고, 올바르면 O, 틀리면 X로 표시하세요.

1. 2000年に生まれました。

2. 最近に運動を始めました。

3. 今晩にパーティーがあります。

III. 다음 문장에서 적절한 시간명사를 골라 문장을 완성하세요.

1. _____に旅行に行きます。

　 a) 明日　　　　　　　　 b) 8月　　　　　　　　 c) 最近

2. _____に友達と会います。

　 a) 昨日　　　　　　　　 b) あさって　　　　　　 c) 12時

3. _____に授業が始まります。

　 a) 毎週月曜日の10時　　 b) さっき　　　　　　　 c) おととい

Ⅳ. 다음 ( ) 안에 적절한 말을 넣어 보세요!

1. (　　　　)新しい仕事を始めました。최근에 새로운 일을 시작했어요.

2. (　　　　)公園を散歩しました。오늘 아침에 공원을 산책했어요.

3. (　　　　)卒業します。내년에 졸업합니다.

4. 最後の(　　　　)は、遅くまで友達と話しました。마지막 밤에는 늦게까지 친구랑 이야기했어요.

5. (　　　　)少し太りました。요즘에 살 좀 쪘어요.

やってみよう2 ────────────────────────────○

＊(　　　)안에 **まで/までに** 를 넣어 보세요！

**단어**  末(まつ): 말, 끝　　遅くても(おそくても): 늦어도　　歳(さい): 세, 나이
　　　　就職先(しゅうしょくさき): 취직 자리, 직장　　決める(きめる): 정하다, 결정하다
　　　　練習(れんしゅう): 연습　　続ける(つづける): 계속하다　　最近(さいきん): 최근, 요즘
　　　　夜中(よなか): 한밤중　　普通(ふつう): 보통, 일반적　　祖母(そぼ): 할머니
　　　　百歳(ひゃくさい): 백세　　生きる(いきる): 살다

**문제**

(1) 1時(　　　　)待ちました。1시까지 기다렸어요

(2) 来年の4月末(　　　　)今の家にいて、5月に新しい家に移ります。

　　내년 4월말까지 지금의 집에 있고, 5월에 새집으로 옮깁니다.

(3) 会議は遅くても4時(　　　　)終わるだろう。회의는 늦어도 4시까지 끝나겠지.

(4) 30歳(　　　　)結婚したい。30살까지 결혼하고 싶다.

(5) 大学を卒業する(　　　　)、就職先を決めたい。

　　대학교를 졸업할 때까지 취직자리를 정하고 싶다.

(6) 来年の大会(　　　　)テニスの練習を続けるつもりだ。

　　내년 대회까지 테니스 연습을 계속할 예정이다.

(7) 最近は夜中(　　　　)働くのが普通だ。요즘에는 한밤 중까지 일하는 것이 보통이다.

(8) うちの祖母は百歳(　　　　)生きた。우리 할머니는 100세까지 사셨다.

\*(  )안에 **よ/ね** 를 넣어 보자!

(1) 학생이 일본어 문법을 공부하고 있습니다. 선생님이 설명을 해줍니다.

先生：この文法はこう使うんです(　　)。선생님: 이 문법은 이렇게 쓰는 거예요.

学生：わかりました！ありがとうございます。학생: 알겠습니다! 감사합니다.

(2) 친구가 몸 상태가 나쁘다고 말합니다.

私：今日は休んで、病院に行ったほうがいい(　　)。나: 오늘은 쉬고 병원에 가는 게 좋겠어.

友達：そうだ(　　)。ありがとう。친구: 맞아. 고마워.

(3) 친구가 시부야에 놀러 가는데 추천할 만한 카페를 물어봅니다.

私：渋谷なら、XYZカフェがおいしい(　　)。나: 시부야라면, XYZ 카페가 맛있어.

友達：へえ、行ってみる(　　)。ありがとう。친구: 그래, 가볼게. 고마워.

(4) 어제 친구와 함께 영화를 보았습니다.

A：昨日の映画は感動的でした(　　)。A: 어제 영화는 감동적이었어.

B：うん、また観たい(　　)！B: 응, 또 보고 싶어!

(5) 가족이 함께 카레를 먹고 있습니다.

お母さん：このカレーはスパイシーでおいしい(　　)。어머니: 이 카레는 매콤하고 맛있어.

子ども：そうだ(　　)。아이: 맞아.

(6) 병원에서 의사와 대화 중입니다.

医者：この薬を一日2回飲んでください。食事の後に飲んでください。

의사: 이 약을 하루 두 번 드세요. 식사 후에 드세요.

私：一日2回です(　　)。わかりました。나: 하루 두 번이죠. 알겠습니다.

(7) 전기 제품 판매점에서 점원과 대화 중입니다.

私：パソコンを買いたいんですが。나: 노트북을 사고 싶은데요.

店員：ノートパソコンです(　　)。점원: 노트북이죠?

私：はい。나: 네.


(8) 친구가 시험 날짜를 확인하고 싶어 합니다.

A：次の試験って月曜日だった(　　)? A: 다음 시험은 월요일이었지?

B：そうそう、朝9時からだよね。B: 맞아, 아침 9시부터야.


## 부록 2　もう一歩


### Ⅰ.「は」와「が」

「は」와「が」는 둘 다 문장의 주어를 나타낼 수 있지만, 초점과 뉘앙스에 차이가 있다.


**1.「は」(주제조사)**

「は」는 문장의 주제를 나타냅니다.

말하는 사람이 강조하고 싶은 대상이나 화제(Topic)를 드러내며, 문맥 전체에서 "이야기의 중심" 역할을 합니다.


특징:

1) 주제를 설정: 문장에서 이미 알려진 정보나 화제를 도입함.

예) 私は学生です。저는 학생입니다. → "저"라는 주제가 강조됨.


2) 대비를 나타냄: 두 대상을 비교하거나 대조할 때 사용됨.

예) 私は行きますが、彼は行きません。저는 갑니다만, 그는 가지 않습니다.

3) 일반적인 진술: 어떤 사실을 설명하거나 보편적 진실을 말할 때 사용됨.

예) 太陽は東から昇ります。 태양은 동쪽에서 뜹니다.

## 2. 「が」 (주격조사)

「が」는 문장의 주어를 나타내며, 새로운 정보나 중요한 부분에 초점을 맞춤.
문장에서 "누가?", "무엇이?"에 해당하는 부분을 명확히 함.

특징:

1) 새로운 정보: 아직 알려지지 않은 주체를 도입함.

예) 猫がいます。 고양이가 있습니다. → 고양이의 존재를 새롭게 알림.

2) 강조: 특정 대상에 초점을 맞추어 그 존재나 상태를 강조함.

예) 私が行きます。 내가 갑니다. → "나"라는 주체를 강조.

3) 의문문에 사용: 의문문에서 주어를 나타낼 때 주로 사용됨.

예) 誰が来ましたか? 누가 왔습니까?

4) 감각이나 상태를 표현: 감각, 능력, 상태를 표현할 때 자주 사용됨.

예) この花がきれいです。 이 꽃이 예쁩니다.

## 3. 「は」와 「が」 비교

「は」는 화제를 나타내고, 「は」의 뒤에 그 화제에 대한 정보를 제시한다.
「が」는 「が」앞에 전하고자 하는 정보가 있다.

예) 私は学生です。 저는 학생입니다.
　　→ "나"라는 주제에 대해 말하는 경우.

私が学生です。 내가 학생입니다.
　　→ 다른 사람과 대비하여 "내가" 학생임을 강조.

① 代表はパクさんです。 대표는 박씨입니다.

② パクさんが代表です。 박씨가 대표입니다.

③ 講演会は1時から始まります。 場所は学生会館です。 予約が必要です。

강연회는 1시부터 시작됩니다. 장소는 학생회관입니다. 예약이 필요합니다.

## (4) ～は～が～  ～는 ～가/이～

● A(화제) は B(주어) が ～

① この授業は課題が多いです。이 수업은 과제가 많습니다.

② イさんは日本語が上手です。이 씨는 일본어를 잘합니다.

③ 関西地方は夏がとても暑いです。간사이 지방은 여름이 굉장히 덥습니다.

④ 九州は温泉施設が多いです。규슈는 온천시설이 많습니다.

### 作文してみよう！ ───────────────────○

「A(화제)는B(주어)가～」을 이용하여 작문해 보세요.

✎ _____

_____

## II. とりたて助詞

### 1. 극한/강조 「さえ」「すら」「こそ」

1) さえ~만

극한적인 조건을 들어 강조함.

의미:~만

① 説明さえ聞けば、すぐにわかるよ。설명만 들으면 금방 이해할 거야.

② これさえできれば完成です。이것만 할 수 있으면 완성입니다.

③ お金さえあれば幸せになれると思いますか? 돈만 있으면 행복해질 수 있다고 생각하나요?

2) すら~조차

극한적인 조건을 들어 강조함.

의미: ~조차

① 名前**すら**知らない。이름조차 모른다.

② 彼は食べる時間**すら**惜しんで働いている。그는 식사 시간조차 아껴가며 일하고 있다.

③ この話は専門家**すら**驚いた。이 이야기는 전문가조차 놀랐다.


3) こそ~야말로

특정 요소를 강조함. 긍정적인 의미에서 사용됨.

의미: ~야말로

① 今**こそ**チャンスです。지금이야말로 기회입니다.

② 努力**こそ**成功の鍵だ。노력이야말로 성공의 열쇠다.

③ 来年の夏**こそ**日本に行きたい。내년 여름이야말로 일본에 가고 싶다.


**作文してみよう！** ──────────────────────────────○

「さえ」,「すら」,「こそ」을 이용하여 작문해 보세요.

✎ _____

_____


**2. 대략/완곡「くらい」「でも」**

1) くらい~정도

정도나 범위를 나타냄.

의미: ~정도

① 一日**くらい**休みたい。하루 정도 쉬고 싶다.

② 車で2時間**くらい**かかります。농담 정도는 해도 괜찮겠죠?

③ これ**くらい**の荷物なら持てます。이 정도의 짐이라면 들 수 있습니다.

2) でも~라도

완곡한 제안을 나타냄.

의미: ~라도 (완곡한 제안)

① お茶でもいかがですか？ 차라도 어떠세요?

② コーヒーでも飲みますか？ 커피라도 마실까요?

③ この問題は小学生でも解けます。 이 문제는 초등학생이라도 풀 수 있습니다.

### 作文してみよう！ ────────────────────○

「くらい」, 「でも」을 이용하여 작문해 보세요.

✎ _____

_____


**3. 남녀차가 있는 종조사(終助詞)**

일본어에서는 종조사(終助詞)가 성별에 따라 다르게 사용되며, 특히 친밀감이나 감정 표현에서 차이가 나타난다. 잘못 사용하면 어색하거나 부자연스러운 인상을 줄 수 있으므로 올바른 사용법을 익히는 것이 중요하다.

1) 「わ」

「わ」는 여자가 사용하는 종조사로, 주로 친한 사람 사이에서 사용한다.

＊동의를 구할 때

'춥네요.'

(남녀)  寒いね。

(여)  寒いわね。

＊이목을 끌 때

'가요.'

(남녀) 行くよ。

(여)  行くわよ。

＊감정 표현

'기쁘네요.'

(남녀) うれしいな。

(여) うれしい**わ**。

Tip 여자들이 의문을 표현할 때는 「かしら」를 사용하기도 한다.

'비 내릴까?'

(남녀) 雨、ふるかな。

(여) 雨、ふる**かしら**。

2) 「ぜ」

「ぜ」는 친한 남자들 사이에서 사용하는 종조사로, 강한 의지나 결의를 나타낼 때 사용한다.

① 行く**ぜ**。(行こう。) 가자.
② やる**ぜ**。(やろう。) 하자.

3) 「さ」

「さ」는 남자가 사용하는 종조사로, 가벼운 주장이나 무관심을 나타낼 때 사용한다. 경우에 따라 냉담한 인상을 줄 수 있다.

① まあ、いい**さ**。 뭐, 좋아.
② やってもむだ**さ**。 해봤자 소용없어.
③ 勝つに決まっている**さ**。 당연히 이길 거야.
④ これ、何のつもり**さ**。 이거 무슨 속셈이지?

Tip 일부 관동 지방에서는 방언으로 친한 사이에서도 사용되며, 문장 안에서 「さー」라고 길게 발음하는 경우가 많다.

A: あの映画、観た？ 그 영화 봤어?
B: 昨日、観たけど**さー**、あまり良くなかった。 어제 봤는데 말이야, 별로 안 좋았어.

## 부록3 ひと言

「に」가 붙어도 되고 생략해도 되는 경우

● '지금'이 아닌 특정 시간과의 상대적 관계로 정해지는 경우 :

翌日 다음날, 前日 전날, 次の朝 다음날 아침, その日の朝 그 날 아침 등

① 商品は{翌日に / 翌日}お届けします。 상품은 다음날 보내드리겠습니다.
② {週末の夜に / 週末の夜、会いましょう。 주말 밤에 만납시다.

● 일정한 기간(폭)을 나타내는 경우 :

春 봄, 夏 여름, 秋 가을, 冬 겨울, 夏休み 여름방학, 冬休み 겨울방학 등

① {夏休みに / 夏休み、}日本へ行く予定です。 여름방학에 일본에 갈 예정입니다.
② 今年の{春に / 春、}入社しました。 올해 봄에 입사했습니다.

# あま
# 甘くておいしいです。
달고 맛있습니다.

## はじめに 시작하기

### 학습 내용 ────────────────────────○

• 'て형'의 개념과 활용에 대해 학습한다.
• 실제 일본어 문장 속에서 'て형'이 어떻게 사용되고 있는지, 의미 별로 예문을 보면서 학습한다.
• 「~なくて」와 「~ないで」의 차이에 대해 학습한다.

### 학습 목표 ────────────────────────○

• 명사, 형용사, 동사를 'て형'으로 만드는 방법을 익히고, 이를 활용해 문장을 자연스럽게 연결할 수 있다.
• 「て」가 단순히 문장 간의 연결을 넘어 문맥에 따라 다양한 역할을 수행한다는 점을 이해한다.

### 퀴즈 ────────────────────────○

다음 문장을 일본어로 써 보세요.

1. 역 앞의 라면 가게는 싸고 맛있습니다.

✎ _____

2. 조용하고 깨끗한 가게입니다.

✎ _____

3. 오늘은 쉬는 날이라서 집에 있습니다.

✎ _____

4. 오늘 아침 6시에 일어나서 공부했습니다.

✎ _____

5. 비가 오지 않아서 다행입니다.

✎ _____

단어

■ 買える〔동2〕살 수 있다

■ 風邪をひく 감기에 걸리다

■ すいか 수박

■ 連休 연휴

■ 思い出す〔동1〕생각해 내다

■ 日本語ができる 일본어를 할 수 있다

■ 健康診断 건강진단

■ 安心 안심

■ 値段 가격

■ 苦労する〔동3〕고생하다

■ 電気がつく 불이 들어오다

■ 炭水化物 탄수화물

■ 作成する〔동3〕작성하다

■ 答え 대답, 답

■ 参加できる 참가할 수 있다

■ 八百屋 채소 가게

■ 職員 직원

■ 紹介 소개

■ 遅れる〔동2〕늦다

■ 新鮮〔な형〕신선하다

■ 結果 결과

■ 説明 설명

■ 暗記 암기

■ 担当 담당

■ 電気を消す 불을 끄다

■ たんぱく質 단백질

■ 困る〔동1〕곤란하다

■ 解く〔동1〕풀다

# 학습하기

## 핵심문법 1 て형 만드는 법

### 1. て의 의미와 기능

#### 1) 'て형'이란

\* 명사, 형용사, 동사에 'て' 형태가 결합된 형태를 말한다.

'~하고, ~해서'와 같은 의미로 문장을 연결할 때 사용되며, 동작이나 상태를 자연스럽게 이어주는 역할을 한다.

| | | |
|---|---|---|
| 동사 | 朝起きて、歯をみがきます。 | 아침에 일어나서 이를 닦습니다. |
| い형용사 | 小さくて、かわいいです。 | 작고, 귀엽습니다. |
| な형용사 | 簡単で、便利です。 | 간단하고, 편리합니다. |
| 명사 | 白い建物で、15階建てです。 | 하얀 건물로 15층짜리입니다. |

\* 「て형」을 활용하여 다양한 표현을 만들 수 있다.

'て형'을 적절히 사용하면 일본어 표현이 더욱 풍부해지며, 감정이나 뉘앙스를 전달하는 데 큰 도움이 된다.

예를 들어, て형을 이용한 문형에 **てしまう**가 있다.

빌린 책을 잃어버렸을 때,

借りた本をなくしました。 빌렸던 책을 잃어버렸습니다.

라고 하면, 단순히 책을 잃어버렸다는 사실만이 전달된다.

하지만,

借りた本をなくし**てしまいました**。 빌렸던 책을 잃어버리고 말았습니다.

라는 て형을 이용한 문형 **てしまう**를 이용하면, 단순한 사실 전달을 넘어 잃어버린 것에 대해 <u>미안하게 생각하는</u> 감정이 상대방에게 전해진다.

이처럼 て형을 이용한 문형은 감정과 뉘앙스를 담아 <u>보다 풍부한 표현</u>을 가능하게 한다. 따라서 「て형」 활용 능력은 초급에서 중급으로 올라가기 위한 중요한 키포인트가 된다.

### 2) て의 의미와 기능

* 「て」는 글과 글을 연결할 수 있는 가장 쉬운 형태라고 할 수 있다. 한국어의 '~하고'에 해당하는 표현으로 동작을 열거하거나 나열할 수 있다.

コンビニに行く ＋ プリンを買う ＋ 食べる
편의점에 가다　＋　푸딩을 사다　＋　먹다
　　　　　　↓　　　　　　　　　↓
コンビニに行って、プリンを買って、食べました。

편의점에 가서 푸딩을 사서 먹었습니다.


* 「て」자체는 고유한 의미를 가지지 않는다.

그러나 앞뒤 문장의 문맥에 따라 계기, 원인과 이유, 부대상황 등의 다양한 기능을 가진다.

예) 歩く

① 駅まで**歩いて**電車に乗りました。

　**【계기】** 역까지 걸어서(걷고 나서) 전차를 탔습니다.

② 駅まで**歩いて**足が痛くなりました。

　**【원인, 이유】** 역까지 걸어서(걸었기 때문에) 다리가 아파졌습니다.

예) はめる

① 母はゴム手袋を**はめて**食器を洗い始めました。

　**【계기】** 어머니는 고무장갑을 끼고(끼고 나서) 식기를 씻기 시작했습니다.

② 母はゴム手袋を**はめて**食器を洗っています。

　**【부대상황】** 어머니는 고무장갑을 끼고(낀 상태로) 식기를 씻고 있습니다.

## ② 형용사 て형 만드는 법

### ⑷ い형용사 い+くて

● い형용사 ~い+くて

| | | | |
|---|---|---|---|
| 暑い | → | 暑 くて | 더워서, 덥고 |
| 寒い | → | 寒 くて | 추워서, 춥고 |
| 忙しい | → | 忙し くて | 바빠서, 바쁘고 |
| いい(良い) | → | 良 くて | 좋아서, 좋고 |

① 八百屋のすいかは甘くておいしいです。 채소가게의 수박은 달고 맛있습니다.
② 今日は体調が悪くて早く帰りました。 오늘은 몸 상태가 나빠서 빨리 돌아왔습니다.
③ 田中さんは頭が良くてしっかり者です。 다나카 씨는 머리가 좋고 야무진 사람입니다.

### ⑷ な형용사+で

● な형용사+で

| | | | |
|---|---|---|---|
| 静か | → | 静か で | 조용해서, 조용하고 |
| きれい | → | きれい で | 깨끗해서, 깨끗하고 |
| ひま | → | ひま で | 한가해서, 한가하고 |
| 好き | → | 好き で | 좋아해서, 좋아하고 |

① キムさんは日本語が上手でうらやましいです。 김 씨는 일본어를 잘해서 부럽습니다.
② 日本料理は娘が好きでよく食べに行きます。

　　일본요리는 딸아이가 좋아해서 자주 먹으러 갑니다.
③ 職員みんな仕事がていねいで親切です。 직원 모두 일을 꼼꼼하게 하고 친절합니다.

## ③. 명사 て형 만드는 법

### ⑷ 명사+で

● 명사+で

① 今週は連休でひまです。 이번 주는 연휴라서 한가합니다.

② 日本人で女性の方を紹介してください。 일본인인 여성분을 소개시켜 주십시오.

③ 父が病気で今とても忙しいです。 아버지가 아프셔서, 지금 매우 바쁘십니다.


## ④. 동사 て형 만드는 법

● ⑷ 동사 て형+て

**1) 1그룹 동사**

① 어미가 「く」인 동사

• 「く」를 「い」로 바꾸고 「て」를 붙인다.

書く → 書い+て → 書いて

• 「ぐ」는 「い」로 바꾸고 「で」를 붙인다.

急ぐ → 急い+で → 急いで

• 〈예외〉 行く 가다 → 行って

② 어미가 「む」「ぶ」「ぬ」인 동사

• 어미 「む」「ぶ」「ぬ」를 「ん」으로 바꾸고 「で」를 붙인다.

休む → 休ん+で → 休んで

③ 어미가 「う」「つ」「る」인 동사

· 어미 「う」「つ」「る」를 「っ」으로 바꾸고 「て」를 붙인다.

帰<ruby>る<rt>かえ</rt></ruby> → 帰<ruby>っ<rt>かえ</rt></ruby>+て → 帰<ruby>って<rt>かえ</rt></ruby>

④ 어미가 「す」인 동사

· 어미 「す」를 「し」로 바꾸고 「て」를 붙인다.

話<ruby>す<rt>はな</rt></ruby> → 話<ruby>し<rt>はな</rt></ruby>+て → 話<ruby>して<rt>はな</rt></ruby>


## 2) 2그룹 동사

어미의 「る」를 떼고 「て」를 붙인다.

食<ruby>べる<rt>た</rt></ruby> → 食<ruby>べる<rt>た</rt></ruby> +て → 食<ruby>べて<rt>た</rt></ruby>

## 3) 3그룹 동사

① する → して

<ruby>勉強<rt>べんきょう</rt></ruby>する → <ruby>勉強<rt>べんきょう</rt></ruby>して
そうじする→そうじして

② 来(く)る → 来(き)て

| | | | | | | | |
|---|---|---|---|---|---|---|---|
| 1그룹동사 | 書<ruby><rt>か</rt></ruby>く | 쓰다 | → | 書<ruby><rt>か</rt></ruby>く | い | て | 書<ruby><rt>か</rt></ruby>いて |
| | 急<ruby><rt>いそ</rt></ruby>ぐ | 서두르다 | → | 急<ruby><rt>いそ</rt></ruby>ぐ | | で | 急<ruby><rt>いそ</rt></ruby>いで |
| | 休<ruby><rt>やす</rt></ruby>む | 쉬다 | → | 休<ruby><rt>やす</rt></ruby>む | ん | で | 休<ruby><rt>やす</rt></ruby>んで |
| | 遊<ruby><rt>あそ</rt></ruby>ぶ | 놀다 | → | 遊<ruby><rt>あそ</rt></ruby>ぶ | | | 遊<ruby><rt>あそ</rt></ruby>んで |
| | 死<ruby><rt>し</rt></ruby>ぬ | 죽다 | → | 死<ruby><rt>し</rt></ruby>ぬ | | | 死<ruby><rt>し</rt></ruby>んで |
| | 買<ruby><rt>か</rt></ruby>う | 사다 | → | 買<ruby><rt>か</rt></ruby>う | っ | て | 買<ruby><rt>か</rt></ruby>って |
| | 待<ruby><rt>ま</rt></ruby>つ | 기다리다 | → | 待<ruby><rt>ま</rt></ruby>つ | | | 待<ruby><rt>ま</rt></ruby>って |
| | 帰<ruby><rt>かえ</rt></ruby>る | 돌아가다 | → | 帰<ruby><rt>かえ</rt></ruby>る | | | 帰<ruby><rt>かえ</rt></ruby>って |
| | 話<ruby><rt>はな</rt></ruby>す | 이야기하다 | → | 話<ruby><rt>はな</rt></ruby>す | し | て | 話<ruby><rt>はな</rt></ruby>して |

| | | | | | | | |
|---|---|---|---|---|---|---|---|
| 2그룹동사 | 食べる | 먹다 | → | 食べる | て | 食べて |
| | 見る | 보다 | → | 見る | | 見て |
| | 教える | 가르치다 | → | 教える | | 教えて |
| 3그룹동사 | する | 하다 | → | | | して |
| | 来る | 오다 | → | | | 来て |

① ニュースを聞いてびっくりしました。뉴스를 듣고 깜짝 놀랐습니다.

② 写真を見て思い出しました。사진을 보고 생각났습니다.

③ 遅れてすみません。늦어서 죄송합니다.

### 作文してみよう！ ─────────────────────○

「て」을 이용하여 작문해 보세요.

✐ _____

_____

### 문장연습 쓰기노트 ─────────────────────○

다음 문장을 일본어로 써 보세요.

① 저렴하고, 맛있는 가게를 안내합니다.

✐ _____

② 공항버스가 편하고 편리합니다. 　　　　　　　단어 空港バス 공항버스

✐ _____

③ 초등학생이고(이면서), 일본어를 할 줄 아는 아이는 별로 없습니다.

✐ _____

④ 일본에 가서 쇼핑을 하고 싶습니다.

✐ _____

⑤ 오늘은 일찍 집에 가서 쉽니다.

✎ _____


**て의 기능**

① **계기**

하나의 행동이 끝난 후 다음 행동이 자연스럽게 이어질 때 사용된다.
한국어의 '~고'와 유사하며, 문맥에 따라 '~서'로 번역되기도 한다.

① 図書館に行って、本を借りて帰りました。

　　도서관에 가서 책을 빌려서(빌리고) 돌아왔습니다.

② 6時に起きて、顔を洗って、ご飯を食べて、7時に家を出ます。

　　6시에 일어나서 씻고 밥을 먹고 7시에 집을 나옵니다.

③ スーパーに行って、買い物をして、料理を作って、お風呂に入って、11時に寝ます。

　　슈퍼에 가서 쇼핑을 하고 요리를 만들고 목욕을 하고 11시에 잡니다.

**やってみよう!** ─────────────────────────────○

괄호 안에 있는 말을 **て形**으로 바꿔 보세요.

1. 家に( 帰る )ご飯を食べます。 집에 돌아가서 밥을 먹습니다.

✎ _____

2. 今朝、シャワーを( 浴びる )ご飯を( 食べる )学校に来ました。

오늘 아침, 샤워를 하고 밥을 먹고 학교에 왔습니다.

✎ _____

3. 来月は旅行に行きます。日本に( 行く )中国に( 行く )韓国に帰ってきます。

다음 달은 여행에 갑니다. 일본에 가고 중국에 가서 한국으로 돌아옵니다.

✎ _____

4. 日本に( 来る )たくさん友達ができました。 일본에 와서 많은 친구가 생겼습니다.

✎ _____

5. パスタを( ゆでる )ソースを( かける )食べましょう。

파스타를 삶고 소스를 뿌려서 먹읍시다.

✎ _____

6. 明日は、浅草に( 行く )友達に会います。 내일은 아사쿠사에 가서 친구를 만납니다.

✎ _____


## ② 원인, 이유

* 'て'는 원인이나 이유를 나타낼 때 사용된다.

한국어의 '~여서, ~아서'와 유사하며, 「から」나「ので」보다 원인과 이유의 관계가 약한 느낌을 준다.

* 앞 문장에서 발생한 일이 뒤 문장의 결과나 상태에 영향을 주는 경우에 사용된다.


雨が降っていて、 移動に時間がかかった。 비가 오고 있어서 이동하는데 시간이 걸렸다.

(雨が降っていた<u>ので</u>移動に時間がかかった。)


* 뒤 문장은 주로 감정, 상태, 결과를 표현한다.

### 감정 표현:

うれしい 기쁘다

困る 곤란하다

びっくりする / おどろく 놀라다

残念 아쉽다, 유감스럽다

幸せ 행복하다

大変 힘들다

はずかしい 창피하다

悲しい 슬프다


* 동사 て형

① 風邪をひいて参加できませんでした。 감기에 걸려서 참가할 수 없었습니다.

(風邪をひく 감기에 걸리다)

② 遅れてすみません。 늦어서 죄송합니다. (遅れる 늦다)

③ JLPTに合格してうれしいです。 JLPT에 합격해서 기쁩니다. (合格する 합격하다)

④ 今朝のニュースを見てびっくりしました。 오늘 아침 뉴스를 보고 놀랐습니다.

(見る 보다)

⑤ さいふを失くして困りました。 지갑을 잃어버려서 곤란했습니다.

(失くす 잃어버리다)


* 형용사 て형

① テストの問題が難しくて全然できませんでした。

시험 문제가 어려워서 전혀 풀지 못했습니다. (難しい 어렵다)

② 眠くて授業に集中できませんでした。 졸려서 수업에 집중할 수 없었습니다.

(眠い 졸리다)

③ これは高くて私には買えません。 이것은 비싸서 제가 살 수 없습니다. (高い 비싸다)

④ 明日の試験が心配で寝られません。 내일 시험이 걱정되어 잠을 잘 수 없습니다.

(心配 걱정)

⑤ キムさんの日本語が上手で驚きました。 김 씨의 일본어가 잘해서 놀랐습니다.

(上手 잘함)

다음 예문처럼 문장을 만들어 보세요.

예) 旅行の時、さいふを失くしました。 여행 중 지갑을 잃어버렸습니다.

→ (어떤 기분?) 困りました。곤란했습니다.

→ 旅行の時さいふを(失くして)、困りました。여행 중 지갑을 잃어버려 곤란했습니다.

예) 犬が死にました。강아지가 죽었습니다.

→ (어떤 기분?) 悲しいです。슬픕니다.

→ 犬が(死んで)、悲しいです。강아지가 죽어서 슬픕니다.

① 試験に＿＿＿＿＿＿＿＿＿＿、うれしかったです。기뻤습니다.

② 試験に＿＿＿＿＿＿＿＿＿＿、残念です。아쉽습니다.

③ みんなの前で転びました。모두 앞에서 넘어졌습니다.

→ みんなの前で＿＿＿＿＿＿＿＿＿＿、(　　　　　　　　　)

④ 戦争のニュースを聞きました。전쟁 뉴스를 들었습니다.

→ 戦争のニュースを＿＿＿＿＿＿＿＿＿＿、(　　　　　　　　　)

⑤ 昨日12時間も勉強しました。어제 12시간이나 공부했습니다.

→ 昨日12時間も＿＿＿＿＿＿＿＿＿＿、(　　　　　　　　　)

## 3. 부대상황

두 동작이 동시에 또는 연속적으로 발생하는 부대상황을 나타낼 때「て」를 사용할 수 있다. 한국어의「~한 상태로」에 해당되는 표현.

예) めがねをかけて本を読みます。

안경을 쓰고 책을 읽습니다.(안경을 쓴 상태로 책을 읽는다.)

かさを持って出かけます。 우산을 가지고 외출합니다.(우산을 소지한 상태로 외출한다)

괄호 안에 있는 말을 て形으로 바꿔 보세요.

① 窓を( 開ける )部屋をそうじします。 창문을 열고 방을 청소합니다.

✎ _____

② ぼうしを( かぶる )散歩します。 모자를 쓰고 산책합니다.

✎ _____

③ 地図を( 見る )道を探します。 지도를 보고 길을 찾습니다.

✎ _____

④ コートを( 着る )外に出ます。 코트를 입고 밖으로 나갑니다.

✎ _____

⑤ 手を( 挙げる )質問します。 손을 들고 질문합니다.

✎ _____

## ④. 병렬

접속조사 'て'를 사용하여 동작이나 상태를 병렬(並列)적으로 연결할 수 있다.

예) 今日は日曜日で、天気がいいです。 오늘은 일요일이고, 날씨가 좋습니다.

→ "今日"에 대한 두 가지 특징, 즉 "日曜日"이라는 사실과 "天気がいい"라는 상태를 나열하여 병렬적으로 설명하고 있다.

예) 彼女は日本人で、教師です。 그녀는 일본인이고, 교사이다.

→ "日本人"과 "教師"라는 두 가지 상태를 나열하여 그 사람의 신분을 설명하고 있다.

괄호 안에 있는 말을 て形으로 바꿔 보세요.

① 彼は歌を( 歌う ), 彼女はピアノを弾く。 그는 노래를 부르고, 그녀는 피아노를 친다.

   ✎ _____

② 雨が( 降る ), 風も強い。 비가 내리고, 바람도 강하다.

   ✎ _____

③ これは( 簡単 ), 便利です。 이것은 간단하고 편리합니다.

   ✎ _____

④ 彼は( 医者 ), 作家でもある。 그는 의사이며, 작가이기도 하다.

   ✎ _____

---

**핵심문법 3** 「(형용사, 명사)なくて」

형용사와 명사에 「なくて」를 붙이면, '~지 않아서(않고)', '~이/가 아니라서'와 같은 의미를 표현할 수 있다.

**(4) い형용사い＋なくて**

● い형용사い＋く＋なくて

    暑い       →     暑    く なくて    덥지 않아서

    寒い       →     寒    く なくて    춥지 않아서

忙しい       →     忙し    く   なくて    바쁘지 않아서

いい(良い)     →     良     く   なくて    좋지 않아서

① 東京はそれほど寒くなくて良かったです。도쿄는 그다지 춥지 않아서 좋았습니다.

② 健康診断の結果が悪くなくて安心した。건강진단 결과가 나쁘지 않아 안심했다.

③ あまり辛くなくて新鮮な韓国料理が人気です。

    그다지 맵지 않고 신선한 한국요리가 인기입니다.

④ 料理が辛くなくて食べやすかったです。요리가 맵지 않아서 먹기 쉬웠습니다.

⑤ 今日の試験は難しくなくて安心しました。오늘 시험이 어렵지 않아서 안심했습니다.

⑥ ホテルが高くなくて助かりました。호텔이 비싸지 않아서 도움이 되었습니다.

## (4) な형용사＋で＋なくて
## (4) 명사＋で＋なくて

● な형용사＋で+なくて

● 명사＋で+なくて

静か    →    静か      で    なくて    조용하지 않아서

きれい   →    きれい    で    なくて    깨끗하지 않아서

ひ7ま   →    ひま      で    なくて    한가하지 않아서

好き    →    好き      で    なくて    좋아하지 않아서

① 説明がていねいでなくて困りました。설명이 꼼꼼하지 않아서 곤란했습니다.

② 彼の態度が親切でなくて悲しかったです。그의 태도가 친절하지 않아서 슬펐습니다.

③ 部屋が清潔でなくて少しがっかりしました。방이 청결하지 않아서 조금 실망했습니다.

④ 彼は医者でなくて研究者です。그는 의사가 아니라 연구자입니다.

⑤ この部屋は会議室でなくて休憩室です。이 방은 회의실이 아니라 휴게실입니다.

⑥ 今日は雨でなくて良かったです。 오늘은 비가 아니라서 다행이었습니다.

作文してみよう！ ──────────────────────────────────○

「(형용사, 명사)なくて」을 이용하여 작문해 보세요.

✎ _____

_____

**문장연습 쓰기노트** ──────────────────────────────────○

다음 문장을 일본어로 써 보세요.

① 생각보다 가격이 비싸지 않아서 안심했다.　　**단어** 値段 가격

✎ _____

② 역이 가깝지 않아서 불편하다.

✎ _____

③ 시험이 어렵지 않아서 안심했다.　　**단어** 試験 시험

✎ _____

④ 학생 시절 암기를 잘하지 못해서 고생했다.

　　　　　　　　　　　　　　**단어** 学生のころ 학생 시절　　暗記 암기

✎ _____

⑤ 담당이 내가 아니어서 다행이었다.　　**단어** 担当 담당

✎ _____

동사 て형의 부정형에는 「~なくて」와 「~ないで」 두 가지가 있다.

이유를 말할 때는 「~なくて」를 사용하고, 이유가 아닌 것 (부대상황(付帯状況,)병렬(並列), 수단(手段))을 말할 때는 「~ないで」를 사용한다.

1. 電気がつか**なくて**困った。 불이 들어오지 않아 곤란했다.

   **이유**: 어떤 동작이나 행위 때문에 뒤 문장이 일어난다는 뜻.
   電気がつかなかったので困った。 불이 들어오지 않아서 곤란했다.

2. 電気を消さ**ないで**出てきた。 불을 끄지 않고 나왔다.

   **부대상황** : 어떤 동작이나 행위를 하지 않은 채, 다음 동작이나 행위를 했다는 뜻.
   電気を消さないまま出てきた。 불을 끄지 않은 채 나왔다.

## ⑷ ~なくて

● 동사 ない형 + **なくて**   (원인·이유)

「なくて」를 붙이면, '~지 않아서', '~이/가 아니라서'와 같은 의미를 표현할 수 있다.
이 표현은 주로 '감정을 나타내는 단어'와 함께 사용되는 경우가 많다.

   **【원인·이유】**

   ① 行け**なくて**、すみませんでした。 못 가서 죄송했습니다.
   ② 田中さんが来**なくて**、心配しました。 다나카 씨가 오지 않아서 걱정했습니다.
   ③ 水が出**なくて**、困りました。 물이 나오지 않아서 곤란했습니다.

## ⑷ ~ないで

● 동사 ない형 + **ないで**

## 【부대상황】

① 朝ごはんを食べ**ないで**、出てきました。

아침밥을 먹지 않고 나왔습니다. (「食べないまま」(먹지 않은 채~))

② 歯を磨か**ないで**、寝てしまいました。(「磨かないまま」(닦지 않은 채~))

이를 닦지 않고, 잠들어 버렸습니다.

③ 家に帰ら**ないで**、友達の家で寝ました。

집에 돌아가지 않고 친구 집에서 잤습니다. (「帰らないまま」(돌아가지 않은 채~))

## 【병렬】

① 私は泳が**ないで**、子供たちだけ泳ぎました。

저는 수영하지 않고 아이들만 수영했습니다.

② 東京には行か**ないで**、大阪だけ行きました。

도쿄에는 가지 않고 오사카만 갔습니다.

③ 炭水化物は食べ**ないで**、たんぱく質だけ食べてください。

탄수화물은 먹지 말고 단백질만 먹어주세요.

## 【수단】

① パソコンを使わ**ないで**、書類を作成しました。

컴퓨터를 사용하지 않고 서류를 작성했습니다.

② バスに乗ら**ないで**、歩いて行きました。 버스를 타지 않고 걸어서 갔습니다.

③ はさみを使わ**ないで**、手で切ってください。 가위를 사용하지 않고 손으로 잘라주세요.

---

**作文してみよう！**

「(동사)**なくて**」와 「(동사)**ないで**」을 이용하여 작문해 보세요.

예) 遊んでばかりい**ないで**勉強しなさい。 놀기만 하지 말고 공부해라.

✎ _____

_____

**다음 문장을 일본어로 써 보세요.**

① 잘 들리지 않아서 힘들었습니다.

   ✎ _____

② 돈이 부족해서 곤란했습니다.

   ✎ _____

③ 어젯밤은 자지 않고 공부했습니다.

   ✎ _____

④ 정답을 보지 말고 풀어주세요.

   ✎ _____

⑤ 학원에 가지 않고 혼자서 공부했습니다.

   ✎ _____

## まとめ 정리하기

**단어**

- 寝坊(ねぼう) 늦잠
- 集中(しゅうちゅう) 집중
- 遅れる(おくれる) 늦다
- ポップコーン 팝콘
- スッキリ 개운함, 상쾌함
- そのまま 그대로

- お腹が空く(おなかがすく) 배가 고프다
- チケット 표
- 映画館(えいがかん) 영화관
- 掃除(そうじ) 청소
- ゴミ袋(ごみぶくろ) 쓰레기봉투
- 置く(おく) 놓다

昨日(きのう)は朝(あさ)、寝坊(ねぼう)して朝ごはんを食(た)べないで学校(がっこう)に行(い)きました。お腹(なか)が空(す)いて授業(じゅぎょう)に集中(しゅうちゅう)できませんでした。そのあと、友達(ともだち)と映画(えいが)を見(み)に行(い)きました。駅(えき)まで走(はし)って電車(でんしゃ)に乗(の)りました。チケットを忘(わす)れて買(か)い直(なお)しましたが、遅(おく)れなくてよかったです。映画館(えいがかん)でポップコーンを買(か)わないで飲(の)み物(もの)だけを飲(の)みました。帰(かえ)ってから部屋(へや)を掃除(そうじ)してスッキリしました。でも、ゴミ袋(ごみぶくろ)を捨(す)てないでそのまま置(お)いてしまいました。

한국어 번역

어제는 아침에 늦잠을 자서 아침밥을 먹지 않고 학교에 갔습니다. 배가 고파서 수업에 집중할 수 없었습니다. 그 후에 친구와 영화를 보러 갔습니다. 역까지 뛰어서 전철을 탔습니다. 표를 잊어버려 다시 샀지만, 늦지 않아서 다행이었습니다. 영화관에서는 팝콘을 사지 않고 음료수만 마셨습니다. 집에 돌아와서 방을 청소해 개운했습니다.하지만, 쓰레기봉투를 버리지 않고 그냥 두고 말았습니다.

## N5 한자연습: 일상생활에서 자주 사용하는 기본적인 한자

〈사물〉

※다음 한자의 よみがな(읽는 법)을 적어 보세요.

1 車(くるま・しゃ)

( )　　( )( )( )

# 車　　自 動 車

**정답** ●車(くるま): 차　●自(じ)動(どう)車(しゃ): 자동차

2. 門(もん)

( )( )　　( )( )

# 校 門　　門 番

정답 •校(こう)門(もん): 교문　•門(もん)番(ばん): 문지기

3. 花(はな)

( )( )　　( )( )

# 花 見　　花 火

정답 •花(はな)見(み): 꽃구경　•花(はな)火(び): 불꽃

4. 本(ほん)

( )　　( )( )

# 本　　日 本

정답 •本(ほん): 책　•日(に)本(ほん): 일본

---

## オノマトペ 의성어 의태어

**歩く** 걷다

- **ぶらぶら** 어슬렁어슬렁

  家の周りを**ぶらぶら**と散歩した。

  집 주변을 어슬렁 어슬렁 산책했다.

- **うろうろ** 우왕좌왕하는 모양, 허둥지둥

  家の周りを知らない人が**うろうろ**している。

  집 주변을 모르는 사람이 어슬렁 거리고 있다.

**雨** 비

- **ぱらぱら** 조금씩 내리는 모양.

  雨が**ぱらぱら**と降ってきた。

  비가 조금씩 내리기 시작했다.

- **しとしと** 부슬부슬

  雨が**しとしと**降っている。

  비가 부슬부슬 내리고 있다.

- **ざーざー** 세차게 내리는 모양, 쏴

  雨が**ざーざー**降っている。

  비가 세차게 내리고 있다.

  **ざーざー**降(ぶ)り。

  폭우(비가 세차게 많이 오는 모양)

## 학습정리문제

**다음 문장을 일본어로 써 보세요.**

정답을 보지 말고 풀어주세요.

✎ _____

## 부록 作文してみよう！

다음 예문과 같이 문장을 만들어 보세요.

1. (                  )て、困りました。

   예) ( 電車を乗り間違え )て、困りました。전차를 잘못 타서 곤란했습니다.

2. (                  )て、びっくりしました。

   예) ( 突然電話がかかってき )て、びっくりしました。갑자기 전화가 와서 놀랐습니다.

3. (                  )て、幸せです。

   예) ( 友達と再会し )て、幸せです。친구와 재회해서 행복합니다.

4. (                  )て、大変です。

   예) ( 仕事が終わらなく )て、大変です。일이 끝나지 않아서 힘듭니다.

5. (          )て、(               )。

   예) ( 財布を失くし )て、( 困りました )。지갑을 잃어버려서 곤란했습니다.

# パスポートを見せてください。

여권을 보여 주십시오.

## はじめに 시작하기

### 학습 내용

• 'て형'을 활용한 다양한 문형에 대해 학습한다.

부탁 표현: てください / てくれませんか / ていただけませんか
　　　　　 ないでください / ないでくれませんか / ないでいただけませんか
순서 표현: てから~
허가 표현: てもいいです / てもかまいません
금지 표현: てはいけません
시도 표현: てみます
완료・유감 표현: てしまいます

### 학습 목표

• 명사, 형용사, 동사를 정확하게 'て형'으로 만들 수 있다.
• 'て형'을 활용한 다양한 문형을 이해하고 문장에서 적절히 사용할 수 있다.

다음 문장을 일본어로 써 보세요.

1. 조금 더 기다려 주시지 않겠습니까?

   ✎ _____

2. 이름과 전화번호를 적어주세요.     **단어** 名前<sup></sup> 이름    電話番号 전화번호

   ✎ _____

3. 다나카 씨에게 전화해 보겠습니다.

   ✎ _____

4. 벌써 사버렸습니다.     **단어** もう 벌써

   ✎ _____

5. 여기서 사진을 찍어서는 안 됩니다.

   ✎ _____

**단어**

- 住所 주소
- 見せる 〔동2〕보여주다
- 詳しい 〔い형〕자세하다, 상세하다
- 質問に答える 질문에 답하다
- 作業 작업
- 始める 〔동2〕시작하다
- 配達 배달
- 周り 주위, 주변

- パスポート 여권
- 良かったら 괜찮으면, 괜찮다면
- 遅れる 〔동2〕늦다
- 書類 서류
- 温める 〔동2〕따뜻하게 하다, 데우다
- 調べる 〔동2〕조사하다
- 止める 〔동2〕멈추다
- 式典 식전, 의식

■ 普段着(ふだんぎ) 평상복

■ ごみを捨(す)てる 쓰레기를 버리다

■ 時間表(じかんひょう) 시간표

■ 確認(かくにん)する 〔동3〕확인하다

■ 先(さき)に 먼저

■ まちがう 〔동1〕잘못 되다, 틀리다

■ 冷(つめ)たい 차갑다

■ 子供(こども) ⇔ 大人(おとな) 어린이 ⇔ 어른

■ スケジュール 일정, 스케쥴

■ 一度(いちど) 한 번

■ 全部(ぜんぶ) 전부

■ 公演(こうえん) 공연

## 학습하기

**핵심문법 1** ～てください／～てから

### 1. ～てください

⑸ **～てください** ～해 주십시오

⑸ **～てくれませんか/てもらえませんか** ～해 주시겠습니까?

⑸ **～てくださいませんか/ていただけませんか** ～해 주시겠습니까?

＊「～てくれませんか/てもらえませんか(~주실 수 없을까요?)」는 상대에게 도움을 요청하
는 뉘앙스가 강하고, 「～てくださいませんか/ていただけませんか(~해 주시겠습니까?)」
는 보다 정중하고 공손한 부탁을 표현할 때 사용된다.

●동사 て형＋てください/てくれませんか・てもらえませんか/てくださいませんか・
ていただけませんか

① 住所(じゅうしょ)と電話番号(でんわばんごう)を記入(きにゅう)してください。주소와 전화번호를 기입해 주십시오.

② パスポートを見(み)せてください。여권을 보여 주십시오.

③ 福岡(ふくおか)を案内(あんない)してくれませんか。후쿠오카를 안내해 주시겠습니까?

④ 良かったら、場所を教えてくれませんか。괜찮다면, 장소를 알려주시겠습니까?

⑤ 日本語の作文をチェックしてもらえませんか？ 일본어 작문을 확인해 주실 수 없을까요?

⑥ もう一度、説明してくださいませんか？ 한 번 더 설명해 주시겠습니까?

⑦ 詳しく話していただけませんか。자세히 이야기해 주시겠습니까?


(5) ～ないでください ～하지 말아 주십시오.
(5) ～ないでくれませんか/ないでもらえませんか ～하지 말아 주시겠습니까?
(5) ～ないでくださいませんか/ないでいただけませんか ～하지 말아 주시겠습니까?


●동사의 ない형＋ないでください / ないでくれませんか・ないでもらえませんか /ないでくださいませんか・ ないでいただけませんか


① 明日は遅れないでください。내일은 늦지 말아 주십시오.

② 窓は開けないでください。문을 열지 말아 주십시오.

③ ここでたばこを吸わないでくれませんか。여기서 담배 피우지 말아 주시겠습니까?

④ 誰にも言わないでもらえませんか。아무에게도 말하지 말아 주시겠습니까?

⑤ 私の書類を勝手に見ないでくださいませんか？
제 서류를 마음대로 보지 말아 주시겠습니까?

⑥ もう妹と会わないでいただけませんか。이제 여동생과 만나지 말아 주시겠습니까?


作文してみよう！─────────────────────────────────○


「～てください。～해 주십시오.」, 「～ないでください。～하지 말아 주십시오.」을 이용하여 작문해 보세요.

✎ _____

_____

## ② 〜てから

〔4〕 **〜てから** 〜하고 나서

● 동사 て형+てから

| | | | | |
|---|---|---|---|---|
| 書く | → | 書いて | から | 적고 나서 |
| 休む | → | 休んで | から | 쉬고 나서 |
| 帰る | → | 帰って | から | 돌아가고 나서 |
| 話す | → | 話して | から | 말하고 나서 |
| 食べる | → | 食べて | から | 먹고 나서 |
| する | → | して | から | 하고 나서 |
| 来る | → | 来て | から | 오고 나서 |

① 夕食を食べてから、お風呂に入ります。저녁을 먹고 나서, 목욕을 합니다.

② 仕事が終わってから、友達に会います。일이 끝나고 나서, 친구를 만납니다.

③ 文章を読んでから、質問に答えてください。문장을 일고 나서, 질문에 답해 주세요.

---

**作文してみよう！** ──────────────────────────○

「〜てから 〜하고 나서」을 이용하여 작문해 보세요.

✎ _____

_____

---

**문장연습 쓰기노트** ──────────────────────────○

**다음 문장을 일본어로 써 보세요.**

① 여기에 이름을 적어 주세요.

✎ _____

② 오늘 2시까지 서류를 보내주시지 않겠습니까?

✎ _____

③ 아직 작업을 시작하지 말아주세요.

✎ _____

④ 전자레인지로 데워서 드세요.

✎ _____

⑤ 좀 더 알아보고 나서 정하겠습니다.

✎ _____


## 핵심문법 2  허가·금지 표현

### 1. ～てもいい(허가)

(4) **～てもいいです**  ～해도 됩니다.
(4) **～でもいいです**  ～라도 됩니다.

● 동사의 て형 + てもいいです

書く   → 書いて **もいいです**  적어도 됩니다.
休む   → 休んで **もいいです**  쉬어도 됩니다.
帰る   → 帰って **もいいです**  돌아가도 됩니다.
話す   → 話して **もいいです**  말해도 됩니다.
食べる → 食べて **もいいです**  먹어도 됩니다.
する   → して   **もいいです**  해도 됩니다.
来る   → 来て   **もいいです**  와도 됩니다.

- い형용사い+くてもいいです
- な형용사+でもいいです
- 명사+でもいいです

い형용사　大きい　→　大き　　くて もいいです　커도 됩니다.

な형용사　しずか　→　しずか　で　もいいです　조용해도 됩니다.

명사　　　朝　　　→　朝　　　で　もいいです　아침이라도 됩니다.

① 公園の水は飲んでもいいです。공원의 물은 마셔도 됩니다.

② 部屋が少し狭くてもいいですか。방이 조금 좁아도 됩니까?

④ 日本語が下手でもいいですか。일본어가 미숙해도 됩니까?

⑤ どこでもいいです。어디든지 괜찮습니다.


(4) ～てもかまいません　～해도 상관없습니다.
(4) ～でもかまいません　～라도 상관없습니다.


- 동사 て형+てもかまいません

書く　　→　書いて もかまいません　적어도 상관없습니다.

休む　　→　休んで もかまいません　쉬어도 상관없습니다.

帰る　　→　帰って もかまいません　돌아가도 상관없습니다.

話す　　→　話して もかまいません　말해도 상관없습니다.

食べる　→　食べて もかまいません　먹어도 상관없습니다.

する　　→　して　 もかまいません　해도 상관없습니다.

来る　　→　来て　 もかまいません　와도 상관없습니다.


- い형용사い+くてもかまいません
- な형용사な+でもかまいません

● 명사 + でもかまいません

| | | | |
|---|---|---|---|
| い형용사 | 大きい → 大き | くて もかまいません | 커도 상관없습니다. |
| な형용사 | しずか → しずか | で もかまいません | 조용해도 상관없습니다. |
| 명사 | 朝 → 朝 | で もかまいません | 아침이라도 상관없습니다. |

① いつ来てもかまいません。언제 와도 상관없습니다.

② 駅から遠くてもかまいません。역에서 멀어도 상관없습니다.

③ 交通が不便でもかまいませんか。교통이 불편해도 상관없습니까?

④ 配達は明日でもかまいません。배달은 내일이라도 상관없습니다.

作文してみよう！ ──────────────────○

「〜てもいいです」을 이용하여 작문해 보세요.

✎ _____

_____


2. 〜てはいけない(금지)

(4) 〜てはいけません ~하면 안 됩니다.

(4) 〜ではいけません ~이면 안 됩니다.


● 동사 て형 + てはいけません

| | | |
|---|---|---|
| 書く | → 書いて はいけません | 적으면 안됩니다. |
| 休む | → 休んで はいけません | 쉬면 안됩니다. |
| 帰る | → 帰って はいけません | 돌아가면 안됩니다. |
| 話す | → 話して はいけません | 말하면 안됩니다. |

食べる → 食べて はいけません 먹으면 안됩니다.

する → して はいけません 하면 안됩니다.

来る → 来て はいけません 오면 안됩니다.


① 道に車を止めてはいけません。 길에 차를 세워서는 안 됩니다.

② ここでたばこを吸ってはいけません。 여기서 담배를 피워서는 안 됩니다.

③ ここで泳いではいけません。 여기서 헤엄쳐서는 안 됩니다.


● い형용사 い + くてはいけません

● な형용사 + ではいけません

● 명사 + ではいけません


い형용사 大きい → 大き くて はいけません 크면 안 됩니다.

な형용사 しずか → しずか で はいけません 조용하면 안 됩니다.

명사 朝 → 朝 で はいけません 아침이라면 안 됩니다.


① 教室が寒くてはいけません。 교실이 추워서는 안 됩니다.

② 小学校の周りが危険ではいけません。 초등학교 주변이 위험해서는 안 됩니다.

③ 式典は普段着ではいけません。 식전에 평상복은 안 됩니다.


**作文してみよう!** ───────────────────○


「～てはいけません」을 이용하여 작문해 보세요.

✎ _____

_____

다음 문장을 일본어로 써 보세요.

① 창문을 닫아도 될까요?

&#9998; _____

② 이 방을 써도 상관없습니다.

&#9998; _____

③ 음료는 차가워도 됩니다.

&#9998; _____

④ 여기에 쓰레기를 버려서는 안됩니다.

&#9998; _____

⑤ 어린이면 안됩니다.

&#9998; _____

---

## 핵심문법 3  ～てみる / ～てしまう

### 1. ～てみる

(4) **～てみます**  ～해 보겠습니다.

● 동사 て형 + てみます

書く  → 書いて **みます** 적어 보겠습니다.

休む  → 休んで **みます** 쉬어 보겠습니다.

帰る → 帰って **みます** 돌아가 보겠습니다.

話す → 話して **みます** 말해 보겠습니다.

食べる → 食べて **みます** 먹어 보겠습니다.

する → して **みます** 해 보겠습니다.

来る → 来て **みます** 와 보겠습니다.


① 明日行って、聞いて**みます**。 내일 가서 물어보겠습니다.

② 時間表を見て**みます**。 시간표를 봐 보겠습니다.

③ スケジュールを確認して**みます**。 스케쥴을 확인해 보겠습니다.

④ 一度、行って**みて**ください。 한 번 가보세요.


### 作文してみよう！ ───────────────○

「～て**みます**。～해 보겠습니다.」을 이용하여 작문해 보세요.

✎ _____

_____


## ② ～てしまう

### (4) ～てしまいます ～해 버립니다.

● 동사 て형＋てしまいます

書く → 書いて **しまいます** 적어 버립니다.

休む → 休んで **しまいます** 쉬어 버립니다.

帰る → 帰って **しまいます** 돌아가 버립니다.

話す → 話して **しまいます** 말해 버립니다.

食べる　→　食べて　**しまいます**　먹어 버립니다.

する　→　して　**しまいます**　해 버립니다.

来る　→　来て　**しまいます**　와 버립니다.


① 先に書類を書いて**しまいます**。먼저 서류를 작성해 버립니다.

② 昨日借りた本はもう全部読ん**でしまいました**。어제 빌린 책은 이미 전부 읽어버렸습니다.

③ まちがってメールを消し**てしまいました**。실수로 메일을 지워 버렸습니다.

④ 公演が始まる前に夕食を食べ**てしまいません**か。

　　공연이 시작하기 전에 저녁을 먹어버리지 않겠습니까?


**作文してみよう！** ─────────────────────○

「〜てしまいます。〜해 버립니다.」을 이용하여 작문해 보세요.

✎ _____

_____


**문장연습 쓰기노트** ─────────────────────○

다음 문장을 일본어로 써 보세요.

① 조금 더 기다려 보겠습니다.

　✎ _____


② 친구에게 물어보겠습니다.

　✎ _____


③ 한 번 먹어보세요.

　✎ _____

④ 밥을 너무 많이 먹어버렸습니다.

✎ _____

⑤ 어제는 빨리 자버렸습니다.

✎ _____

**質問！** ─────────────────────────────────────○

**Q** 「映画館に行ったら、がらがらに空いていた。」에서 왜 「空く」가 아니라 「空く」가 사용되었나요? 두 동사의 차이점은?

**A** 「空く」와 「空く」의 차이

**すく** → 드문드문해지다, 여유 공간이 생기다, 한산해지다
**あく** → 비다, 텅 비다, 비어 있다

**「すく」**: 공간이 <u>부분적으로 비어 있는 상태</u>를 나타냅니다. 사람이 줄어들거나, 상대적으로 여유 공간이 생긴 상황에서 사용됩니다.

「映画館が<u>空いている</u>。」→ 극장에 사람이 적어 공간이 많이 남아 있는 상태.
(영화관에 여유가 있다. / 영화관이 한산하다.)

「車内が<u>空いてきた</u>。」→ 버스나 지하철 안의 사람이 줄어들어서 공간이 생겼다.
(차 안에 여유 공간이 생기기 시작했다. / 차량 내부가 한산해졌다.)

**「あく」**: 어떤 자리나 <u>공간이 완전히 비는 상태</u>를 나타냅니다. 사람이 떠나거나 물건이 없어져서 빈 상태가 되었을 때 사용됩니다.

「席が<u>空いている</u>。」→ 자리에 앉아 있던 사람이 떠나 자리가 완전히 비어 있는 상태.(자리가 비어 있다.)

## まとめ 정리하기

### 단어

- 先週(せんしゅう) 지난주
- 借りる(かりる) 빌리다
- 面白い(おもしろい) 재미있다
- 勧める(すすめる) 추천하다
- 読み終わる(よみおわる) 다 읽다
- 探す(さがす) 찾다
- 返却(へんきゃく) 반납
- 司書(ししょ) 사서
- 丁寧(ていねい) 정중하다
- 感想(かんそう) 감상

- 図書館(としょかん) 도서관
- 読み始める(よみはじめる) 읽기 시작하다
- 友達(ともだち) 친구
- 時間(じかん) 시간
- 返す(かえす) 반납하다, 돌려주다
- 忙しい(いそがしい) 바쁘다
- 遅れる(おくれる) 늦다
- 優しい(やさしい) 친절하다
- 紹介(しょうかい) 소개
- 話す(はなす) 이야기하다

### 문장

先週(せんしゅう)、図書館(としょかん)で本(ほん)を借(か)りて読み始(よみはじ)めました。その本(ほん)はとても面白(おもしろ)かったので、友達(ともだち)に読(よ)んでみてください と勧(すす)めました。友達(ともだち)は時間(じかん)がないと言(い)って借(か)りませんでしたが、私(わたし)はすぐに読み終(お)わってしまいました。本(ほん)を返(かえ)してから、次(つぎ)の本(ほん)を探(さが)そうと思(おも)っていましたが、忙(いそが)しくて図書館(としょかん)に行(い)くことができませんでした。家族(かぞく)に「返(かえ)すのが遅(おく)れてはいけない」と言(い)われて急(いそ)いで返却(へんきゃく)に行(い)きました。その後(あと)、新(あたら)しい本(ほん)を借(か)りる時間(じかん)がなかったので、司書(ししょ)に「おすすめの本(ほん)を教(おし)えていただけませんか」と頼(たの)みました。司書(ししょ)は優(やさ)しくて、丁寧(ていねい)にいくつかの本(ほん)を紹介(しょうかい)してくれました。次(つぎ)はその本(ほん)を読(よ)んで感想(かんそう)を友達(ともだち)に話(はな)してみたいと思(おも)います。

지난주에 도서관에서 책을 빌려 읽기 시작했습니다. 그 책은 너무 재미있어서 친구에게 읽어보라고 권했습니다. 친구는 시간이 없다고 해서 빌리지 않았지만, 저는 금방 읽어버렸습니다. 책을 반납한 후에 다음 책을 찾으려고 했지만, 바빠서 도서관에 갈 수 없었습니다. 가족이 "반납이 늦어서는 안 된다"고 해서 급히 반납하러 갔습니다. 그 후 새로운 책을 빌릴 시간이 없어서 사서에게 "추천 도서를 알려주실 수 있나요?"라고 부탁드렸습니다. 사서는 친절하고 정중하게 몇 권의 책을 소개해 주었습니다. 다음에는 그 책을 읽고 감상을 친구에게 이야기해 보고 싶습니다.

## N5 한자연습: 일상생활에서 자주 사용하는 기본적인 한자

〈학습〉

※ 다음 한자의 よみがな(읽는 법)을 적어 보세요.

1. 名(な・めい)

( )( )　　　( )( )

## 名　前　　有　名

정답 •名(な)前(まえ): 이름　•有(ゆう)名(めい): 유명

2. 語(ご)

( )( )( )　　　( )( )

## 日　本　語　　英　語

정답 •日(に)本(ほん)語(ご): 일본어　•英(えい)語(ご): 영어

3. 校(こう)

( )( )　　　( )( )( )

## 学　校　　小　学　校

정답 •学(がっ)校(こう): 학교　•小(しょう)学(がっ)校(こう): 초등학교

4. 生(いきる・せい)

(     )　　　　　　　　　　(   )(   )

# 生 き る 　 学 生

정답 •生(い)きる: 살다 　•学(がく)生(せい): 학생

5. 何(なに・なん)

(     )　　　　　　　　　　(   )(   )

# 何 で す か 　 何 時

정답 •何(なん)ですか: 무엇입니까? 　•何(なん)時(じ): 몇시

---

## オノマトペ 의성어 의태어

### ▌きもち 기분

• **しょんぼり** 풀 죽은, 쓸쓸히

田中(たなか)さんは試験(しけん)に落(お)ちて**しょんぼり**していた。
다나카 씨는 시험에 떨어져서 풀이 죽어있었다.

• **うんざり** 지긋지긋한

仕事(しごと)が多(おお)くて**うんざり**する。
일이 많아서 지긋지긋하다.

• **がっかり** 낙심하다, 맥 풀리다

彼(かれ)がいなくて**がっかり**した。
그가 없어서 낙심했다.

• **はらはら** 조마조마

タクシーの運転(うんてん)が荒(あら)くて**はらはら**した。
택시 운전이 거칠어서 조마조마했다.

- **すっきり** 산뜻이, 말쑥이, 시원해지다, 상쾌해지다

  言(い)いたいことを言(い)って**すっきり**した。

  하고 싶은 말을 시원하게 했다.

  前髪(まえがみ)を切(き)って**すっきり**した。

  앞머리를 잘라서 산뜻해졌다.

## 학습정리문제

**다음 문장을 일본어로 써 보세요.**

한 번 먹어보세요.

✎ _____

# 日本語が話せる。
### にほんご　　はな

일본어를 말할 수 있다.

---

## はじめに 시작하기

---

### 학습 내용 ─────────────────────────────────○

• 'ている'를 사용한 표현의 여러가지 용법에 대해 학습한다.
• 가능표현(可能表現)에 대해 배운다.

### 학습 목표 ─────────────────────────────────○

• 'ている'표현을 마스터한다. 특히 상태(状態)를 나타내는 'ている'를 올바르게 사용할 수 있도록 한다.
• 동사의 가능형과 'ことができる'을 사용한 문장을 쓸 수 있다.

### 퀴즈 ──────────────────────────────────○

다음 문장을 일본어로 써 보세요.

1. 지금 밥을 먹고 있습니다.

✎ _____

2. 매일 NHK를 보고 있습니다.

    ✎ _____

3. 야마다 씨는 결혼했습니까?

    ✎ _____

4. 아직 결혼하지 않았습니다.

    ✎ _____

5. 넥타이를 매고 있는 사람이 기무라 씨입니다.

    ✎ _____

### 단어

- 運転手 운전기사
- 事務 사무
- (電気が)つく〔동1〕(불이) 켜지다
- 止まる〔동1〕멈추다
- 星の形 별의 모양
- だいぶ 상당히
- 塾 학원
- 文房具 문방구
- 務める〔동2〕근무하다
- ピアノを弾く 피아노를 치다
- 倒れる〔동2〕쓰러지다, 넘어지다
- 館内 관내
- 入場 입장

- 庭 정원, 마당
- 割れる〔동2〕깨지다
- (電気を)つける〔동2〕(불을) 키다
- やせる〔동2〕살이 빠지다
- マグカップ 머그컵
- 赤ちゃん 아기
- やりがい 보람
- 残業 잔업
- 本場 본고장
- 平泳ぎ 평영
- 壊れる〔동2〕부서지다
- 当日 당일
- 立ち入り禁止 출입 금지

- 予約を取る 예약을 잡다
- 乗り物に乗る 놀이기구를 타다
- 頂上 정상
- 小さなお子様 어린 자제분
- 富士山 후지산
- 旅館に泊まる 여관에 묵다

## 학습하기

**핵심문법 1** ている(진행)

### ①. 진행

「歩く」、「食べる」등의 동사에「ている」를 붙여 동작의 진행을 나타낸다.

⑷ **~ています** ~하고 있습니다. (진행)

● 동사 て형+ています

| | | |
|---|---|---|
| 今、手紙を書く → | 今、手紙を書いて います。 | 지금 편지를 쓰고 있습니다. |
| 今、友達と話す → | 今、友達と話して います。 | 지금 친구와 이야기하고 있습니다. |
| 今、ご飯を食べる → | 今、ご飯を食べて います。 | 지금 밥을 먹고 있습니다. |
| 今、勉強をする → | 今、勉強をして います。 | 지금 공부를 하고 있습니다. |

**Tip** 「今、~しています」를 「今、~中です」라고도 할 수 있다.

① 今、運転しています。 지금 운전하고 있습니다.

今、運転中です。 지금 운전 중입니다.

② 今、食事をしています。지금 식사를 하고 있습니다.

　今、食事中です。지금 식사 중입니다.

③ 今、仕事をしています。지금 일을 하고 있습니다.

　今、仕事中です。지금 일하는 중입니다.


## ② 습관, 반복

「ている」는 진행 이외에도 습관이나 반복을 나타낸다.

⑷ **～ています** ～하고 있습니다.(습관, 반복)

●동사 て형+ています

① 毎日、ジョギングをしています。매일 조깅을 하고 있습니다.
② 毎朝、野菜ジュースを飲んでいます。매일 아침, 채소 주스를 마시고 있습니다.
③ 毎日1時間、日本語の勉強をしています。매일 1시간 일본어 공부를 하고 있습니다.


## ③ 직업

동사에「ている」를 붙이고, 직업을 나타낸다.

⑷ **～ています** ～하고 있습니다.(직업)

●동사 て형+ています

① A社で働いています。A사에서 일하고 있습니다.
② 高校で英語を教えています。고등학교에서 영어를 가르치고 있습니다.

③ タクシーの運転手をしています。택시 운전기사를 하고 있습니다.

「～ています。～하고 있습니다(진행, 습관, 직업)」을 이용하여 작문해 보세요.

✎ _____

_____

**문장연습 쓰기노트**

다음 문장을 일본어로 써 보세요.

① 지금 TV를 보고 있습니다.

✎ _____

② 아들은 집에서 친구와 놀고 있습니다.

✎ _____

③ 매일 일기를 쓰고 있습니다.

✎ _____

④ 매일 아침 정원 청소를 하고 있습니다.

✎ _____

⑤ 사무 일을 하고 있습니다.

✎ _____

## ① (동사)ている

「ている」에 「開く」「閉まる」「割れる」와 같은 <u>결과를 남기는 타입의 동사</u>(순간동사)가 붙으면, 변화의 결과 상태를 나타낸다.

예) 「開く」 열리다

「開いている」 열려 있는 상태 (열려 있다)

(4) ~ています   ~하고 있습니다.(상태)

● 동사 て형+ています

| | | | |
|---|---|---|---|
| 開く | → ドアが開いて | います。 | 문이 열려 있습니다. |
| 閉まる | → ドアが閉まって | います。 | 문이 잠겨 있습니다. |
| 割れる | → ガラスが割れて | います。 | 유리가 깨져 있습니다. |
| 死ぬ | → 猫が死んで | います。 | 고양이가 죽어 있습니다. |
| 落ちる | → さいふが落ちて | います。 | 지갑이 떨어져 있습니다. |
| つく | → 電気がついて | います。 | 불이 켜져 있습니다. |
| 消える | → 電気が消えて | います。 | 불이 꺼져 있습니다. |
| 止まる | → 車が止まって | います。 | 차가 멈춰 있습니다. |
| 着る | → 赤いコートを着て | います。 | 빨간 코트를 입었습니다. |
| 知る | → 電話番号を知って | います。 | 전화번호를 알고 있습니다. |

Q 「결혼했습니까?」에 맞는 표현을 ① 「~ました」와 ② 「~ています」 중에서 고르시오.
① 結婚<sub>けっこん</sub>しましたか。　　　　② 結婚<sub>けっこん</sub>していますか。

A ② 「結婚<sub>けっこん</sub>していますか。」

일본어는 변화의 순간보다 그 변화로 인해 지속되는 결과 상태를 표현한다. 예를 들어, 한국어에서는 "결혼했습니까?"처럼 과거형으로 표현하지만 일본어에서는 그 결과 상태를 묻기 때문에 「結婚しています か。」처럼 「~ている/~ています」를 사용한다.

예) すずきさんは少<sub>た</sub>しやせています。 스즈키 씨는 조금 말랐습니다.
　　→ 스즈키 씨가 과거에 살이 빠지는 변화(순간적인 동작)를 겪었고, 그 결과 현재 '야윈 상태'가 유지되고 있음을 나타낸다.

예) 山田<sub>やまだ</sub>さんはめがねをかけています。 야마다 씨는 안경을 썼습니다.
　　→ "안경을 쓰다(めがねをかける)"는 안경을 착용하는 순간적인 동작(순간동사)이다. 일본어에서는 이 동작의 결과, 즉 안경을 쓴 상태가 유지되고 있음을 나타내기 위해 「~ています」를 사용한다.

예) 田中さんは黒<sub>くろ</sub>いコートを着<sub>き</sub>ています。 다나카 씨는 검정색 코트를 입었습니다.
　　→ "입다(着る)" 역시 순간적인 동작으로, 과거에 코트를 입는 동작이 이루어진 후 그 결과가 현재까지 지속되고 있는 상태를 나타낸다.

Tip 「~ていますか」라고 질문을 받은 경우, 「~ています」나 「~ていません」로 대답한다.

① A : 結婚<sub>けっこん</sub>していますか。 결혼 했습니까?
　 B : はい、結婚<sub>けっこん</sub>しています。 네, 결혼했습니다.
　 B : いいえ、結婚<sub>けっこん</sub>していません。 아니요, 결혼하지 않았습니다.

② A：ドア、閉まっていますか。문, 닫혀 있습니까?

　　B：はい、閉まっています。네, 닫혀 있습니다.

　　B：いいえ、閉まっていません。아니요, 닫혀있지 않습니다.


③ A：山田さんは来ていますか。야마다 씨는 와 있습니까?

　　B：はい、来ています。네, 와 있습니다.

　　B：いいえ、来ていません。아니요, 와 있지 않습니다.


**주의!**　「×知っていません」이 아니라 「○知りません」


「知っていますか」라는 질문의 답에 모른다고 대답할 경우에는 「×知っていません」이 아닌 「知りません」이라고 해야 한다.


③ A：木村さんを知っていますか。기무라 씨를 알고 있습니까?

　　B：はい、知っています。네. 알고 있습니다.

　　B：いいえ、知りません。아니요, 모릅니다.

　　　　×知っていません。


## ②.　(명사)をしている


（4）**～をしています**　～를 하고 있다(상태)


●명사＋をしています


색이나 상태에 대해 표현할 때 사용한다.


① 星の形をしているマグカップがほしいです。별 모양을 하고 있는 머그컵을 갖고 싶습니다.

② 今朝、田中さんは少し暗い顔をしていました。

오늘 아침 다나카 씨는 조금 어두운 얼굴을 하고 있었습니다.

③ 赤い顔をしていますよ。だいぶお酒を飲みましたね。얼굴이 붉어요. 꽤 술을 마셨군요.

## 作文してみよう！

「~ています。~하고 있습니다(상태)」를 이용하여 작문해 보세요.

✎ _____

_____

## 문장연습 쓰기노트

다음 문장을 일본어로 써 보세요.

① 저는 서울에 살고 있습니다.

✎ _____

② 영화가 벌써 시작되고 있습니다.

✎ _____

③ 가게가 닫혀 있습니다.

✎ _____

④ 지금 친구가 놀러 와 있습니다.

✎ _____

⑤ 키가 크고, 안경을 쓰고 있는 사람이 스즈키 씨입니다.

✎ _____

**①** **계속동사와 순간동사**

**\* 계속동사**
동작이 한 번에 끝나지 않고 일정 시간 동안 이어지는 동사를 말한다.

> 예) 歩<sup>ある</sup>く 걷다 → 걷는다는 동작은 한 발작마다 끝나는 것이 아니라, 한 발작 한 발작
> 이어지며 진행된다.

「ている」의 의미: 계속동사에 「ている」가 붙으면 **진행** 중인 동작을 나타낸다.

> 예) 公園<sup>こうえん</sup>を歩<sup>ある</sup>いています。 공원을 걷고 있습니다.
> → 지금 공원을 걷는 동작이 진행 중이다.

**\* 순간동사**
동작이 순간적으로 이루어지고 곧 완료되는 동사를 말한다.

> 예) 座<sup>すわ</sup>る 앉다 → 앉는다는 동작은 의자에 닿는 순간 완료되고, 이후에는 '앉아 있는
> 상태'가 된다.

「ている」의 의미: 순간동사에 「ている」가 붙으면, 완료 후의 **상태**가 이어지고 있음을 나타낸다.

> 예) いすに座<sup>すわ</sup>っています。 의자에 앉아 있습니다. → 의자에 앉은 상태가 계속되고 있다.

이 차이를 이해하면 결과상태를 나타내는 「ている」의 의미를 더 쉽게 파악할 수 있다.

## ②. 계속동사(継続動詞)

　계속동사는 일정 시간 동안 동작이 이어지는 것을 표현하며, 동작 자체를 나타내는 전형적인 유형의 동사다.「ている」가 붙으면 **진행** 중임을 나타낸다.

　　예)　歩く 걷다 / 降る 내리다 / 読む 읽다 / 食べる 먹다 / 飲む 마시다 / 待つ 기다리다 /
　　　　勉強する 공부하다

　* 계속동사+**ている** : 진행이나 습관, 반복, 직업을 나타낸다.

　　① 今、田中さんとコーヒーを飲ん**でいます**。 지금, 다나카 씨와 커피를 마시고 있습니다.
　　② 毎朝、新聞を読ん**でいます**。 매일 아침 신문을 읽고 있습니다.
　　③ 大学で日本語学を専攻し**ています**。 대학에서 일본어학을 전공하고 있습니다.


## ③. 순간동사(瞬間動詞)

　순간동사는 동작이 순간적으로 완료되는 동사를 말하며,「ている」가 붙으면 그 결과 상태를 나타낸다. 순간동사에는 어떤 동사가 있는지 살펴보고, 각 동사에「ている」가 붙은 문장을 통해 한국어와의 차이를 확인해 보자.

　　예)　開く 열리다　ドアが開いている。 문이 열려 있다.

　* 순간동사+**ている** : 결과상태의 지속을 나타낸다.

### 1) 재귀(再帰)동사
동작이 자신에게 되돌아오는 것을 나타내는 동사.

　　예)　着る 입다 : 옷을 자신의 몸에 걸친다.

脱ぐ 벗다: 입고 있던 옷을 자신의 몸에서 벗긴다.

はく 신다: 신발이나 바지를 자신의 몸에 입힌다.

持つ 가지다: 물건을 자신의 손에 든다.

이처럼 동작의 결과가 자신에게 영향을 미치는 상황을 표현한다.

| | | | | |
|---|---|---|---|---|
| ぼうしをかぶる。 | → | ぼうしをかぶって | います。 | 모자를 쓰고 있습니다. |
| めがねをかける。 | → | めがねをかけて | います。 | 안경을 쓰고 있습니다. |
| スーツを着る。 | → | スーツを着て | います。 | 정장을 입고 있습니다. |
| ネクタイをする。 | → | ネクタイをして | います。 | 넥타이를 매고 있습니다. |
| ハイヒールをはく。 | → | ハイヒールをはいて | います。 | 하이힐을 신고 있습니다. |
| かばんを持つ。 | → | かばんを持って | います。 | 가방을 들고 있습니다. |

## 2) 이동 동사

장소의 이동을 나타내는 동사.

예) 行く 가다 / 来る 오다 / 帰る 돌아오다 / 出る 나가다 / 入る 들어오다 / 出かける 외출하다

이동 동사에 「ている」가 붙으면 이동 후의 결과나 현재 이동한 장소에 있는 상태를 나타낸다.

예) かばんに入っています。가방에 들어 있습니다.
> → 어떤 물건이 가방 안으로 들어가는 동작이 이미 완료되었고, 그 결과 가방 안에 있는 상태가 유지되고 있음을 나타낸다.

友達が来ています。친구가 와 있습니다.
> → 친구가 이미 왔고, 그 결과 현재 이곳에 있는 상태를 나타낸다.

出かけています。외출하고 있습니다. (외출 중입니다.)
> → 이미 외출해서 집을 떠난 상태가 유지되고 있음을 나타낸다. 즉, 외출한 사람이 현재 집에 없음을 의미한다.

## 3) 위치 변화 동사

위치나 자세가 변화하는 순간의 동작을 표현하는 동사.

예) 座る 앉다 / 立つ 서다 / 乗る 타다 / 起きる 일어나다 / 寝る 자다 등

위치 변화 동사에 「ている」가 붙으면 변화가 일어난 후의 결과 상태를 나타낸다.

いすに座る。 →
　　　　　　　いすに座っています。　의자에 앉아 있습니다.
　　　　　　　이미 앉는 동작이 완료되었고, 그 결과로 현재 의자에 앉아 있는 상태를 나타낸다.

バスに乗る。 →
　　　　　　　バスに乗っています。　버스를 타고 있습니다.
　　　　　　　이미 버스에 올라탄 동작이 완료되었고, 그 결과로 현재 버스에 타고 있는 상태를 나타낸다.

## 4) 사회적 변화 동사

개인의 사회적 지위나 상태가 변화하는 순간을 표현하는 동사.

예) 結婚する 결혼하다: 결혼이라는 사회적 상태로 변화함.

就職する 취직하다: 직업을 얻어 사회적 역할이 변함.

卒業する 졸업하다: 학생 신분에서 졸업생으로 신분이 변함.

入院する 입원하다: 병원에 들어가 환자라는 상태로 변화함.

結婚する。 →
　　　　　　結婚しています。　결혼했습니다.
　　　　　　결혼이라는 변화가 이미 이루어졌고, 그 결과 현재 결혼한 상태가 지속되고 있음을 나타낸다.

大学を卒業する。 →
　　　　　　大学を卒業しています。　대학교를 졸업했습니다.
　　　　　　이미 대학을 졸업하는 변화가 이루어졌고, 그 결과 현재 졸업한 상태가 유지되고 있음을 나타낸다. 즉, 과거의 졸업이라는 사건을 기반으로, 현재 졸업생이라는 상태를 표현한다.

## 5) 물질의 상태 변화 동사

사물이나 생명체의 상태가 변화하는 동작을 나타내는 동사.

예) 開く 열리다: 닫혀 있던 것이 열리는 상태로 변함.

閉まる 닫히다: 열려 있던 것이 닫히는 상태로 변함.

乾く 물기가 마르다: 젖어 있던 것이 마르는 상태로 변함.

消える 사라지다: 존재하던 것이 보이지 않게 되는 상태로 변함.

死ぬ 죽다: 생명이 사라지는 상태로 변함.

止まる 멈추다: 움직이던 것이 멈춘 상태로 변함.

太る 살찌다: 체중이 증가하여 상태가 변함.

落ちる 떨어지다: 높은 곳에서 낮은 곳으로 위치가 변함.

集まる 모이다: 흩어져 있던 것들이 한곳으로 모이는 상태로 변함.

洗濯物が乾い**ています**。빨래가 다 말랐습니다.

→ 젖어 있던 빨래가 마르는 동작이 완료되어 현재 마른 상태를 나타냄.

彼は少し太っ**ています**。그는 조금 통통합니다. (살이 쪄 있습니다.)

→ 체중이 증가하는 동작이 완료되어 현재 살이 찐 상태를 나타냄.

人がたくさん集まっ**ています**。사람들이 많이 모여 있습니다.

→ 사람들이 모이는 동작이 완료되어 현재 많이 모인 상태를 나타냄.

---

**문장연습 쓰기노트** ───────────────────────────────────○

**다음 문장을 일본어로 써 보세요.**

① 검정 코트를 입고 있습니다.

✎ _____

② 어머니는 지금 외출 중이십니다.

✎ _____

③ 여동생은 아직 자고 있습니다.

✎ _____

④ 형은 일본 대학을 졸업했습니다.

✎ _____

⑤ 모두 벌써 모여 있습니다.

✎ _____


## 핵심문법 4 가능(可能)표현

가능표현(可能表現)이란, 어떤 일이 가능하다는 뜻을 나타내는 표현으로, 이때 동사는 가능형을 사용한다.

① 日本語も英語も話せます。 일본어도 영어도 말할 수 있습니다.
② 漢字が書けます。 한자를 쓸 수 있습니다.
③ 自転車に乗れます。 자전거를 탈 수 있습니다.
④ 忙しくて行けません。 바빠서 갈 수 없습니다.
⑤ 彼女に会えませんでした。 그녀를 만날 수 없었습니다.


## 1. 가능형 만드는 법

**1그룹 동사** : 어미를 「え」단으로 바꾸고 「る」를 붙인다.

会う  만나다    →   会える   만날 수 있다
読む  읽다     →   読める   읽을 수 있다

切<ruby>き<rt></rt></ruby>る　자르다　　→　切れる　자를 수 있다

話<ruby>はな<rt></rt></ruby>す　말하다　　→　話せる　말할 수 있다

泳<ruby>およ<rt></rt></ruby>ぐ　헤엄치다　→　泳げる　헤엄칠 수 있다

**2그룹 동사** : 어미 「る」를 떼고, 「られる」를 붙인다.

見<ruby>み<rt></rt></ruby>る　　보다　　→　見られる　　볼 수 있다

食<ruby>た<rt></rt></ruby>べる　먹다　　→　食べられる　먹을 수 있다

着<ruby>き<rt></rt></ruby>る　　입다　　→　着られる　　입을 수 있다

出<ruby>で<rt></rt></ruby>る　　나오다　→　出られる　　나올 수 있다

借<ruby>か<rt></rt></ruby>りる　빌리다　→　借りられる　빌릴 수 있다

＊2그룹 동사는 ラ抜<ruby>ぬ<rt></rt></ruby>きことばが 있다.

## 3그룹 동사

来<ruby>く<rt></rt></ruby>る　오다　→　来られる　올 수 있다

する　하다　→　できる　할 수 있다

＊来<ruby>く<rt></rt></ruby>るは ラ抜<ruby>ぬ<rt></rt></ruby>きことばが 있다.

**Tip** 가능 동사는 2그룹 동사 활용을 한다.

예) [1] 会<ruby>あ<rt></rt></ruby>う→ [2] 会<ruby>あ<rt></rt></ruby>える 만날 수 있다

ます형 : 会<ruby>あ<rt></rt></ruby>えます 만날 수 있습니다.

ない형 : 会<ruby>あ<rt></rt></ruby>えない 만날 수 없다.

て형 : 会<ruby>あ<rt></rt></ruby>えて 만날 수 있어서

① ひらがなは**書けます**が、漢字は**書けません**。

히라가나는 쓸 수 있지만, 한자는 쓸 수 없습니다.

② 学校に**来られない**日を教えてください。 학교에 올 수 없는 날을 알려주십시오.

③ 本場の韓国料理が**食べられて**うれしかったです。

본고장 한국 요리를 먹을 수 있어서 기뻤습니다.


## ②. 조사(助詞)

### 1) 가능 동사 앞에는 주로 「が」를 사용한다.

① ピアノを弾く。→ ピアノが**弾ける**。
  피아노를 치다    피아노를 칠 수 있다.

② 漢字を書く。→ 漢字が**書ける**。
  한자를 쓰다    한자를 쓸 수 있다

③ 日本語を話す。→ 日本語が**話せる**。
  일본어를 말하다    일본어를 말할 수 있다

**Tip** 목적어와 동사 사이에 다른 요소가 들어갈 경우 「を」를 쓰는 경향이 있다.

예) 先週買った本を明日貸せます。 지난 주 산 책을 내일 빌려 줄 수 있습니다.

漢字を300字覚えられました。 한자를 300글자 외울 수 있었습니다.


### 2) 「分かる」(알다), 「できる」(가능하다) 앞에는 반드시 「が」를 사용한다.

① 日本語が**分かる**。 일본어를 알다.

② 日本語が**できる**。 일본어가 가능하다.

3) 「を」 이외의 조사는 가능동사에서도 변경 없이 그대로 사용한다.

① 田中さんに会う。→田中さんに会えました。 다나카 씨를 만날 수 있었습니다.

② 先生と話す。→先生と話せました。 선생님과 이야기 할 수 있었습니다.


## ③ 의미

1) 기술적, 신체적 능력 (「~ことができる」로 대체 가능.)

① 平泳ぎで100メートル泳げます。 평형으로 100미터 수영할 수 있습니다.

② 辛いものが食べられます。 매운 것을 먹을 수 있습니다.

③ 日本語で書類が作成できます。 일본어로 서류를 작성할 수 있습니다.


2) 특정 조건 · 상황에 따른 가능성(「~ことができる」로 대체 가능.)

① 先週買った本を明日貸せます。 지난 주 산 책을 내일 빌려줄 수 있습니다.

② 今週中に届けられます。 이번 주 안에 전달할 수 있습니다.

③ 卒業式に参加できます。 졸업식에 참가할 수 있습니다.


3) 완료, 성취감(「~ことができる」로 대체 불과.)

① 宿題は全部できました。 숙제는 전부 했습니다.

② 全部食べられた人から移動してください。 다 먹은 사람부터 이동해 주십시오.

③ レポートを全部書けました。 리포트를 전부 썼습니다.


**Tip** 「~ことができる」는 '완료'의 의미로는 사용할 수 없다. 또한, 「ことができる」는 문어체에서 사용되며, 회화에서는 동사 가능형을 주로 사용한다.

# ④ 「ら」ぬきことば (ら생략어형)

2그룹 동사와 「来る오다」의 가능형에서 「ら」를 생략하는 경향이 있다. 이것을 「ラ抜きことば」(ら생략어형)이라고 부른다.

〈2그룹 동사〉

見られる 볼 수 있다  →  見れる

食べられる 먹을 수 있다  →  食べれる

〈来る〉

来られる 올 수 있다  →  来れる

① 私はどこでも寝れます。(寝られます) 저는 어디서든 잘 수 있습니다.
② 明日の会議に来れますか。(来られますか) 내일 회의에 올 수 있습니까?

# ⑤ 가능형이 없는 동사

## 1) 무의지 동사(無意志動詞)

가능형은 의지(意志)동사만 만들 수 있다. 무의지(無意志)동사는 동작에 의지가 개입되지 않으므로 가능형으로 변환할 수 없다.

예) ある 있다  →  ×あれる

倒れる 쓰러지다  →  ×倒れられる

壊れる 부서지다  →  ×壊れられる

割れる 깨지다  →  ×割れられる

## 2) 分(わ)かる 알다

「分(わ)かる(알다, 이해하다)」는 가능의 의미가 이미 포함되어 있어 가능형을 만들지 않는다.

예) 日本語(にほんご)が分(わ)かります。 일본어를 이해합니다. (압니다.)

---

**作文してみよう！** ─────────────────────────────────○

**가능 동사를 이용하여 작문해 보세요.**

✎ _____

_____

---

**문장연습 쓰기노트** ─────────────────────────────────○

**다음 문장을 일본어로 써 보세요.**

① 관내에서는 사진을 찍을 수 없습니다.　　　　　**단어** 館内(かんない) 관내

✎ _____

② 당일은 티켓을 살 수 없습니다.　　　　　**단어** 当日(とうじつ) 당일　　チケット 티켓

✎ _____

③ 초등학생 이하는 입장할 수 없습니다.　**단어** 小学生以下(しょうがくせいいか) 초등학생 이하　　入場(にゅうじょう) 입장

✎ _____

④ 언제까지 빌릴 수 있습니까.　　　　　**단어** 借(か)りる 빌리다

✎ _____

⑤ 가르칠 수 있는 것은 다 가르쳤습니다. 다음은 본인이 하기 나름입니다.

　　　　**단어** 教(おし)える 가르치다　　後(あと)は 다음은　　本人(ほんにん) 본인　　やる気次第(きしだい) 하기 나름

✎ _____

## 6. ～ができます

⑷ **～ができます**   ～를 할 수 있습니다.

● 명사＋ができます  (외국어, 악기, 스포츠 등)

① 日本語ができます。일본어를 할 수 있습니다.

② 運転ができます。운전을 할 수 있습니다.

③ 逆立ちができます。물구나무서기를 할 수 있습니다.

⑷ **～を～することができます**   ～를 할 수 있습니다.

● ～を＋동사 보통형＋ことができます

가능 동사는 「～ことができる ～할 수 있다」로 바꿀 수 있다. 「～を～することができる」 형태가 된다.

① 英語が話せます。영어를 말할 수 있습니다.

＝英語を話すことができます。

② 漢字が書けます。한자를 쓸 수 있습니다.

＝漢字を書くことができます。

「ことができる」의 뉘앙스 :

・설명적이고 형식적인 표현으로, 타인의 행동을 객관적으로 설명할 때 자주 사용된다.

・또한, 조사나 다른 단어가 추가될 때 「ことができる」를 쓰는 경우가 많다.

① キムさんは日本語を読むことも書くこともできます。

김씨는 일본어를 읽는 것도 쓰는 것도 가능합니다.

② 日本語で書くことはできますが、英語(で書くこと)はできません。

일본어로 쓰는 것은 가능하지만, 영어(로 쓰는 것)는 불가능합니다.

「〜ができます。〜를 할 수 있습니다.」를 이용하여 작문해 보세요.

✎ _____

_____

「〜ることができます。〜할 수 있습니다.」를 이용하여 작문해 보세요.

✎ _____

_____

다음 문장을 「できる」를 이용해서 일본어로 써 보세요.

① 영어는 할 수 있습니까?

✎ _____

② 공원 내에서 자전거를 탈 수는 있지만, 오토바이는 출입 금지입니다.

　　　　　　단어　公園内 공원 내　　バイク 오토바이　　立ち入り禁止 출입 금지

✎ _____

③ 관내에서는 사진을 찍거나 전화를 하는 것이 불가능합니다.　　단어　館内 관내

✎ _____

④ 여관은 예약을 잡지 않고 숙박할 수 없습니다.

　　　　　　단어　旅館 여관　　予約を取る 예약을 잡다　　泊まる 묵다

✎ _____

⑤ 어린 자녀분은 회장에 입장할 수는 있지만 놀이기구를 탈 수는 없습니다.

　　　　　단어　小さなお子様 어린 자녀분　　会場 회장　　入場 입장　　乗り物 놀이기구

✎ _____

# オノマトペ 의성어 의태어

## ▌身体 신체

- **ぺこぺこ** 배가 몹시 고픔

  おなか**ぺこぺこ**だ。

  배가 몹시 고프다.

- **からから** 바싹 말라 물기가 없는 모양. 목이 몹시 마름.

  のどが**からから**だ。

  목이 바싹 말랐다.

- **がんがん** 지끈지끈, 욱신욱신

  頭(あたま)が**がんがん**する。

  머리가 지끈지끈하다.

- **むかむか** 메슥메슥, 울컥

  胃(い)が**むかむか**する。

  위가 메슥메슥하다.

- **ひりひり** 따끔따끔, 얼얼

  転(ころ)んで傷口(きずぐち)が**ひりひり**する。

  넘어져서 생긴 상처가 따끔따끔하다.

- **ぶるぶる** 부들부들

  子供(こども)たちが寒(さむ)そうに**ぶるぶる**震(ふる)えている。

  어린이들이 추운 듯이 부들부들 떨고 있다.

- **げっそり** 홀쭉

  病気(びょうき)で**げっそり**やせた。

  아파서 홀쭉하게 야위었다.

**다음 문장을 일본어로 써 보세요.**

고등학교에서 일본어를 가르치고 있습니다.

✎ _____

## 부록 1 ひと言<sup>こと</sup>

### 1. '～고 있다'와 '～ている'의 차이

한국어에서는 "～고 있다"처럼 상태를 나타내는 표현이 자주 사용되지 않는다. 대신 결과에 초점을 맞춘 과거형을 선호한다. 반면 일본어에서는 동사의 종류(계속동사, 순간동사)에 따라 **ている**를 사용해 진행이나 결과 상태를 표현한다.

예) 赤いコートを着ている人が山田さんです。

   빨간 코트를 입은 사람이 야마다 씨입니다.

예) その人はもう死んでいる。

   그 사람은 이미 죽었어.

### 2. '～ている'의 시제

1) 계속동사+**ている**의 경우, 시제는 <u>현재(지금)</u>를 나타낸다.

|  |  |  |
|---|---|---|
| 飲む | → 飲んでいる → | 飲んだ |
| 마신다 | → 마시고 있다 → | 마셨다 |
| 〈미래〉 | 〈현재〉 | 〈과거〉 |

예) コーヒーを飲んでいます。 … **진행**

   커피를 마시고 있습니다.

2) 순간동사 + **ている**의 경우, 사건이 일어난 후를 나타낸다.


$$\overset{わ}{割}れる \quad \to \quad \overset{わ}{割}れた \quad \to \quad \overset{わ}{割}れ\textbf{ている}$$

깨진다        깨졌다        깨져있다
〈미래〉     →     〈현재〉     →     〈과거〉


$$(\overset{でんき}{電気}が)つく \quad \to \quad ついた \quad \to \quad つい\textbf{ている}$$

(불이)켜진다      켜졌다       깨져있다
   〈미래〉    →    〈현재〉    →    〈과거〉


예) ガラスが$\overset{わ}{割}$れ**ています**。 … **상태**

　　유리가 깨져있습니다.

예) $\overset{でんき}{電気}$がつい**ています**。 … **상태**

　　불이 켜져 있습니다.


**단어** $(\overset{でんき}{電気}が)$つく （불이） 켜지다 ― ついた 켜졌다

　　　 $(\overset{でんき}{電気}を)$つける （불을） 키다 ― つけた 켰다


---

## 부록 2　ひと$\overset{こと}{言}$

---

### 「$\overset{み}{見}$える 보이다」와 「$\overset{き}{聞}$こえる 들리다」

■ 명사 + が$\overset{み}{見}$える

「$\overset{み}{見}$える 보이다」는 의지와는 관계없이 자연적으로 보이는 것, 자발적인 것을 나타내는 반면, 「$\overset{み}{見}$られる 볼 수 있다」는 주체가 보려고 하는 의지가 실현된 것을 나타내며, 가능성에 중점을 둔 표현이라고 할 수 있다.

① 窓から海が見える。

창문에서 바다가 보인다.

② ここから海が見られる。

여기에서 바다를 볼 수 있다.

②는 화자가 「ここから」'여기에서'라고 하는 조건하에서, 가능성으로써 '바다를 볼 수 있다'라고 판단한 경우이다.

### ■ 명사＋が聞こえる

「聞こえる 들리다」는 의지와는 관계없이 자연적으로 보이는 것, 자발적인 것을 나타내는 반면, 「聞ける 들을 수 있다」는 주체가 들으려고 하는 의지가 실현된 것을 나타내며, 가능성에 중점을 둔 표현이라고 할 수 있다.

③ ×外から子供たちの声が聞ける。

○外から子供たちの声が聞こえる。

밖에서 아이들의 목소리가 들린다.

④ ここは日本のラジオが聞ける。

여기는 일본 라디오를 들을 수 있다.

④는 화자가 「ここ」'여기'라고 하는 조건하에서, 가능성으로써 '일본 라디오를 들을 수 있다.'라고 판단한 경우이다.

**문장연습 쓰기노트** ─────────────────────────○

다음 문장을 일본어로 써 보세요.

① 신칸센에서 후지산이 잘 보였습니다.　　　단어 新幹線 신칸센　　富士山 후지산

✎ _____

② 오늘은 밖으로부터 아이들의 목소리가 들리지 않았습니다.　　단어 声 목소리

✎ _____

「～が見える。～가 보이다.」를 이용하여 작문해 보세요.

✎ _____

_____


「～が聞こえる。～가 들리다.」를 이용하여 작문해 보세요.

✎ _____

_____


## 부록 3 　もう一歩 step up

### 자동사(自動詞)와 동사 가능형

자동사와 동사의 가능형이 같은 형태인 경우가 있으므로 주의 할 것. 동사의 가능형인 경우는 「~することができる」로 전환할 수 있지만, 자동사(自動詞)의 경우는 전환할 수 없다.


「売る」의 가능형 「売れる」 '팔 수 있다'

자동사(自動詞) 「売れる」 '팔리다'


　예) ショートケーキが一番よく売れます。(자동사)

　　쇼트케이크가 가장 잘 팔립니다.


「切る」의 가능형 「切れる」 '자를 수 있다'

자동사(自動詞) 「切れる」 '잘리다'

예) このはさみがよく<ruby>切<rt>き</rt></ruby>れます。(자동사)

　이 가위가 잘 잘립니다.

① <ruby>今年<rt>ことし</rt></ruby>は、エアコンがよく<u><ruby>売<rt>う</rt></ruby>れた</u>。(자동사)

　올해는 에어컨이 잘 팔렸다.

　×<ruby>今年<rt>ことし</rt></ruby>は、エアコンがよく<u><ruby>売<rt>う</rt></ruby>る</u>ことができた。

② <ruby>駅<rt>えき</rt></ruby>の<ruby>構内<rt>こうない</rt></ruby>で<ruby>許可<rt>きょか</rt></ruby>なく<ruby>物<rt>もの</rt></ruby>を<u><ruby>売<rt>う</rt></ruby>れません</u>。(가능형)

　역 안에서 허가 없이 물건을 팔 수 없습니다.

　○<ruby>駅<rt>えき</rt></ruby>の<ruby>構内<rt>こうない</rt></ruby>で<ruby>許可<rt>きょか</rt></ruby>なく<ruby>物<rt>もの</rt></ruby>を<u><ruby>売<rt>う</rt></ruby>る</u>ことができません。

③ この<ruby>包丁<rt>ほうちょう</rt></ruby>は、よく<u><ruby>切<rt>き</rt></ruby>れる</u>から<ruby>注意<rt>ちゅうい</rt></ruby>して。(자동사)

　이 칼은 잘 드니까 주의해요.

　×この<ruby>包丁<rt>ほうちょう</rt></ruby>は、よく<u><ruby>切<rt>き</rt></ruby>る</u>ことができるから<ruby>注意<rt>ちゅうい</rt></ruby>して。

④ りんごをうさぎの<ruby>形<rt>かたち</rt></ruby>に<u><ruby>切<rt>き</rt></ruby>れますか</u>。(가능형)

　사과를 토끼모양으로 자를 수 있나요?

　○りんごをうさぎの<ruby>形<rt>かたち</rt></ruby>に<u><ruby>切<rt>き</rt></ruby>る</u>ことができますか。

# おぼ
# 覚えられましたか。
다 외웠습니까?

## はじめに시작하기

### 학습 내용 ──────────────────────○

• 9-13과에서 배운 내용을 복습한다.

### 학습 목표 ──────────────────────○

• 9과에서 학습한 격조사를 복습하고, 같은 의미와 용법을 가진 격조사를 구분한다.
• 격조사, ている, 가능 표현을 복습 문제로 확인한다.
• 9-13과에서 배운 JLPT N5, N4 문형을 연습한다.

### 단어 ──────────────────────○

■ 行き方 가는 법

■ ちこくする 〔동3〕지각 하다

■ 交差点 교차로

■ 船 배

■ このごろ 요즘

■ 先 앞, 먼저

■ 夜中 밤 중

■ わたる 〔동1〕건너다

■ 離れ島 외딴 섬

■ 真面目 착실함, 성실함

■ 値段(ねだん) 가격

■ 番号(ばんごう) 번호

■ ボールペン 볼펜

■ 新聞(しんぶん) 신문

■ 動(うご)く 〔동1〕움직이다

■ 消(け)しゴム 지우개

■ 辞書(じしょ) 사전

■ 雑誌(ざっし) 잡지


## 학습하기


**핵심문법 1**  **격조사 복습**

9과에서 학습한 격조사를 복습하고, 같은 의미와 용법을 가진 격조사를 구분해 봅시다.


### 1. [(장소)を]와 [(장소)に]

[장소]を/に + 이동을 나타내는 동사

예) 家(いえ)を/に

① 7時(じ)に家(いえ)を出(で)ました。 7시에 집을 나왔습니다.

② 家(いえ)に帰(かえ)ったら、手(て)を洗(あら)いましょう。 집에 돌아오면 손을 씻읍시다.

예) 公園(こうえん)を/に

③ 公園(こうえん)を散歩(さんぽ)しませんか。 공원을 산책하지 않겠습니까?

④ 公園(こうえん)に散歩(さんぽ)しに行(い)きませんか。 공원에 산책하러 가지 않겠습니까?

1) [장소]가 출발점(기점)과 통과점을 나타내는 경우 「を」를 쓴다.

[출발점(기점)]を + 出(で)る 나가다

去る 떠나다

出発する 출발하다

卒業する 졸업하다

離れる 헤어지다


① 10時に成田空港を出発しました。10시에 나리타공항을 출발했습니다.

② 息子は去年、高校を卒業しました。아들은 작년 고등학교를 졸업했습니다.


[통과점]を + 歩く 걷다

走る 달리다

横切る 가로지르다

通る 통과하다

飛ぶ 날다

渡る 건너다

散歩する 산책하다


① 毎朝、健康のために川沿いを走っています。매일 건강을 위해서 강가를 달리고 있습니다.

② 銀行前の横断歩道を渡ります。은행 앞의 횡단보도를 건넙니다.


## 2) [장소]가 도착점을 나타내는 경우 「に」를 쓴다.


[도착점]に + 行く 가다

来る 오다

着く 도착하다

到着する 도착하다

入る 들어가다

帰る 돌아가다, 돌아오다

戻る 돌아오다

出る 나가다

至る 이르다

達する 도달하다

入学する 입학하다


① 夜7時ごろ、家に帰ります。밤 7시쯤, 집에 돌아갑니다.

② 今年の春、大学に入学しました。올해 봄 대학에 입학했습니다.


作文してみよう！ ─────────────────────────────────○


[(장소)を]와 [(장소)に]를 이용하여 작문해 보세요.

✎ _____

_____


2. 「(장소)に」와 「(장소)で」


① 田中さんは、教室にいます。다나카 씨는 교실에 있습니다.

② 教室で宿題をしました。교실에서 숙제를 했습니다.


1) 「に」: 존재나 이동을 나타내는 경우

· 존재를 나타내는 동사: ある 있다 / いる 있다 / 住む 살다 등

· 이동을 나타내는 동사: 行く 가다 / 来る 오다 / 置く 놓다 / 捨てる 버리다 / 送る 보내다 등


① 教室にコンピューターがあります。교실에 컴퓨터가 있습니다.

② ソウルに住んでいます。 서울에 살고 있습니다.

③ 今日、学校に行きます。 오늘 학교에 갑니다.

## 2) 「で」: 동작이나 사건 등을 나타내는 경우

· 존재·이동 외 동사: 飲む 마시다 / 書く 쓰다 / 話す 이야기하다 등

① 学校の食堂でお昼を食べました。 학교 식당에서 점심을 먹었습니다.

② 教室でテスト勉強をします。 교실에서 시험공부를 합니다.

---

Tip  「ある」가 「일어나다」나 「행해지다」의 의미로 쓰일 때, 그 일이 발생하는 장소를 나타낼 경우 「で」를 사용한다.

예를 들어,

地震がある。 지진이 나다

試験がある。 시험이 있다

祭りがある。 축제가 있다

交通事故がある。 교통사고가 나다

이처럼 사건이나 행사가 발생하는 장소를 나타낼 때는 「で」를 사용한다.

① 409号室で試験があります。 409호실에서 시험이 있습니다.

② 駅前の交差点で交通事故がありました。 역 앞 교차로에서 교통사고가 났습니다.

---

**やってみよう!**

( )안에 に/で 를 넣어 보세요.

(1) 教室(　　)試験勉強をしました。 교실에서 시험공부를 했습니다.

(2) 教室(　　)いすがあります。 교실에 의자가 있습니다.

(3) 教室(　　)試験があります。 교실에서 시험이 있습니다.

(4) 今朝、東北地方(　　)地震がありました。 오늘아침에 동북지방에서 지진이 있었습니다.

「(장소)に」와 「(장소)で」를 이용하여 작문해 보세요.

✎ _____

_____

③. 「(사람)と」와 「(사람)に」

① 友達と会います。 친구와 만납니다.
② 友達に会います。 친구를 만납니다.

**1) 「と」(「に」를 사용 할 수 없는 경우)**

・상대방과 <u>함께</u> 하는 동작:

話し合う 이야기를 나누다　　けんかする 다투다

結婚する 결혼하다　　　　　愛し合う 사랑하다

離婚する 이혼하다

① 来年の春、彼と結婚します。 내년 봄 그와 결혼합니다.
② 昨日、友達とけんかしました。 어제 친구와 다투었습니다.

**2) 「に」(「と」를 쓸 수 없는 경우)**

・상대방에게 <u>일방적으로</u> 하는 동작:

ほれる 반하다　　　　　　話しかける 말을 걸다

あげる 주다　　　　　　　教える 가르치다

• 상대방으로부터 <u>일방적으로</u> 받는 동작:

    **もらう** 받다                    **教わる** 배우다

    **習う** 배우다

① **姉**にプレゼントをあげました。 언니에게 선물을 주었습니다.

② **友達**に本をもらいました。 친구에게 책을 받았습니다.

## 3) 「と」와 「に」 양쪽 다 쓸 수 있는 경우

• 「いっしょに(함께)」와 「一方的に(일방적으로)」의 양쪽 의미를 가진 동작:

| | |
|---|---|
| **話す** 이야기하다 | **心が通じる** 마음이 통하다 |
| **相談する** 상담하다 | **電話する** 전화하다 |
| **会う** 만나다 | **似ている** 닮았다 |
| **ぶつかる** 부딪치다 | **あいさつする** 인사하다 |
| **約束する** 약속하다 | |

① **娘**は先生と話しました。 딸은 선생님과 이야기했습니다.

   → 딸과 선생님이 서로 대화를 나눈 느낌이다.

② **娘**は先生に話しました。 딸은 선생님에게 이야기했습니다.

   → 딸이 일방적으로 선생님에게 이야기한 느낌이다.

**やってみよう!** ─────────────────────────────────────○

1. ( )안에 **と/に** 를 알맞게 넣어 보세요.

① **田中**さん( )ほれました。 (반했습니다.)

② **田中**さん( )話しかけました。 (말을 걸었습니다.)

③ **田中**さん( )教わりました。 (배웠습니다.)

④ 田中さん(　　　)電話しました。(전화했습니다.)

⑤ 田中さん(　　　)ぶつかりました。(부딪쳤습니다.)

2. 다음 밑줄 친 부분에 적당한 격조사(格助詞)를 넣어 보세요.

① 駅は、交差点＿＿＿＿＿わたって右にあります。 역은 교차로를 건너서 오른쪽에 있습니다.

② 船で離れ島＿＿＿＿＿わたりました。 배로 외딴 섬으로 건너갔습니다.

③ 彼＿＿＿＿＿結婚する。 그와 결혼한다.

④ 彼女＿＿＿＿＿電話番号を教えました。 그녀에게 전화번호를 가르쳐줬습니다.

3. 다음 (　) 안에 「だけ」 또는 「しか」를 한 번만 사용하여 알맞은 답을 넣으세요.

① 妹はパン(　　　　　)食べません。 여동생은 빵 밖에 먹지 않습니다.

② 妹はパン(　　　　　)食べます。 여동생은 빵만 먹습니다.

4. 다음 (　　　) 안에 「に」를 넣어야 하는 문장을 고르세요.

① 明日(　　　)友達と会います。 내일 친구와 만납니다.

② このごろ(　　　)仕事が忙しいです。 요즘 일이 바쁩니다.

③ 夕食は6時(　　　)食べましょう。 저녁은 6시에 먹읍시다.

---

**作文してみよう！** ─────────────────────────────────○

「(사람)と」와 「(사람)に」를 이용하여 작문해 보세요.

✎ ＿＿＿＿＿＿＿＿＿＿＿＿＿＿＿＿＿＿＿＿＿＿＿＿＿＿＿＿＿＿＿＿＿＿＿

＿＿＿＿＿＿＿＿＿＿＿＿＿＿＿＿＿＿＿＿＿＿＿＿＿＿＿＿＿＿＿＿＿＿＿

---

**문장연습 쓰기노트** ─────────────────────────────────○

다음 문장을 일본어로 써 보세요.

① 편의점을 가로질렀습니다.

✎ ＿＿＿＿＿＿＿＿＿＿＿＿＿＿＿＿＿＿＿＿＿＿＿＿＿＿＿＿＿＿＿＿

② 편의점에서 캔 커피를 샀습니다.

   ✎ _____

③ 휴가에 대해 사원과 이야기 나눴습니다.

   ✎ _____

④ 오후3시에 나리타 공항에 도착했습니다.

   ✎ _____

⑤ 어머니에게 요리를 배웠습니다.

   ✎ _____

**質問!** ─────────────────────────────────────○

**Q** 昼ご飯にパンを食べる。(점심으로 빵을 먹다.)에서 「に」대신 「で」를 사용해도 되나요?

**A** に를 사용해야 합니다. 이 に는 '역할・용도'의 기능을 가지며, 「~(으)로」로 번역이
됩니다.

に: 역할・용도 「~(으)로」
해당 사물이 특정 기능을 수행하거나 역할을 대신할 때, 대체물로 쓰이는 경우에
「として(~(으)로서)」와 같은 뜻으로 쓰인다.

① お昼ご飯にパンを食べる。점심으로 빵을 먹다

② デザートにケーキを食べる。디저트로 케이크를 먹다

③ 贈り物に時計を選ぶ。선물로 시계를 고르다.

**やってみよう!** ─────────────────────────────────○

다음 (　) 안에 공통적으로 들어갈 격조사를 넣어 문장을 완성하시오.

① 卒業のお祝い(　　　　)時計をもらった。졸업 축하로 시계를 받았다.

② 誕生日プレゼント(　　　)花束をあげました。생일 선물로 꽃다발을 주었습니다.

③ ごほうび(　　　)1万円をもらいました。포상으로 1만엔을 받았습니다.

④ いつも朝ごはん(　　　)パンを食べます。언제나 아침밥으로 빵을 먹습니다.

---

**ひと言** 「に」와 대응하는 한국어

「に」는 다양한 상황에서 사용되며, 문맥에 따라 한국어의 여러 조사와 대응된다.

### 1. 「~에」 (장소, 시간, 대상, 방향)

장소나 시간의 도착점 또는 특정 대상을 나타낸다.

① 学校に行く。학교에 가다

② 部屋にいる。방에 있다

③ 午後3時に会いましょう。오후 3시에 만납시다 .

### 2. 「~에게」 (사람, 동물 대상)

행위의 수신자를 나타낼 때 사용된다.

① 友達に手紙を書く。친구에게 편지를 쓰다

② 子供に優しく話す。아이에게 상냥하게 말하다

③ 先生に相談する。선생님에게 상담하다

### 3. 「~를」 (동작의 대상)

특정 동작(乗る)의 대상을 나타낸다.

① バスに乗る。버스를 타다

② 自転車に乗る。자전거를 타다

③ 飛行機に乗る。비행기를 타다

### 4. 「~에게」 (간접 대상)

행위가 영향을 미치는 간접적인 대상을 나타냅니다.

① 家族に心配をかける。 가족에게 걱정을 끼치다

② 後輩にアドバイスをする。 후배에게 조언을 해 주다

③ 上司に意見を伝える。 상사에게 의견을 전달하다

### 5. 「~(으)로」(역할・용도)

해당 사물이 특정 기능을 수행하거나 역할을 대신할 때나 대체물로 쓰이는 경우 「として (~(으)로서)」와 같은 뜻으로 쓰인다.

① お昼ご飯にパンを食べる。 점심으로 빵을 먹다

② デザートにケーキを食べる。 디저트로 케이크를 먹다

③ 贈り物に時計を選ぶ。 선물로 시계를 고르다.

### 6. 「~(으)로/에」(목적・의도)

동작의 목적이나 그 동작을 왜 하는지에 대한 의도를 나타낸다.

① 記念に写真を撮った。 기념으로 사진을 찍었다.

② 誕生日にプレゼントを贈る。 생일에 선물을 보내다.

③ お祝いに花を贈る。 축하로 꽃을 보내다.

### 7. 「~를/에」 (비교・유사성)

비교 대상 또는 유사성을 나타냅니다.

① 父に似ている。 아버지를 닮았다.

② 去年に比べて寒い。 작년에 비해 춥다.

③ 他の人に比べて元気だ。 다른 사람에 비해 건강하다.

### 8. 「~에 따라/따라서」 (종속, 순응)

기준이나 종속성을 나타냅니다.

① 規則に従う。 규칙에 따르다.

② 計画に基づいて行動する。계획에 따라 행동하다.

　(「~に基づいて」 → ~에 근거하여, ~을 바탕으로, ~을 기준으로)

③ 先生の指示に従う。선생님의 지시에 따르다.


## 9. 「~에서/에」 (장소)

특정 장소에서의 동작을 나타냅니다.

① 庭に花が咲いている。정원에 꽃이 피어 있다.

② ソウルに住んでいる。서울에서 살다.

③ ホテルに泊まる。호텔에 묵다.

④ 会社に勤めている。회사에 근무하고 있다.


## 10. 「~가 되다 : になる」

상태의 변화나 결과를 나타냅니다.

①医者になる。의사가 되다.

②大人になる。어른이 되다.

③有名人になる。유명인이 되다.


## 11. 「~하러 가다/오다 : に行く/来る」

동작의 목적을 나타냅니다.

① 買い物に行く。쇼핑하러 가다.

② 勉強しに来る。공부하러 오다.

③ 友達に会いに行く。친구를 만나러 가다.

【문제】

1. 다음 질문에 대한 대답으로서 알맞은 것을 하나 고르시오.

> 질문: すずきさんの電話番号を知っていますか。스즈키 씨의 전화번호를 알고 있나요?
>
> 대답: (　　　　　　　　　　　　)

　① 知りません。

　② 知っていません。

　③ 知ります。

　④ 知りています。

2. 다음 중 올바른 문장을 하나 고르시오.

　① 今、北海道では雪が降りています

　② こどもたちは庭で遊んでいます。

　③ 父は部屋で新聞を読むでいます。

　④ 赤ちゃんが泣いています。

3. 다음 문장을 읽고, ( ) 안의 동사를 알맞은 형태로 바꾸시오.

> 私は、塾で英語を(　①教える　　)。生徒のほとんどが社会人です。
>
> みんな仕事が(　②終わる　)から、授業を受けに来ます。
>
> 土曜日と日曜日も授業を(　③やる　)。みんな熱心に(　④勉強する　　)。
>
> 私はこの塾で10年間、(　　⑤働く　　)。やりがいのある仕事です。

나는 학원에서 영어를(① 가르치고 있습니다 ). 학생 대부분이 사회인입니다.

모든 사람이 일이 (② 끝나고 ) 나서 수업을 받으러 옵니다.

토요일과 일요일도 수업을 (③ 하고 있습니다 ). 모두 열심히 (④ 공부하고 있습니다 ).

나는 이 학원에서 10년간 (⑤ 일을 하고 있습니다 ). 보람 있는 일입니다.

① (                    )            ② (                    )

③ (                    )            ④ (                    )

⑤ (                    )

## 4. 다음 문장을 읽고, ( ) 안의 동사를 알맞은 형태로 바꾸시오.

私が( ①務める )会社を紹介します。私の会社は文房具を( ②作る )。

300人が( ③働く )。ほとんどの文房具屋で私の会社の文房具を( ④売る )。

私の会社には色々な規則があります。9時半には会社に( ⑤来る )なければなりません。

私は毎日9時には会社に来て、仕事を始めています。

残業を( ⑥する )もいいですが、夜9時半には帰らなければなりません。


내가 ( ①일하는 ) 회사를 소개하겠습니다. 우리 회사는 문방구를(② 만들고 있습니다 ).

300명이 (③ 일을 하고 있습니다 ). 대부분 문방구에서 우리 회사의 문방구를 (④ 팔고 있습니다 ).

나의 회사에는 여러 가지 규칙이 있습니다. 9시 반에 회사에 (⑤ 와있지 ) 않으면 안 됩니다.

나는 매일 9시에는 회사에 와서 일을 시작하고 있습니다.

잔업을(⑥ 해 )도 좋지만 밤 9시 반에는 (집에) 돌아가지 않으면 안 됩니다.

① (                    )            ② (                    )

③ (                    )            ④ (                    )

⑤ (                    )            ⑥ (                    )

**ている 복습 문제**

【문제】

【문제】

1. 다음 문장을 일본어로 써 보세요.

① 일본어는 할 수 있지만, 영어는 못해요.

✎ _____

② 오늘은 다나카 씨를 만날 수 없었습니다.

✎ _____

③ 휴일은 느긋하게 쉴 수 있었습니까?

✎ _____

④ 여름방학 중에 책을 몇 권 읽을 수 있었습니까?

✎ _____

⑤ 내일 10시까지 올 수 있습니까?

✎ _____

2. 다음 ( )안의 동사를 가능형으로 고쳐 쓰시오.

① おはしは( 使う )。젓가락은 쓸 수 있습니까?

✎ _____

② 辛いものも( 食べる )。매운 것도 먹을 수 있습니까?

✎ _____

③ 駅まで歩いて( 行く )。역까지 걸어서 갈 수 있습니까?

✎ _____

④ ほしかったものを全部( 買う )。갖고 싶었던 것을 전부 살 수 있었습니다.

✎ _____

⑤ 行きたかった旅館に( 泊まる )。가고 싶었던 여관에서 묵을 수 있었습니다.

✎ _____

⑥ 頂上まで( 登る )。정상까지 오를 수 있었습니다.

✎ _____

3. 다음 문장에서 가능형이 틀린 문장을 찾아 바르게 고치시오.

① 一人で地下鉄に乗られますか。혼자서 지하철을 탈 수 있습니까?
② 学校まで来られますか。학교까지 올 수 있습니까?
③ この本は借りられますか。이 책은 빌릴 수 있습니까?
④ コンビニでまんがが買えられます。편의점에서 만화를 살 수 있다.

✎ _____
_____
_____
_____

**핵심문법 4** おさらい問題 복습 문제

【문제】

1. 올바르지 않은 문장을 하나 고르시오.

① 忙しくて旅行に行けませんでした。
② 道が分からないで遅くなりました。

③ 調子が良くなくて参加できませんでした。

④ 安くなくて買えませんでした。


2. 올바르지 않은 문장을 하나 고르시오.

① 電車がなくて歩いてきました。

② かぎをかけないで家を出てきてしまいました。

③ 漢字が読めないで困りました。

④ 田中さんから連絡がなくて心配です。


3. 올바르지 않은 문장을 하나 고르시오.

① 値段が少し高いでもいいです。

② 今日は、お風呂に入ってもかまいません。

③ 日本語が下手でもいいです。

④ お昼はパンでもかまいません。


4. 올바르지 않은 문장을 하나 고르시오.

① たばこを吸わないでくれませんか。

② ちょっと見せってくれませんか。

③ 電気をつけないでくれませんか。

④ ここで電話をしないでくれませんか。


5. 「笑う」를 적절한 형태로 바꾸어 다음 문장을 완성하시오.

(          )みてください。


6. 「動く」를 적절한 형태로 바꾸어 다음 문장을 완성하시오.

(          )ないでください。

7. 다음 글을 읽고, 내용과 맞지 않는 것을 하나 고르시오.

---

**日本語の試験**

1. 8時30分までに教室に入ってください。

2. 机の番号を見て、あなたの番号のところに座ってください。

3. えんぴつと消しゴムだけ机の上に置いてください。

4. 「問題」は全部で9枚あります。一番上の紙にあなたの番号と名前を書いてください。

5. 答えはえんぴつで書いてください。ボールペンは使わないでください。

---

① 8時30分までに教室へ来なければなりません。

② 「問題」の紙にあなたの番号は書かなくてもいいです。

③ 机の番号を確認して、座ります。

④ 答えはえんぴつで書かなければなりません。

8. 다음 글을 읽고, 내용과 맞지 않는 것을 하나 고르시오.

---

**こども図書館**

・本は2週間、借りられます。

・辞書と新聞と新しい雑誌は借りられません。

・図書館の本をコピーすることができます。

---

① 古い雑誌を借りることができます。

② 本は2週間、借りることができます。

③ 図書館の本をコピーしてはいけません。

④ 辞書と新聞は借りることができません。

## Ⅰ. JLPT N5

**다음 한국어 문장을 일본어로 바꾸시오.**

① 내일은 아침 9시까지 와 주세요.

✎ _____

② 역에서 학교까지 가는 법을 가르쳐주십시오.　　　**단어** 行き方 가는 법

✎ _____

③ 내일은 늦지 말아 주십시오.

✎ _____

④ 이사를 도와주시겠습니까?

✎ _____

⑤ 역에서 가까워서 편리합니다.

✎ _____

## Ⅱ. JLPT N4

① 다나카 씨를 보내고 나서 바로 가겠습니다.

✎ _____

② 가게에 예약하지 않고 가버렸습니다.

✎ _____

③ 기다리지 않아도 괜찮아요. 먼저 가세요.

✎ _____

④ 버스가 늦어서 지각해버렸습니다.

✎ _____

⑤ 안경을 쓰고 있는 사람이 다나카 씨입니다.

✎ _____

⑥ 스즈키 씨에게 물어 보겠습니다.

✎ _____

⑦ 비가 내리고 있네요. 우산은 가지고 있습니까?

✎ _____

⑧ 편의점은 밤중에도 열려있습니다.

✎ _____

⑨ 내일 다나카 씨에게 연락 해 보겠습니다.

✎ _____

⑩ 스즈키 씨는 서울에서 살고 있습니다.

✎ _____

## 평가 문제

올바르지 <u>않은</u> 문장을 하나 고르시오.

① 大きいでなくて小さいかばんです。

② 休みは今日ではなくて明日です。

③ すずきさんは真面目で親切な人です。

④ 明るくておもしろい人が好きです。

# 정답 및 해설

## 제1과 明日は、ひな祭りです。

### 퀴즈

1. 誕生日は、いつですか。

2. 誕生日は、4月9日(しがつ ここのか)です。

3. 明日は、休みです。

4. このかさは、だれのですか。

5. 田中さんのです。

### 핵심문법 1

1. 연습

① さんがつ みっか
② しがつ ふつか
③ ごがつ いつか
④ ろくがつ よっか
⑤ くがつ ついたち

**문장연습 쓰기노트**

① 誕生日はいつですか。
② 誕生日は9月20日(くがつはつか)です。

2. 문장연습 쓰기노트

① テスト(試験)は、いつですか。
② テスト(試験)は、あさってです。

### 3. 문장연습 쓰기노트

① 図書館はどこですか。

② たとえば、どんな事ですか。

③ あの人がたなかさんです。

④ あの方が会長です。

### 4. 연습

① なん

② なん

③ なん

④ なに

### 문장연습 쓰기노트

① 何月何日ですか。

② 何曜日ですか。

## 핵심문법 2

### 1. 문장연습 쓰기노트

① 小学生の男の子

② 次の日の朝

③ 机の上

### 2. 문장연습 쓰기노트

① このかばんは、山田さんのです。

② このいすは、学校のです。

③ この車は、父のです。

### 3. 문장연습 쓰기노트

① 毎朝6時

② 毎月20日

## 핵심문법 3

### 문장연습 쓰기노트

① 私は、会社員です。

② 今日は雨ですか。

③ 昨日は、休みでした。

④ 先週の会議は火曜日ではありませんでした。


**학습정리문제**

毎週土曜日は仕事が休みです。

**퀴즈**

1. 今日は、忙しい日です。

2. 今日は、忙しかったです。

3. ソウルは交通が便利です。

4. 景色がきれいでした。

5. 夏より冬の方が好きです。


**핵심문법 1**

2. 연습

① 寒い

② 大きい

③ 近い


3. 문장연습 쓰기연습

① これは新しい本です。

② 楽しい旅行でした。


4. 연습

1)

| | 긍정 | 부정 |
|---|---|---|
| 보통형 | おいしい | ( おいし )くない |
| 정중형 | ( おいし )いです | ( おいし )くありません |

| | 긍정 | 부정 |
|---|---|---|
| 보통형 | ( おいし )かった | ( おいし )くなかった |
| 정중형 | ( おいし )かったです | ( おいし )くありませんでした |

2)

| | 긍정 | 부정 |
|---|---|---|
| 보통형 | ちかい | ( ちかくない ) |
| 정중형 | ( ちかいです ) | ( ちかくありません ) |

| | 긍정 | 부정 |
|---|---|---|
| 보통형 | ( ちかかった ) | ( ちかくなかった ) |
| 정중형 | ( ちかかったです ) | ( ちかくありませんでした ) |

문장연습 쓰기연습

① このお店のラーメンは、とてもおいしいです。

② 今日は、あまり暑くありません。

③ 昨日の映画はとてもおもしろかったです。

④ 日本は、思ったより寒くありませんでした。

5. 문장연습 쓰기연습

① 昨日のコンサートはとても良かったです。

② 試験の結果が良くありませんでした。

**핵심문법 2**

2. 문장연습 쓰기연습

① 彼は親切な人です。

② あそこは静かな公園です。

3. 문장연습 쓰기연습

① 小学生の時、数学が得意でした。

② この書類は必要ではありませんでした。

③ 毎週土曜日は一日中ひまです。

④ 交通は、あまり便利ではありません。

⑤ 中間試験は、思ったより簡単でした。

4. 문장연습 쓰기연습

① 昨日の花火はとてもきれいでした。

② 服は写真ほどきれいではありませんでした。

**핵심문법 3**

문장연습 쓰기노트

① 電車は、便利ですが、バスは不便です。

② 駅は、バス停より遠いです。

③ バスより自転車の方が便利です。

④ バスと電車とどちらが便利ですか。

⑤ バス停は駅ほど近くありません。

## 학습정리문제

日本旅行はとても楽しかったです。

<br>

## 제3과 学校に行きます。

## 퀴즈

1. 毎朝7時に起きます。

2. 今日は、学校に行きません。

3. 木村さんは会議に参加しません。

4. 友達は来ませんでした。

5. 仕事が早く終わりました。

## 핵심문법 1

문장연습 쓰기노트

| 1그룹 동사 | 2그룹 동사 | 3그룹 동사 |
|---|---|---|
| 切る 자르다<br>読む 읽다<br>会う 만나다<br>着く 도착하다 | 開ける 열다<br>信じる 믿다 | 来る 오다<br>参加する 참가하다 |

문장연습 쓰기노트

① 写真(しゃしん)を撮(と)る

② たばこを吸(す)う

③ メモを取(と)る

④ 元気(げんき)を出(だ)す

⑤ 元気(げんき)が出(で)る

⑥ ゆっくりする

⑦ のんびりする

⑧ 電話(でんわ)が鳴(な)る

⑨ 一杯(いっぱい)やる

⑩ 計画(けいかく)を立(た)てる
⑪ 目標(もくひょう)を立(た)てる
⑫ 雨(あめ)が降(ふ)る
⑬ お風呂(ふろ)に入(はい)る
⑭ シャワーを浴(あ)びる
⑮ 風邪(かぜ)をひく
⑯ かぎをかける

## 핵심문법 2

### 문장연습 쓰기노트

① 朝6時に出発します。

② 仕事は5時に終わります。

③ 朝ごはんは、食べません。

④ お酒は飲みません。

⑤ 昨日は友達と映画をみました。

⑥今日は雨が降りませんでした。

## 핵심문법 3

### 문장연습 쓰기연습

① 昨日は早く寝ました。

② 友達が遅く来ました。

③ 部屋をきれいにしました。

④ 彼は日本語を上手に話します。

## 학습정리문제

その話は知りませんでした。

## 제4과 日本に行ったことがあります。

## 퀴즈

1. 日本に一度も行ったことがありません。

2. 日本に行きたいです。

3. 図書館へ本を借りに行きました。

4. 学校まで行くのにバスで1時間かかります。

5. 休みの日は、本を読んだり、音楽を聞いたりします。

## 핵심문법 2

문장연습 쓰기노트

① 海外へ一度も行ったことがありません。

② ときどき授業にちこくすることがあります。

③ たまに仕事が終わらないことがあります。

## 핵심문법 3

문장연습 쓰기노트

① 週末は山に登ったり、映画を観たりします。

② 朝ごはんは、食べたり食べなかったりします。

## 핵심문법 4

문장연습 쓰기노트

① 温かい飲み物がほしいです。

② 今ほしいものは何ですか。

③ 3時までには着きたいです。

④ 妹が私の服を着たがります。

⑤ 子供が歩きたがりません。

## 핵심문법 5

문장연습 쓰기노트

① 土曜日は映画を観に行きます。

② 週末は、親戚の子供が遊びに来ます。

③ アメリカに留学するために、英語を勉強しています。

④ この辞書は、日本語の文章を書くのに役に立ちます。

⑤ このいすは、子供用に使っています。

## 학습정리문제

電車が遅れることがあります。

## 퀴즈

1. 映画<ruby>えいが</ruby>を見<ruby>み</ruby>に行<ruby>い</ruby>きませんか。
2. この本<ruby>ほん</ruby>は読<ruby>よ</ruby>んだ方<ruby>ほう</ruby>がいいですよ。
3. 公園<ruby>こうえん</ruby>に行<ruby>い</ruby>きましょう。
4. 少<ruby>すこ</ruby>し手伝<ruby>てつだ</ruby>いましょうか。
5. 夜遅<ruby>よるおそ</ruby>くに甘<ruby>あま</ruby>いものを食<ruby>た</ruby>べない方<ruby>ほう</ruby>がいいですよ。

## 핵심문법 1

문장연습 쓰기노트

① 10時<ruby>じ</ruby>ごろ出発<ruby>しゅっぱつ</ruby>しましょうか。
② コーヒーでも飲<ruby>の</ruby>みに行<ruby>い</ruby>きませんか。
③ 3時<ruby>じ</ruby>に駅<ruby>えき</ruby>の前<ruby>まえ</ruby>で会<ruby>あ</ruby>いましょう。

## 핵심문법 2

문장연습 쓰기노트

① 仕事<ruby>しごと</ruby>を手伝<ruby>てつだ</ruby>いましょうか。
② 荷物<ruby>にもつ</ruby>を運<ruby>はこ</ruby>びましょうか。
③ 写真<ruby>しゃしん</ruby>をとりましょうか。

## 핵심문법 3

문장연습 쓰기노트

① もう少<ruby>すこ</ruby>し待<ruby>ま</ruby>った方<ruby>ほう</ruby>がいいですよ。
② 9時<ruby>じ</ruby>には出発<ruby>しゅっぱつ</ruby>した方<ruby>ほう</ruby>がいいですよ。
③ 辛<ruby>から</ruby>いものを毎日<ruby>まいにち</ruby>食<ruby>た</ruby>べない方<ruby>ほう</ruby>がいいですよ。
④ まだ話<ruby>はな</ruby>さない方<ruby>ほう</ruby>がいいですよ。
⑤ 無理<ruby>むり</ruby>しない方<ruby>ほう</ruby>がいいですよ。

## やってみよう

1. ① 試験勉強<ruby>しけんべんきょう</ruby>を( した ) 方<ruby>ほう</ruby>がいいですよ。 시험 공부를 ( 하는 ) 편이 좋겠어요.
   ② ゲームは( しない )方<ruby>ほう</ruby>がいいですよ。 게임은 ( 하지 않는 ) 편이 좋겠어요.

2. ① 家で( 休んだ )方がいいですよ。집에서 ( 쉬는 ) 편이 좋겠어요.

   ② 学校に( 行かない )方がいいですよ。학교에 ( 가지 않는 ) 편이 좋겠어요.

## 학습정리문제

暑い日は、ぼうしをかぶったほうがいいですよ。

<br>

## 제6과 急がなくてもいいです。

### 퀴즈

1. 今週は土曜日も出勤しなければなりません。
2. 早く寝なきゃ。
3. 明日は早く来なくてもいいです。
4. 名刺をいただけませんか。
5. 先生の話をよく聞きなさい。

### 핵심문법 1

문장연습 쓰기노트

① 今回の試験で100点をとらなくてはいけません。

② 明日は6時に起きなければいけません。

③ レシートを持ってこなくてはなりません。

④ シートベルトをしなければなりません。

### 핵심문법 2

문장연습 쓰기노트

① 韓国語は、できなくてもいいです。

② 部屋は広くなくてもいいです。

③ 交通が便利でなくてもいいです。

④ 場所は学校でなくてもいいです。

⑤ 空港まで迎えに行かなくてもかまいませんか。

### 핵심문법 3

문장연습 쓰기노트

① ちょっと部屋に来なさい。

② ちゃんとあいさつしなさい。

③ 少し休みなさい。

④ 最後までがんばりなさい。


## 핵심문법 4

### 문장연습 쓰기노트

① 証明写真を一枚、書類と一緒にください。

② パンフレットをくれませんか。

③ 連絡先をくださいませんか。

④ もう一枚いただけませんか。


## 학습정리문제

交通規則(交通ルール)を守らなければなりません。

交通規則(交通ルール)を守らなくてはなりません。


## 부록 1

Ⅰ. 1. メールを( チェックし )なくてはなりません。 이메일을 확인하지 않으면 안 됩니다.

  2. 電話を( し )なくてはなりません。 전화를 하지 않으면 안 됩니다.

  3. 家では、くつを( ぬが )なくてはなりません。 집에서는 신발을 벗지 않으면 안 됩니다.

  4. A：一緒に映画をみませんか。 같이 영화 보지 않을래요?
     B：すみません。今日は( 早く帰ら )なくてはなりません。
       죄송합니다. 오늘은 일찍 집에 돌아가지 않으면 안 됩니다.

  5. A：一緒に飲みに行きませんか。 같이 마시러 가지 않을래요?
     B：すみません。 今日は( 家で勉強し )なくてはなりません。
       죄송합니다. 오늘은 집에서 공부하지 않으면 안 됩니다.

Ⅱ. 1. エアコンを( つけ )なくてもいいです。 에어컨을 켜지 않아도 됩니다.

  2. 日曜日は早く( 来 )なくてもいいです。 일요일은 일찍 오지 않아도 됩니다.

  3. タクシーを( 呼ば )なくてもいいです。 택시를 부르지 않아도 됩니다.

  4. もう薬を( 飲ま )なくてもいいです。 이제 약을 먹지 않아도 됩니다.

  5. 荷物を( 預け )なくてもいいです。 짐을 맡기지 않아도 됩니다.

## 제7과 旅行に行くのが趣味です。

### 퀴즈

1. 今日はとても楽しい日でした。

2. 日本はとてもきれいでした。

3. 彼の日本語は下手じゃないですよ。

4. 具合が悪い人がいました。

5. 去年は、雪が降らなかった。

6. 明日、友達が遊びに来ます。

### 핵심문법 1

1. 문장연습 쓰기노트

① 旅行します。여행합니다.
② 日本です。일본입니다.
③ 見ます。봅니다.
④ 映画です。영화입니다.

2. 문장연습 쓰기노트

① 旅行に行く{こと/の}が好きです。여행 가는 것을 좋아합니다.

② ドライブする{こと/の}が好きです。드라이브하는 것을 좋아합니다.

③ 日本のまんがを読む{こと/の}が好きです。일본 만화를 읽는 것을 좋아합니다.

3. 문장연습 쓰기노트

① こと
② なの/であること

### 핵심문법 2

문장연습 쓰기노트

① 夏休みの計画を立てました。
② かぎをかけましたか。
③ 今日は調子が良かったです。
④ その日は、ちょっと用事があります。
⑤ 昨日はお風呂に入りませんでした。

### 핵심문법 3

やってみよう!

1) これは おもしろい 本です。

2) 字が きれいじゃないので、もう一度 書きます。

3) この 時計は あまり 高くない。

## 문장연습 쓰기노트

① やさしい人が好きです。
② 目が良くないので、前の方に座ります。
③ ホテルの部屋が広かったです。
④ 交通が便利ではなかったので、大変でした。
⑤ 道がとてもきれいでした。

## 핵심문법 4

やってみよう!

1) 弟は 黄色の 服が 好きです

2) 最近、病気の 人が 多いです。

## 문장연습 쓰기노트

① しずかな人
② げんきな人
③ ゆうめいな人
④ びょうきの人
⑤ まじめな人
⑥ かぜの人

## まとめ 정리하기

[객관식 문제]

1. ①
    해설: ① 뜨거운 커피를 갖고 싶습니다.
    ② 昨日は寒い日でした。어제는 추운 날이었어요.
    ③ 気分が良くありません。(良くないです。)기분이 좋지 않습니다.
    ④ 味が少し濃かったです。맛이 조금 진했습니다.

2. ②
    해설: ① 今日はひまです。오늘은 한가합니다.
    ② 그는 성실한 사람입니다.
    ③ 仕事が大変です。일이 힘듭니다.
    ④ 交通が不便です。교통이 불편합니다.

3. ③
    해설: ① 野菜をうすく切ります。야채를 얇게 씁니다.
    ② もう少しくわしく説明します。좀 더 자세하게 설명하겠습니다.
    ③ 김 씨는 일본어를 능숙하게 말합니다.
    ④ 昨日は十分に休みました。어제는 충분히 쉬었습니다.

[단답형 문제]

정답: a. かかります  b. 入ったり  c. きいたり  d. 乗ったりします

해설: 나의 하루

　　매일 아침 6시에 일어납니다.

　　아침은 간단하게 먹습니다.

　　가끔 먹지 않을 때도 있습니다.

　　7시에 집을 나옵니다.

　　회사까지 지하철로 40분(a 걸립니다.)

　　8시에 일이 끝납니다.

　　집에 9시쯤 도착합니다.

　　밤에는 목욕탕(OR 욕조)에 ( b 들어가거나 ), 드라마를 보곤 합니다.

　　자기 전에 일본어 공부를 2시간 정도 합니다.

　　쉬는 날에는 수업을 ( c 듣거나 ) 일본 드라마를 보곤 합니다.

　　날씨가 좋은 날은 산에 오르거나 자전거를 ( d 타곤 합니다. )


**부록2**

　8：00　朝ごはんを食べます。

　9：00　バスに乗ります。

10：00　授業を受けます。

12：00　昼ごはんを食べます。

　3：00　コーヒーを飲みます。

　5：00　友達に会います。

　6：00　運動をします。

　7：00　晩ごはんを食べます。

　8：00　音楽をききます。

　9：00　日本語の勉強をします。

10：00　おふろに入ります。


**부록4**

Ⅰ. ① 私のしゅみは、音楽を聴く( こと )です。

　　② 山田さんのお母さんが先生な( の )は知っています。

　　③ このかばんが本物である( こと )を確認しました。

Ⅱ. ① 예) 運動することです。　운동하는 것입니다.

　　　예) よく食べることです。　잘 먹는 것입니다.

　　　예) よく寝ることです。 잘 자는 것입니다.

　　② 예) 音楽を聴くことです。　음악을 듣는 것입니다.

　　　예) 映画を見ることです。　영화를 보는 것입니다.

예) 本を読むことです。　책을 읽는 것입니다.

## 부록5

Ⅰ. ① うるさい 시끄럽다　⇔　しずか(だ) 조용하다
　② ひま 한가하다　⇔　いそがしい 바쁘다
　③ かんたん 간단하다　⇔　むずかしい/複雑だ 어렵다/복잡하다
　④ きれい 깨끗하다/예쁘다　⇔　きたない 더럽다
　⑤ あぶない 위험하다　⇔　あんぜん(だ) 안전하다

Ⅱ. ① おもしろかったです / すばらしかったです / こわかったです / よかったです
　　재미있었습니다 / 훌륭했습니다 / 무서웠습니다 / 좋았습니다
　② おいしかったです / 辛かったです / にぎやかでした / すてきでした
　　맛있었습니다 / 매웠습니다 / 활기찼습니다 / 멋졌습니다
　③ まじめでした / 背が高かったです・低かったです / かみが長かったです・短かったです /
　　勉強が好きでした・嫌いでした / かわいかったです / 元気でした / 体が丈夫でした
　　성실했습니다 / 키가 컸습니다・작았습니다 / 머리가 길었습니다・짧았습니다 /
　　공부를 좋아했습니다・싫어했습니다 / 귀여웠습니다 / 건강했습니다 / 몸이 튼튼했습니다
　④ 広かったです / 便利でした / 古かったです / 快適でした
　　넓었습니다 / 편리했습니다 / 오래되었습니다 / 쾌적했습니다
　⑤ やさしかったです / きびしかったです / 熱心でした / 親切でした
　　상냥했습니다 / 엄격했습니다 / 열정적이었습니다 / 친절했습니다

Ⅲ. ① 昨日の天気は寒かったです。
　② ホテルの部屋は、きれいでした。
　③ 明日は都合が良くありません。
　④ あまり好きではありません。
　⑤ お店の人が親切ではありませんでした。

## 제8과 おさらい

### JLPT N5 문장연습 쓰기노트

Ⅰ. ① 昨日(きのう)は11時(じ)に寝(ね)た。
　② 先週(せんしゅう)は忙(いそが)しかったです。
　③ 昨日(きのう)は田中(たなか)さんに会(あ)いませんでした。
　④ 明日(あした)学校(がっこう)に来(き)ますか。
　⑤ キムさんは日本語(にほんご)がとても上手(じょうず)です。
　⑥ 学校(がっこう)に今週(こんしゅう)は行(い)きますが、来週(らいしゅう)は行(い)きません。

Ⅱ. ① 新(あたら)しい車(くるま)がほしいです。
　② 夏休(なつやす)みは日本(にほん)を旅行(りょこう)したいです。
　③ 先生(せんせい)にあいさつしに行(い)きませんか。
　④ 漢字(かんじ)は覚(おぼ)えなければいけません。

⑤ 朝(あさ)から雨(あめ)が降(ふ)ったり止(や)んだりしています。
⑥ 日本(にほん)で温泉(おんせん)に入(はい)ったり、おすしを食(た)べたりしました。

## JLPT N4 문장연습 쓰기노트

Ⅰ. ① 今日は昨日より調子がいいです。
② 火曜日(かようび)より水曜日(すいようび)のほうが都合(つごう)がいいです。
③ 袋(ふくろ)は大(おお)きいのと小(ちい)さいのとどちらがいいですか。
④ 母(はは)は父(ちち)ほど厳(きび)しくありません。
⑤ 日本料理(にほんりょうり)の中(なか)で何(なに)が一番(いちばん)好(す)きですか。

Ⅱ. ① 子供(こども)はいつもおかしをほしがります。
② 彼(かれ)はいつも一人(ひとり)になりたがります。
③ 以前(いぜん)、京都(きょうと)の旅館(りょかん)に泊(と)まったことがあります。
④ 明日(あした)は来(こ)なくてもいいです。
⑤ 私(わたし)がソウルを案内(あんない)しましょうか。
⑥ 試験(しけん)は難(むずか)しかったり簡単(かんたん)だったりします。
⑦ 田中(たなか)さんは来(き)たり来(こ)なかったりします。

Ⅲ. ① 飲みます　② 休(やす)みます　③ します　④ 読みます　⑤ 食べます

## おさらい問題 2

객관식 문제

1. ④
　　해설: ① 今年のソウルは寒かったです。올해 서울은 추웠습니다.
　　　　② 今日は体調が良かったです。오늘은 컨디션이 좋았습니다.
　　　　③ 今日は暖かかったです。오늘은 따뜻했습니다.
　　　　④ 오늘은 기분이 좋지 않습니다.

2. ①
　　해설: ① 학생시절, 도쿄에 가본 적이 있습니다.
　　　　② 以前、東京に行ったことがあります。이전에 도쿄에 가본 적이 있습니다.
　　　　③ むかし、東京に行ったことがあります。옛날에 도쿄에 가본 적이 있습니다.
　　　　　東京に行ったことがありません。도쿄에 가본 적이 없습니다.
　　　　④ 子供のころ、東京に行ったことがあります。어렸을 적에 도쿄에 가본 적이 있습니다.

3. ②
　　해설: ① 新しいパソコンはほしくない。새 컴퓨터는 갖고 싶지 않다.
　　　　② 새 컴퓨터를 갖고 싶습니다.
　　　　③ 新しいパソコンがほしかったです。새 컴퓨터를 갖고 싶었습니다.
　　　　④ 新しいパソコンはほしくありません。새 컴퓨터는 갖고 싶지 않습니다.

4. ④

해설: ① 日曜日は本を読んだり、音楽を聞いたりしました。

　　일요일에는 책을 읽거나 음악을 듣곤 하였습니다.

② 日曜日は友達に会ったり、散歩をしたりしました。

　　일요일에는 친구를 만나거나 산책을 하곤 하였습니다.

③ 日曜日は子供と遊んだり、ドライブに行ったりしました。

　　일요일에는 아이와 놀거나 드라이브 하러 가곤 하였습니다.

④ 일요일에는 쇼핑을 하거나 영화를 보곤 하였습니다.

5. ①

해설: ① 친구를 만나러 갔습니다.

② 公園に遊びに行きました。공원에 놀러 갔습니다.

③ 夕食を食べに来ました。저녁을 먹으러 왔습니다.

④ 子供を迎えに来ました。아이를 데리러 왔습니다.

6. ②

해설: 会社に行くのに電車で50分かかります。회사에 가는데 전차(OR전철)로 50분 걸립니다.

7. ③

해설: ③ 사진을 찍을까요? "~ましょうか"는 내가 상대방에게 무엇인가 해주려고 할 때 사용하는 표현이다.

① 雨が降る。(비가 내리다),

② 電話が鳴る。(전화가 울리다),

④ 元気が出る。(힘이 나다)는 모두 나의 의지로 하는 일이 아니다.

8. ④

해설: ④ 주말에 드라이브 하러 가지 않을래요? "ませんか"는 "~하지 않겠습니까?"라는 상대방을 배려한 권유 표현이다.

① 私がコピーしましょうか。제가 복사 할까요?

② 家まで私が迎えに行きましょうか。집까지 제가 데리러 갈까요?

③ 私が手伝いましょうか。제가 도와드릴까요?

9. ②

해설: ① かぎをかけた方がいいですよ。자물쇠를 잠그는 편이 좋아요.

② 빨리 사과하는 편이 좋아요.

③ たばこは吸わない方がいいですよ。담배는 피우지 않는 편이 좋아요.

④ 早く起きた方がいいですよ。일찍 일어나는 편이 좋아요.

10. ③

해설: ① 1時までに着かなければいけません。1시까지 도착하지 않으면 안 됩니다.

② 部屋が明るくなければいけません。방이 밝지 않으면 안 됩니다.

③ 회사로 돌아가지 않으면 안 됩니다.

④ 交通が便利でなければいけません。교통이 편리하지 않으면 안 됩니다.

11. ④

해설: ① 漢字は覚えなくてもいいです。 한자는 외우지 않아도 됩니다.

② 急がなくてもいいです。 서두르지 않아도 됩니다.

③ 簡単でなくてもいいです。 간단하지 않아도 됩니다.

④ 새롭지 않아도 됩니다.

12. ①

해설: ① 불을 꺼라.

② きちんと話しなさい。 정확히 말해봐라.

③ しっかり食べなさい。 든든히 먹어라.

④ ドアを閉めなさい。 문을 닫아라.

13. ②

해설: ① 私のしゅみはドライブをすることです。 제 취미는 드라이브를 하는 것입니다.

② 영화를 보는 것을 좋아합니다.

③ 計画を立てる{こと/の}が大切です。 계획을 세우는 것이 중요합니다.

④ ピアノをひく{こと/の}が私のしゅみです。 피아노를 치는 것이 제 취미입니다.

14. ①

해설: 友達に会うために、来週東京へ行きます。

친구를 만나기 위해 다음 주에 도쿄에 갑니다.


## おさらい問題 3

1. ④

해설: 다나카 씨가 박 씨에게 편지를 썼습니다.

> 박 씨에게
>
> 이번 주는 일이 많습니다.
> 토요일과 일요일도 바쁩니다.
> 다음 주 월요일이 가장 상황이 좋습니다.

질문: 다나카 씨는 언제 시간이 되나요?
 ① 이번 주
 ② 토요일
 ③ 일요일
 ④ 다음 주 월요일

2. ④

해설:

김 씨의 집은 동네 안에서 편리한 곳에 있습니다.

집 옆에 레스토랑이 있습니다. 집 앞에는 라면집과 커피숍이 있습니다. 근처에 슈퍼도 있습니다.

오늘 저녁에 김 씨의 친구가 놀러 옵니다. 김 씨가 요리를 합니다. 김 씨는 지금부터 슈퍼마켓에 쇼핑을 하러 나갑니다.

질문: 김 씨는 오늘 어디에 갑니까?
① 레스토랑
② 라면집
③ 커피숍
④ 슈퍼

## 제9과 日本が好きです。

### 퀴즈

1. コーヒーが好きです。
2. コーヒーがきらいです。
3. ごきぶりが怖いです。
4. 水が飲みたいです。
5. 日本語ができます。

### 핵심문법 2

문장연습 쓰기노트

① 彼は私より日本語ができます。

② インターネットで検索します。

③ 船で福岡へ行きます。

④ 空港からホテルまでバスで15分くらいかかります。

⑤ ホテルのロビーで会いましょう。

### 핵심문법 3

문장연습 쓰기노트

① 友達に会いに行きました。

② えりさんはお母さんに似ています。

③ 私も彼の意見に賛成です。

④ 規定に従います。

⑤ 私は、ソウルに住んでいます。

학습정리문제

姉は母に似ている。

## 제10과 来年、卒業します。

### 퀴즈

1. 田中さんは、仕事ばかりしています。

2. 今日は、事務室に6時までいます。

3. 最近、雨がよく降ります。

4. 去年は東京に10回も行きました。

5. 昨晩、友達と映画を見ました。

### 핵심문법 1

문장연습 쓰기노트

① 大阪を一日でまわりました。

② グループで話し合いましょう。

③ 私は日本のドラマが好きです。

④ 日本でおすしが食べたいです。

⑤ 弟はドイツ語ができます。

### 핵심문법 2

문장연습 쓰기노트

① 朝は、パンを食べます。

② 福岡に夕方の4時に着きました。夜は露天風呂に入りました。

③ 今朝、メールを送りました。

④ 去年、会話の授業を聞きました。

⑤ ロビーに11時までに来てください。

### 핵심문법 3

문장연습 쓰기노트

① 田中さんとすずきさんは、明日も参加します。

② 今朝、一人でりんごを3個も食べました。

③ 日本語は、ひらがなだけ読めます。

④ 明日しか時間がありません。

⑤ 子供がゲームばかりしています。


**학습정리문제**

発表の準備を3日で終えました。


**부록 1**

**やってみよう1**

Ⅰ. 1. 2025年( に )卒業します。
   2. 明日( , )7時に起きます。
   3. 来週( , )友達と会います。
   4. 昨日( , )手紙を書きました。
   5. 10月10日( に )試験があります。
   2025년이나 10月10日은 특정 가능한 시간이므로 「に」를 사용.
   明日、来週、昨日는 상대적 시간 표현이므로 「に」를 사용하지 않음.

Ⅱ. 「最近」, 「今晩」는 상대적 시간 표현이므로 「に」를 사용하지 않음.
   1. 2000年に生まれました。 O
   2. 最近に運動を始めました。 X
   3. 今晩にパーティーがあります。 X

Ⅲ. 「明日 내일」, 「最近 최근」, 「昨日 어제」, 「あさって 모레」, 「さっき 방금」, 「おととい 그저께」
   는 상대적인 시간을 나타내므로 「に」를 사용하지 않음.
   1. b) 8月
   2. c) 12時
   3. a) 毎週月曜日の10時

Ⅳ. 1. 最近
   2. 今朝
   3. 来年
   4. 夜
   5. このごろ、最近


**やってみよう2**

(1) 1時( まで )待ちました。1시까지 기다렸어요

(2) 来年の4月末( まで )今の家にいて、5月に新しい家に移ります。
   내년 4월말까지 지금의 집에 있고, 5월에 새집으로 옮깁니다.

(3) 会議は遅くても4時( までに )終わるだろう。 회의는 늦어도 4시까지 끝나겠지.

(4) 30歳( までに )結婚したい。 30살까지 결혼하고 싶다.

(5) 大学を卒業する( までに )、就職先を決めたい。 대학교를 졸업할 때까지 취직자리를 정하고 싶다.

(6) 来年の大会( まで )テニスの練習を続けるつもりだ。

내년 대회까지 테니스 연습을 계속할 예정이다.

(7) 最近は夜中( まで )働くのが普通だ。 요즘에는 한밤 중까지 일하는 것이 보통이다.

(8) うちの祖母は百歳( まで )生きた。 우리 할머니는 100세까지 사셨다.


## やってみよう3

(1) 先生：この文法はこう使うんです( よ )。
(2) 私：今日は休んで、病院に行ったほうがいい( よ )。友達：そうだ( ね )。ありがとう。
(3) 私：渋谷なら、XYZカフェがおいしい( よ )。友達：へえ、行ってみる( ね )。ありがとう。
(4) A：昨日の映画は感動的でした( ね )。B：うん、また観たい( ね )！
(5) お母さん：このカレーはスパイシーでおいしい( ね )。子ども：そうだ( ね )。
(6) 私：一日2回です( ね )。わかりました。
(7) 店員：ノートパソコンです( ね )。
(8) A：次の試験って月曜日だった( よね )？


## 第11과 甘くておいしいです。


## 퀴즈

1. 駅前のラーメン屋は、安くておいしいです。

2. 静かで、きれいなお店です。

3. 今日は仕事が休みで、家にいます。

4. 今朝、6時に起きて勉強しました。

5. 雨が降らなくて、良かったです。


## 핵심문법 1

문장연습 쓰기노트

① 安くて、おいしいお店を案内します。

② 空港バスが楽で、便利です。

③ 小学生で、日本語ができる子は、あまりいません。

④ 日本に行って、買い物がしたいです。

⑤ 今日は早く家に帰って、休みます。

## 핵심문법 2

1. やってみよう

1. 帰って
2. 浴びて、食べて
3. 行って、行って　4. 来て　5. ゆでて/かけて　6. 行って

2. やってみよう

① 試験に合格して、うれしかったです。시험에 합격해서 기뻤습니다.

② 試験に落ちて、残念です。시험에 떨어져서 아쉽습니다.

③ みんなの前で転んで、はずかしかったです。모두 앞에서 넘어져서 창피했습니다.

④ 戦争のニュースを聞いて、悲しかったです。전쟁 뉴스를 듣고 슬펐습니다.

⑤ 昨日12時間も勉強して、つかれました。어제 12시간이나 공부해서 피곤했습니다.

3. やってみよう

① 窓を開けて部屋をそうじします.
② ぼうしをかぶって散歩します.
③ 地図を見て道を探します.
④ コートを着て外に出ます.
⑤ 手を挙げて質問します.

4. やってみよう

① 彼は歌を歌って、彼女はピアノを弾く。
② 雨が降って、風も強い。
③ これは簡単で、便利です。
④ 彼は医者で、作家でもある。

## 핵심문법 3

문장연습 쓰기노트

① 思ったより値段が高くなくて、安心した。
② 駅が近くなくて不便だ。
③ 試験が難しくなくて、ほっとした。
④ 学生のころ、暗記が得意でなくて、苦労した。
⑤ 担当が私でなくて、良かった。

## 핵심문법 4

### 문장연습 쓰기노트

① よく聞こえなくて、大変でした。

② お金が足りなくて、困りました。

③ 昨夜は寝ないで、勉強しました。

④ 答えを見ないで、解いてください。

⑤ 塾に行かないで、一人で勉強しました。

### 학습정리문제

答えを見ないで、解いてください。

---

## 제12과 パスポートを見せてください。

### 퀴즈

1. もう少し待ってくれませんか。

2. 名前と電話番号を書いてください。

3. 田中さんに電話してみます。

4. もう買ってしまいました。

5. ここで写真をとってはいけません。

### 핵심문법 1

#### 문장연습 쓰기노트

① ここに名前を書いてください。

② 今日の2時までに書類を送ってくれませんか。

③ まだ作業を始めないでください。

④ レンジで温めてから食べてください。

⑤ もう少し調べてから決めます。

### 핵심문법 2

#### 문장연습 쓰기노트

① 窓を閉めてもいいですか。

② この部屋を使ってもかまいません。

③ 飲み物は冷たくてもいいです。

④ ここにごみを捨ててはいけません。

⑤ 子供ではいけません。


**핵심문법 3**

문장연습 쓰기노트

① もう少し待ってみます。

② 友達に聞いてみます。

③ 一度、食べてみてください。

④ ご飯を食べ過ぎてしまいました。

⑤ 昨日は早く寝てしまいました。


**학습정리문제**

一度、食べてみてください。


## 제13과 日本語が話せる。


**퀴즈**

1. 今ごはんを食べています。

2. 毎日NHKを見ています。

3. 山田さんは結婚していますか。

4. まだ結婚していません。

5.ネクタイをしている人が木村さんです。


**핵심문법 1**

문장연습 쓰기노트

① 今、テレビを見ています。

② 息子は家で友達と遊んでいます。

③ 毎日、日記を書いています。

④ 毎朝、庭のそうじをしています。

⑤ 事務の仕事をしています。

## 핵심문법 2

문장연습 쓰기노트

① 私は、ソウルに住んでいます。

② 映画がもう始まっています。

③ お店が閉まっています。

④ 今、友達が遊びに来ています。

⑤ 背が高くて、めがねをかけている人が鈴木さんです。

## 핵심문법 3

문장연습 쓰기노트

① 黒いコートを着ています。

② 母は今、出かけています。

③ 妹はまだ寝ています。

④ 兄は日本の大学を卒業しています。

⑤ みんなもう集まっています。

## 핵심문법 4

5. 문장연습 쓰기노트

① 館内では写真が撮れません。

② 当日はチケットが買えません。

③ 小学生以下は入場できません。

④ いつまで借りられますか。

⑤ 教えられることは、全部教えました。後は本人のやる気次第です。

6. 문장연습 쓰기노트

① 英語はできますか。

② 公園内で自転車に乗ることはできますが、バイクは立ち入り禁止です。

③ 館内では写真を撮ったり、電話をしたりすることができません。

④ 旅館は予約を取らないで泊まることができません。

⑤ 小さなお子様は会場に入場することはできますが、乗り物に乗ることはできません。

## 학습정리문제

高校で日本語を教えています。

---

## 제14과 覚えられましたか。

### 핵심문법 1

2. やってみよう

(1) で
(2) に
(3) で
(4) で

3. やってみよう

1. ① に
   ② に
   ③ に
   ④ と/に
   ⑤ と/に
2. ① を: 통과하는 장소를 나타내는 を.
   ② に: 도착지점을 나타내는 に.
   ③ と: 동작을 공동으로 행하는 상대를 나타내는 と.
   ④ に: 받는 사람을 나타내는 に.
3. ① 妹はパンしか食べません。
   ② 妹はパンだけ食べます。
4. ③
   ① 明日 × 友達と会います。(※「明日」에는 「に」를 붙이지 않음.)
   ② このごろ × 仕事が忙しいです。(※「このごろ」에는 「に」를 붙이지 않음.)
   ③ 夕食は6時 に 食べましょう。(※ 시간을 나타낼 때 「に」를 사용함.)

### 문장연습 쓰기노트

① コンビニを横切りました。
② コンビニで缶コーヒーを買いました。
③ 休暇について社員と話し合いました。

④ 午後3時に成田空港に到着しました。

⑤ 母に料理を教わりました。

**やってみよう**

역할・용도를 나타내는 격조사 「に」가 들어가며, 「として(~(으)로서)」와 같은 뜻이다.

① 卒業のお祝いに時計をもらった。 졸업 축하로 시계를 받았다.

　= 卒業のお祝いとして時計をもらった。

② 誕生日プレゼントに花束をあげました。 생일 선물로 꽃다발을 주었습니다.

　= 誕生日プレゼントとして花束をあげました。

③ ごほうびに1万円をもらいました。 포상으로 1만엔을 받았습니다.

　=ごほうびとして1万円をもらいました。

④ いつも朝ごはんにパンを食べます。 언제나 아침밥으로 빵을 먹습니다.

　=いつも朝ごはんとしてパンを食べます。

**핵심문법 2**

1. ① 모릅니다.
2. ②

　① 降っています　지금 홋카이도에서는 눈이 오고 있습니다.

　② 아이들은 마당에서 놀고 있습니다.

　③ 読んでいます　아버지는 방에서 신문을 읽고 있습니다.

　④ 泣いています。아기가 울고 있습니다.

3. ① 教えています

　② 終わって

　③ やっています

　④ 勉強しています

　⑤ 働いています

4. ① 務めている

　② 作っています

　③ 働いています

　④ 売っています

　⑤ 来てい

　⑥ して

## 핵심문법 3

1. ① 日本語はできますが、英語はできません。

   ② 今日は田中さんに会えませんでした。

   ③ 休日はゆっくり休めましたか。

   ④ 夏休みの間に本を何冊読めましたか。

   ⑤ 明日10時までに来られますか。

2. ① おはしは(使えますか。)

   ② 辛いものも(食べられますか。)

   ③ 駅まで歩いて(行けますか。)

   ④ ほしかったものを全部(買えました。)

   ⑤ 行きたかった旅館に(泊まれました。)

   ⑥ 頂上まで(登れました。)

3. ① ×乗られます

      ○乗れます  탈 수 있습니다.

   ④ ×買えられます。

      ○買えます。살 수 있습니다.

   * 「乗る 타다」, 「買う 사다」는 1그룹 활용을 한다.

## 핵심문법 4

1. ②

   해설: ① 바빠서 여행을 못 갔습니다.

   　　② 길을 알지 못해서 늦었습니다.

   　　③ 컨디션이 좋지 않아 참석하지 못했습니다.

   　　④ 저렴하지 않아서 사지 못했습니다

2. ③

   해설: ① 전철이 없어서 걸어왔습니다.

   　　② 열쇠를 잠그지 않고 집을 나와 버렸습니다.

   　　③ 한자를 못 읽어서 곤란합니다.

   　　④ 다나카 씨가 연락이 없어서 걱정입니다.

3. ①

   해설: ① 가격이 조금 비싸도 괜찮습니다.

   　　② 오늘은 목욕을 해도 상관없습니다.

   　　③ 일본어가 서툴러도 괜찮습니다.

   　　④ 점심은 빵이라도 상관없습니다.

4. ②

   해설: ① 담배를 피우지 말아 주시겠습니까?

   　　② 좀 보여 주시겠습니까?

③ 전기를(불을) 켜지 말아 주시겠습니까?
④ 여기서 전화를 하지 말아 주시겠습니까?

5. 笑って

해설: 笑ってみてください。 웃어 보세요.

6. 動か

해설: 動かないでください。 움직이지 말아 주세요.

7. ②
해설:

---

일본어 시험

1. 8시 30분까지 교실에 들어와 주십시오.
2. 책상의 번호를 보고, 당신의 번호인 곳에 앉아 주십시오.
3. 연필과 지우개만 책상 위에 놓아둬 주십시오.
4. "문제"는 모두 9장 있습니다. 맨 위에 있는 종이에 당신의 번호와 이름을 적어 주십시오.
5. 답은 연필로 써주십시오. 볼펜은 사용하지 말아주십시오.

---

① 8시 30분까지 교실에 와야 합니다.
② "문제" 종이에 당신의 번호는 쓰지 않아도 됩니다. (정답)
③ 책상 번호를 확인하고 앉습니다.
④ 정답은 연필로 써야 합니다.

8. ③
해설:

---

어린이 도서관

· 책은 2주 동안 빌릴 수 있습니다.
· 사전과 신문, 새 잡지는 빌릴 수 없습니다.
· 도서관의 책을 복사할 수 있습니다.

---

① 오래된 잡지를 빌릴 수 있습니다.
② 책은 2주간 빌릴 수 있습니다.
③ 도서관의 책을 복사해서는 안됩니다.
④ 사전과 신문은 빌릴 수 없습니다.

**문장연습 쓰기노트**

Ⅰ. ① 明日は朝9時までに来てください。 ( * までに: 제한 · 마감)
② 駅から学校までの行き方を教えてください。
③ 明日は遅れないでください。
④ ひっこしを手伝ってくれませんか。/手伝ってもらえませんか。/
手伝ってくださいませんか。/手伝っていただけませんか。

⑤ 駅から近くて便利です。

Ⅱ. ① 田中さんを送ってからすぐ行きます。

② お店に予約しないで行ってしまいました。

③ 待たなくてもいいですよ。先に行ってください。

④ バスが遅れて、ちこくしてしまいました。

⑤ めがねをかけている人が田中さんです。

⑥ すずきさんに聞いてみます。

⑦ 雨が降っていますね。かさは持っていますか。

⑧ コンビニは夜中でも開いています。

⑨ 明日、田中さんに連絡してみます。

⑩ すずきさんはソウルに住んでいます。

## 저자약력

### 하치노 토모카 八野 友香
<sub>はちの ともか</sub>

현 사이버한국외국어대학교 일본어학부 교수
한국외국어대학교 대학원 일어일문학과 언어학박사
대한민국 정부초청 외국인 장학생 국무총리상 수상
2015 CUFS Best Teacher Award (우수강의상) 수상
2019 사이버한국외국어대학교 10년 근속상 수상

YouTube
Learn Japanese 토모카 교수의 일본어학습

〈토모카 교수의 일본어 학습 시리즈〉
초급 일본어 회화 1
초급 일본어 회화 2
핵심 문형으로 배우는 기초일본어 1
핵심 문형으로 배우는 기초일본어 2
일본어문장 트레이닝 1
일본어문장 트레이닝 2
(일본어능력시험N5, N4) 일본어문법 초급
(일본어능력시험N5, N4) 일본어문법 중급
시츄에이션 일본어회화
(회화, 전화, 메일, 문자) 실전 커뮤니케이션 일본어회화
고급 일본어 작문
現代日本語のシテ形接続の研究

JLPT N5-N4 대비
# 일본어 문법과 문장 완전 정복 −기초편−

**초판 1쇄 인쇄**   2025년 03월 05일
**초판 1쇄 발행**   2025년 03월 10일

**저    자**   하치노 토모카
**발 행 인**   윤석현
**발 행 처**   제이앤씨
**등록번호**   제7-220호
**책임편집**   최인노

**우편주소**   서울시 도봉구 우이천로 353 성주빌딩
**대표전화**   02) 992 / 3253
**전    송**   02) 991 / 1285
**전자우편**   jncbook@hanmail.net

ISBN 979-11-5917-257-1   13730          정가 26,000원